权威·前沿·原创

皮书系列为
"十二五""十三五"国家重点图书出版规划项目

BLUE BOOK

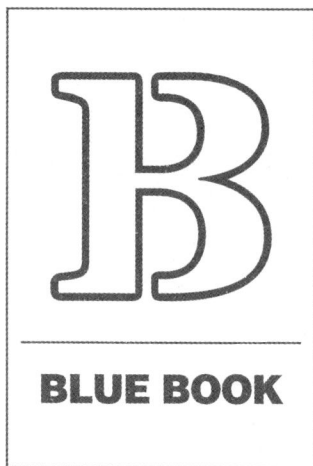

智 库 成 果 出 版 与 传 播 平 台

洛阳蓝皮书
BLUE BOOK OF LUOYANG

洛阳文化发展报告（2021）

ANNUAL REPORT ON DEVELOPMENT
OF LUOYANG'S CULTURE (2021)

主　编 / 刘福兴

副主编 / 张亚飞　张红涛　时丽茹

社会科学文献出版社
SOCIAL SCIENCES ACADEMIC PRESS (CHINA)

图书在版编目（CIP）数据

洛阳文化发展报告. 2021 / 刘福兴主编. -- 北京：
社会科学文献出版社，2021.8
（洛阳蓝皮书）
ISBN 978 - 7 - 5201 - 8596 - 7

Ⅰ. ①洛… Ⅱ. ①刘… Ⅲ. ①地方文化 - 文化发展 -
研究报告 - 洛阳 - 2021 Ⅳ. ①G127. 613

中国版本图书馆 CIP 数据核字（2021）第 124969 号

洛阳蓝皮书

洛阳文化发展报告（2021）

主　　编／刘福兴
副 主 编／张亚飞　张红涛　时丽茹

出 版 人／王利民
组稿编辑／祝得彬
责任编辑／仇　扬　张苏琴

出　　版／社会科学文献出版社·当代世界出版分社（010）59367004
　　　　　地址：北京市北三环中路甲 29 号院华龙大厦　邮编：100029
　　　　　网址：www. ssap. com. cn
发　　行／市场营销中心（010）59367081　59367083
印　　装／天津千鹤文化传播有限公司

规　　格／开 本：787mm × 1092mm　1/16
　　　　　印 张：22.5　字 数：338 千字
版　　次／2021 年 8 月第 1 版　2021 年 8 月第 1 次印刷
书　　号／ISBN 978 - 7 - 5201 - 8596 - 7
定　　价／168.00 元

主要编撰者简介

刘福兴　中共洛阳市委党校（洛阳行政学院）、洛阳市社会主义学院副校长（副院长），教授，洛阳市优秀教师、优秀专家，洛阳市河洛文化研究会副会长，洛阳市非物质文化遗产保护工作专家委员会副主任委员，洛阳市公共文化服务体系建设专家委员会委员，"洛阳市创建国家公共文化服务体系示范区制度设计研究课题组"组长。主要研究方向为文化建设、河洛文化。主编有《河洛文化系列丛书（12卷）》《洛阳文化发展报告》《干部应用写作》等20余部，参编有《河洛文化论衡》《洛阳知识读本》《马克思主义中国化简明读本》等10余部；发表学术论文20余篇；主持参与省市级课题20余项。

摘　要

洛阳市自改革开放以来，先后开展国际文化历史名城建设、华夏历史文明传承创新区建设，打通国际开放通道和口岸，提升国际人文交往能力，为洛阳市加快国际人文交往中心建设奠定了坚实的基础。加快洛阳副中心城市建设工作推进会召开后，洛阳市委市政府和各级部门又编制和印发了各类文化发展行动方案，为国际人文交往中心建设提供政策配套；借助政府和社会组织、报刊媒介平台，宣传国际人文交往中心建设成果；积极开展各类国际国内文化交流活动，提升洛阳文化的国际影响力，使国际人文交往中心建设在短短的一年时间内取得了快速进展。当前仍然存在综合实力差距、产业支撑短板、对外开放度低、城市吸引力不强、国际功能不够完善、载体平台不多、顶层设计缺失和推进机制不完善等制约因素，今后将通过完成顶层设计，强化党和政府对国际人文交往中心建设工作规划引领；进一步挖掘文化资源，夯实国际人文交往中心的精神内核；完善平台载体，拓宽国际人文交往中心活动开展的渠道；明确国际化交往对象，提高国际人文交往针对性；突出特色优势，强化产业支撑；深度开放，构建覆盖广泛的合作体系；完善基础设施，提升国际功能；充分借助现代化宣传手段，扩大洛阳的国际影响力；实施工业文化项目带动战略，拓展文化交流和文化旅游，提高竞争力等，相信洛阳的国际人文交往中心建设一定能够取得更快的发展。

展望2021年，洛阳市将紧紧团结在以习近平同志为核心的党中央周围，坚持以习近平新时代中国特色社会主义思想为指导，主动融入黄河文化带、大运河文化带建设，深化文化传承创新体系，加快建设文化强市，描绘

"古今辉映、诗和远方"新画卷,提高文物保护利用水平;大力保护传承弘扬黄河文化,讲好新时代洛阳的"黄河故事";提升"东方博物馆之都"品质和影响力;推动文旅高质量融合发展;大力弘扬社会主义核心价值观,完善公共文化服务体系,奋力谱写新时代更加出彩的洛阳绚丽篇章,以优异成绩庆祝建党 100 周年。

目 录 ◥▧▨▩▤▥

Ⅳ　文旅篇

Ⅴ　案例篇

Ⅵ　大事记

皮书数据库阅读**使用指南**

总 报 告

General Report

B.1

2020年洛阳文化工作回顾
与2021年文化发展展望：加快
国际人文交往中心建设

刘福兴 张亚飞*

摘　要： 河南省委省政府赋予洛阳国际人文交往中心定位，是对洛阳文化旅游事业和文化旅游产业所取得成绩的充分肯定，也是对洛阳未来城市国际化发展方向的战略规划。洛阳市自改革开放以来，先后开展国际文化历史名城建设、华夏历史文明传承创新区建设，打通国际开放通道和口岸，提升国际人文交往能力，为洛阳市加快国际人文交往中心建设奠定了坚实的基础。加快洛阳副中心城市建设工作推进会召开后，洛阳市委市政府和各级部门又编制和印发了各类文化发展行动方

---

* 刘福兴，中共洛阳市委党校副校长，教授，研究方向为文化、河洛文化；张亚飞，博士，中共洛阳市委党校副教授，研究方向为文化、抗日战争史。

案，为国际人文交往中心建设提供政策配套；借助政府和社会组织、报刊媒介平台，宣传国际人文交往中心建设成果；积极开展各类国际国内文化交流活动，提升洛阳文化的国际影响力，使国际人文交往中心建设在短短的一年时间内取得了快速进展。虽然存在综合实力差距、产业支撑短板、对外开放度低、城市吸引力不强、国际功能不够完善、载体平台不多、顶层设计缺失和推进机制不够完善等制约因素，但我们将通过加快顶层设计，强化党和政府对国际人文交往中心建设工作规划引领，进一步挖掘文化资源，夯实国际人文交往中心的精神内核；完善平台载体，拓宽国际人文交往中心活动开展的渠道；明确国际化交往对象，提高国际人文交往针对性；突出特色优势，强化产业支撑；深度开放，构建覆盖广泛的合作体系；完善基础设施，提升国际功能；完善综合交通设施体系；充分借助现代化宣传手段，扩大洛阳的国际影响力；实施工业文化项目带动战略，拓展文化交流和文化旅游，提高竞争力等。相信通过持续的努力，洛阳的国际人文交往中心建设一定能够取得更快的发展。

关键词： 国际人文交往中心　顶层设计　文化建设

　　在 2020 年 3 月 27 日河南省委省政府召开的加快洛阳副中心城市建设工作推进会上，洛阳市被赋予"两中心一基地一枢纽"的城市定位，其中，国际人文交往中心的定位成为洛阳市城市发展的一个重要战略目标。国际人文交往中心是城市发展和城市文化影响力国际化的高度融合体，既是对洛阳副中心城市建设、历史文化传承创新区建设、国际文化旅游名城建设等战略取得成就的高度肯定，更是为洛阳未来发展提出的新目标、新方向和新要求，是洛阳文化发展亟须总结、研究和探索的新命题。

2020年洛阳围绕国际人文交往中心的新定位，面对经济发展弯道超车和抗击新冠肺炎疫情战役大环境的严峻挑战，立足洛阳文化发展的传统优势，结合文化传承创新体系、历史文化传承创新区、国际文化旅游名城建设等城市发展战略，加快推进文化资源的中心集聚，提升文化事业的管理能力，加快文化产业的发展，不断扩展文化交流的朋友圈，使洛阳市2020年文化发展取得了一系列成就，并积累了丰富的经验，同时也存在一些瓶颈和不足，需要在2021年的文化工作中进一步突破和克服。

一　洛阳文化发展的现状：国际人文
交往中心建设的基础

（一）洛阳国际人文交往中心建设的基础雄厚

1. 文化资源丰富

洛阳传统历史文化旅游资源种类繁多，类型齐全。其历史遗产主要有石窟类10处、古墓类17处、古城址类17处、宗教建筑类29处、博物馆类7处、名人故里类18处、碑碣石刻类9处、民俗专题类18处，以及寻根问祖类和节庆类等16个景域、105个景段、41个景元，涵盖都城、宗教、史学、姓氏等诸多文化门类。洛阳文化遗存数量众多，代表性强。洛阳有4项国家首批确定的重点保护大遗址，有5项国家"十一五"重点保护大遗址，是国家"十二五"和"十三五"大遗址保护战略框架重要片区依托地之一。这些历史文化资源与"一带一路"经济文化带和东南亚汉文化传统文化圈之内的文化元素和文化活动有着千丝万缕的联系，是洛阳与这些国家开展国际化交流的纽带。

洛阳革命文化资源丰富，有190余处。其中重要历史事件旧址36处，重要机构旧址66处，烈士陵园、烈士墓、纪念馆等纪念设施46处，党史人物故居42处。中国的新民主主义革命和社会主义革命是世界社会主义运动的重要组成部分，受到了世界各国尤其是共产党和国际主义人士的支持和帮助，这些革命资源是国际革命历史的见证，也是洛阳开展革命历史国际友好交流的依托和凭借。

洛阳还拥有丰富的工业文化，涌现出了众多工业文化的榜样人物。洛阳市目前共有第一拖拉机制造厂、中信重工（原洛阳矿山机械厂）、洛阳耐火材料厂、洛阳铜加工厂4家企业被评为国家工业遗产。有一拖东方红农耕博物馆、中信重工焦裕禄事迹展览馆等2家工业文化展览馆，还有里外文创产业园、大北门文创产业园、天心文创产业园综合文化艺术广场等3个文化创意园，形成了以焦裕禄、刘寿荫、刘玉华姑娘组等为代表的工业精神文化。洛阳的工业建设是新中国现代化工业建设的缩影，洛阳的工业建设文化对第三世界国家和其他社会主义国家，特别是对传统文化浓厚、地理位置重要但基础薄弱的国家推动工业现代化进程，具有重要的借鉴意义，因此也是洛阳与这些地区开展经济文化交流和相互学习借鉴的文化资源基础。

2. 国际交往历史悠久

洛阳的国际文化交流活动从春秋战国时期就开始了。早在两汉时期，就形成了从洛阳出发，通过河西走廊进入新疆地区，再通过西域各族居住地进入葱岭（帕米尔高原）以西的中亚、西亚甚至远达西欧的丝绸之路通道。丝绸、农作物、马匹、乐器、宗教和杂技成为各民族文化交流的重要载体。中国第一古刹——洛阳白马寺的建立，是佛教文化国际交流的（历史）里程碑。

洛阳人宋云与比丘惠生是在公元518年（北魏神龟元年）受胡太后之诏出使西域拜取佛经的，在公元522年（正光三年）回到洛阳，取回大乘经典170部，丰富了中国的佛教文化。《洛阳伽蓝记》卷五《城北》详细地记载了北魏时期丝绸之路沿线一些国家的珍贵资料，当时居住在洛阳城里的外国人，最多时可达一万多人；仅在洛阳就建造了1000多座寺塔，其中最为著名的是永宁寺。这些国际人文交往活动，不仅使洛阳积累了丰富的国际交往经验，也对提升洛阳的国际影响力产生了深刻、广泛和持久的作用。2010年11月底，东京明治大学召开了旨在为中外学界共同探讨洛阳的历史多样性搭建一个平台的"洛阳学国际研讨会"，会上正式提出建立"洛阳学"，这是有关"洛阳学"的首次国际会议，是洛阳具备国际交往影响力最好的例证。

3. 国际开放通道和口岸逐渐增多

口岸枢纽是国家指定的对外往来的门户，在国际交往过程中，各国人员往来、各种货物（以及相关产品）流入国内或者从国内流出，都需要通过口岸来进行，这也是一个城市走向国际化的标准配置。以开放促改革是新时代改革开放的重要特征，进入新时代的洛阳也翻开了新的篇章，一系列国家战略在洛阳密集落地，一个个开放载体平台先后在洛阳启动运营。1992年8月1日，经国务院批准开放洛阳航空（一类）口岸（仅限于中国籍飞机开办对外航空运输业务），设立洛阳边防检查站、洛阳海关、洛阳出入境检验检疫局。洛阳航空口岸位于洛阳机场。1993年2月和1994年9月，河南省政府批准设立洛阳公路（二类）口岸、洛阳铁路（二类）口岸。2017年4月1日，由国务院决定设立的河南自贸区正式挂牌成立。河南自由贸易试验区（洛阳片区）是河南自贸区的一个重要组成部分。2019年12月，国务院同意设立中国（洛阳）跨境电子商务综合试验区。2020年6月，继郑州新郑综保区、南阳卧龙综保区、郑州经开综保区之后，国务院批准设立洛阳综合保税区，截至2020年底，洛阳综合保税区项目7栋保税仓库全部完成，海关综合服务楼主体封顶。河南自由贸易试验区（洛阳片区）、中国（洛阳）跨境电子商务综合试验区、洛阳综合保税区等国家政策性试验区和窗口成为洛阳开展国际贸易和文化产品交流的新的平台和载体。

（二）文化产业助推洛阳国际人文交往能力提升

1. 文化产业协会作为文化产业国际化发展的桥梁，其作用不断加强

2013年12月，洛阳市文化产业协会正式成立，2014年，洛阳文化产业协会官网——洛阳市文化产业网正式上线。文化产业协会充分发挥联系政府与文化产业企业的桥梁和纽带作用，积极搭建政策落实平台、信息发布平台、项目投资平台，联通国内外行业协会和企业资源，以线上和线下两种方式，向政府部门提出有关文化产业的建议，向企业提供公共服务，有效地促

进了涉及文化产业上下游企业产业链的整合。

2. 文化旅游产业开展洛阳国际人文交往的能力持续提升

洛阳充分挖掘历史文化资源优势，全力建设以"博物馆之都"、二里头夏都遗址博物馆、隋唐洛阳城国家历史文化公园为代表的"新三篇"，打造具有国际水准和洛阳特色的历史文化旅游品牌集群。同时，加快推动龙门石窟、白马寺、关林"老三篇"的景区数字化、智慧化改造和周边基础设施提升，推动洛阳的"老三篇"和"新三篇"由"门票经济"向"产业经济"转变，促进洛阳由"旅游城市"向"城市旅游"转变，全面提升洛阳国际人文交往中心的知名度、美誉度和吸引力。

3. 洛阳工业产品的国际化成为提升洛阳国际人文交往能力的坚实基点

洛阳作为丝路起点、"一带一路"重要节点城市，抢抓国家"一带一路"建设和丝绸之路遗产保护的政策机遇，积极融入丝绸之路经济带建设，深化与"一带一路"共建国家经贸合作和人文交往，强化国际化公共服务供给，充分利用与"一带一路"共建国家产业有较强吻合性的特点，发挥洛阳以装备制造、有色金属、石油化工等为主的传统优势产业和以机器人及高端装备制造、新材料、电子信息等为主的战略性新兴产业的工业优势，推动洛阳工业文化的发展，推动老工业企业"引进来、走出去"双向开放，贸易"朋友圈"已扩大到全球 175 个国家和地区，467 种"洛阳制造"商品走向世界，这些工业产品已经成为洛阳开展国际人文交流的重要抓手。中信重工目前已在共建"一带一路"的 36 个国家展开业务和投资，设立了 9 个海外分公司或办事处、7 个备件服务基地，实现了国际化研发、制造、营销、服务布局，公司产品如大型矿井提升机、半自磨机、球磨机等，远销 30 多个国家和地区，包括非洲的赞比亚、刚果（金）、南非、苏丹等，海外业务收入占比达到 54%，开拓了以"一带一路"共建国家为主的国际市场。洛阳"东方红"拖拉机利用其品牌文化优势早就沿着丝绸之路销往中亚五国，其他"东方红"产品也已经远销全球 100 多个国家和地区。

4. 发挥文化聚集效应，文化产业业态更加丰富

洛阳建设了全国最完整的 5A 级社会主义工业文化主题旅游产业项目——

"国家一五六主题公园"。洛阳依托"一五"计划期间涧西区的工业建设项目遗址，如第七批全国重点文物单位2号、10号、11号苏式建筑街坊，中国第一条拖拉机总装线，中国第一辆军用越野载重汽车、中国第一代作战坦克生产设备，完整的苏式建筑群及工人俱乐部的老放映机、老照相机等文物，以及洛阳第一拖拉机制造厂、洛阳矿山机械厂、洛阳耐火材料厂、洛阳铜加工厂等国家工业遗产，积极规划和打造涧西区"国家一五六主题公园"，以"后工业化"的视野，挖掘"前工业化"的资源，利用"现工业化"的成果，以"洛阳圣城，工业文明"为形象定位，立足"两带""四街"发展框架，展现统一规划、产城融合的社会主义工业化时期历史风貌格局，形成包含"体验工业、时代生活、创新生态"三大内容，"一轴、双核、三带、四节点、五街、六态"完整结构的"超工业化"旅游产品体系，打造众多工业文化创意园，建设全国最完整的5A级社会主义工业文化主题旅游产业项目。

5. 工业创业创新精神成为创建洛阳国际人文交往中心的精神动力

洛阳是英雄的工业先驱城市，是新中国工业发展的领头羊。近年来，洛阳不断挖掘和梳理洛阳工业建设发展过程中展现出的感天动地的拼搏精神和无私奉献的焦裕禄精神等，形成了具有时代气息和古都特质的洛阳创业创新精神，即"为国争光、胸怀全局的奉献精神，团结一心、不畏艰难的奋斗精神，自立自强、锐意进取的开拓精神，解放思想、求真务实的改革精神，开放包容、不懈追求的梦想精神"。洛阳每走一步，都离不开工业创业创新精神的支撑，每取得一项重要创新成果，都源自工业创业创新的精神。工业创业创新精神将成为洛阳国际人文交往中心建设中的宝贵精神动力。

二 洛阳2020年文化工作回顾：国际人文交往中心建设目标的确立和实施

正是因为洛阳人文交往基础雄厚，国际交往能力迅速提升，尤其是"十三五"以来，洛阳市面对后金融危机时代传统产业发展的困境，抢抓传统产业向服务业转型的机遇，聚焦文化产业，强化理念引领、体系支撑、项目抓手，全面构建文化传承创新体系，推进"全域游"，唱响"四季歌"，提升"老三篇"，打造"新三篇"，加快推动文旅融合，使得隋唐洛阳城国家历史文化公园"四点一区"格局初现，二里头夏都遗址博物馆和考古遗址公园建成开放，"东方博物馆之都"初具规模。自河南省委省政府提出把"建设国际人文交往中心"作为洛阳副中心城市的城市定位之一后，洛阳市编制和印发各类文化发展行动方案，为国际人文交往中心建设提供政策配套；借助政府和社会组织、报刊媒介平台，宣传国际人文交往中心建设成果；积极开展各类国际国内文化交流活动，提升洛阳文化的国际影响力，推进国际人文交往中心建设的进程；国家级河洛文化生态保护实验区获批建设，"古都夜八点""古都新生活"激活文旅消费，"两节一会一论坛"层级持续提升。特别是 2020 年央视中秋晚会在洛阳举办，千年古都盛装出镜，惊艳世界，仅仅 10 月 1~8 日，洛阳就接待游客 702.35 万人次，同比增长 2.16%；实现旅游综合收入 63.59 亿元人民币，同比增长 6.49%。洛阳的世界影响力越来越大，"古今辉映、诗和远方"的城市名片更加靓丽。

（一）编制和印发各类文化发展行动方案，为国际人文交往中心建设提供政策配套

洛阳市先后印发了《洛阳市坚持文化保护传承推动文旅融合发展行动方案》《洛阳市加强文物保护利用改革实施方案》《洛阳市加快推进研学旅行体系建设实施方案》《洛阳市国民经济和社会发展"十四五"规划和二〇三五年远景目标》，开始着手编制《洛阳市大运河文化保护传承利用实施规划》。这些方案都瞄准洛阳国际人文交往中心的远景目标，推进洛阳城市文化的国际化，增强洛阳的国际交往能力。

在国际文化交往平台配套措施建设过程中，洛阳市印发了《洛阳市加快推进研学旅行体系建设实施方案》，提出了洛阳市国际化研学基地建设的目标和发展战略规划：2020 年认定市级研学旅行基地 15 家，培训研学导师 200 人次以上；到 2023 年，建成 5 家可以容纳 2000 人以上的研学旅行营地，各级研学旅行基地在 50 家以上，接待研学旅行者 300 万人次以上；到 2025

年，建成10家可容纳2000人以上的研学旅行营地，各级研学旅行基地在70家以上，接待研学旅行者500万人次以上，达到"十大主题、百条线路、千个故事、万人参与"的洛阳市研学旅行发展要求，叫响"研学洛阳、读懂中国"品牌，创建全国中小学研学旅行实验区，打造全国研学旅行示范城市。到目前为止，2020年的研学基地建设目标已经胜利完成。

关于洛阳传统文化保护传承的国际化发展，在《洛阳都市圈发展规划》中提出，洛阳市要建设"文化保护传承弘扬核心区"，着力推动国家文物保护利用示范区建设，提高本土文化的国际知名度和影响力；拓展全球化视野，加快空中、陆上、海上、网上丝绸之路建设，提升国际化互联互通水平，重点加强与"一带一路"共建国家的文化交流和经贸往来，推动跨（国）区域全方位合作交流和交往平台建设，建成特色鲜明、品牌彰显的国际人文交往中心。在《洛阳市国民经济和社会发展"十四五"规划和二〇三五年远景目标》中再次强调，洛阳市到2035年，要建成文化保护传承弘扬核心区、全国重要综合交通枢纽、国际人文交往中心，使洛阳成为全球华人精神家园和世界文明交流互鉴高地。不仅洛阳市出台了一系列配套政策，上级政府部门也给予洛阳有力的政策支持。如2020年6月19日河南省文化和旅游厅印发《河南省文化和旅游厅关于支持洛阳推进文旅融合加快中原城市群副中心城市建设的意见》，明确将从支持洛阳建设国际人文交往中心等8个方面全力推动洛阳加快副中心城市建设。这一系列方案表明，河南省委省政府为洛阳制定"国际人文交往中心"这一城市发展目标，正当其时，正当其势，在国际人文交往中心建设的很多重要领域，洛阳市都形成了相应的政策。

（二）借助政府和社会组织、报刊媒介平台，宣传国际人文交往中心建设成果

1. 积极利用各类评选活动和平台建设，提升洛阳文化资源的品牌效果，为洛阳国际人文交往中心建设塑造品牌影响力

2020年6月13日，河南省文化和旅游厅公布《河南省非物质文化遗产

保护优秀实践案例名单》，全省 16 个项目正式入选，其中，洛阳市河洛文化生态保护实验区、玄奘传说、杜康酿酒工艺和烟云涧青铜器制作技艺等 4 个项目入选，项目数量居河南省首位。

8 月 24~25 日，2019 全国报刊经营总结表彰大会暨"金推手"颁奖盛典在天津市举行，洛阳报业集团旗下的洛阳洛报传媒发展有限公司、洛阳报业融媒科技有限公司荣获"经营管理优秀团队奖"，《洛阳日报》"地企合作助推高质量发展"宣传活动、"医疗公益服务民生"大型融媒体宣传活动荣获"融媒体经典案例奖"。

9 月 27 日，国家文物局、文化和旅游部、国家发展和改革委员会联合印发《大运河文化遗产保护传承专项规划》，洛阳回洛仓遗址、含嘉仓遗址等多个大运河文化保护传承利用重大项目名列其中。

11 月 11 日，中国侨联确认第八批"中国华侨国际文化交流基地"，洛阳有两家单位上榜，分别为龙门石窟世界文化遗产园区和炎黄科技园。

11 月，龙门石窟研究院与武汉大学历史学院签署合作协议，双方将共建武汉大学—龙门石窟文化遗产协同创新研究中心，确定龙门石窟为武汉大学教学实践基地。

12 月 21 日，中国博物馆协会发布《关于第四批国家一、二、三级博物馆名单的公告》，洛阳 2 家博物馆上榜，八路军驻洛办事处纪念馆被定为二级博物馆，洛阳三彩艺术博物馆被定为三级博物馆。至此，洛阳市一、二、三级博物馆总数达到 12 家，数量居全省第一。

12 月 25 日，文化和旅游部、国家发展和改革委员会、财政部公布第一批"国家文化和旅游消费示范城市"名单，共有 15 个城市上榜，洛阳是河南省唯一上榜城市。

2020 年 12 月，《2019 年度中国古都城市国际化水平评估报告》正式发布，洛阳的城市美誉度位列全国第四，城市文化传播度位列全国第五，城市品牌知名度位列全国第七，城市国际化水平位列全国第八。

在 12 月 27 日举行的第八届中国旅游产业发展年会上，洛阳荣膺"2020 年度中国夜游名城"称号。在 12 月 27 日召开的第八届中国旅游产业发展年会上，发布了 2020 年中国旅游产业影响力风云榜，洛阳市获评"2020 年度中国夜游名城""2020 年度中国旅游影响力营销案例""2020 年度中国乡村旅游发展名县"。其中"2020 年度中国夜游名城"的影响力指数位居全国第三。

2. 借助央视及各级电视广播媒体和各类主流媒体，以广告和其他形式宣传洛阳的特色文化旅游项目

2020 年 6 月端午节期间，多家主流媒体聚焦洛阳，全面展现洛阳文旅融合、文化惠民、旅游转型等工作成效。中央电视台综合频道在《新闻联播》中聚焦洛阳夜游龙门项目；中央电视台财经频道《第一时间》栏目刊播《河南洛宁：包竹粽绣香囊 特色旅游助脱贫》视频节目；中央电视台中文国际频道《传奇中国节·端午》直播特别节目中，隋唐洛阳城应天门遗址灯光秀、洛邑古城非遗文化展演等画面精彩亮相；中央电视台新闻频道《新闻直播间》栏目以《河南栾川重渡沟：大山深处别样端午》为题，直播报道了栾川县重渡沟；新华网、中国经济网、央广网发布《花样庆端午》《竹筒粽飘香》等介绍洛阳人过端午节的新闻；央广中国之声播出《首届洛阳乡村文化旅游节启动（连线）》；新华网发布《河南洛宁：小乡村迎来文化旅游节》；《河南日报》、河南卫视等省级媒体积极通过文字报道、图片新闻和视频栏目等形式刊播《首届洛阳乡村文化旅游节启动》《古都"新潮味"》《2020 首届洛阳乡村文化旅游节启动聚焦栏目》等报道。

6 月 7 日，《光明日报》头版刊发《守护历史文脉 增强文化自信》一稿，报道洛阳市坚持以保护为先，加快建设国际文化旅游名城、国际人文交往中心，走出一条文物保护和惠及民生相结合的洛阳特色旅游之路的经验和成效。7 月 29 日，"遇见洛阳邂逅清凉"洛阳文化旅游（郑州）推介会在郑州召开，来自新华社、人民网、《中国日报》、《中国文化报》、《中国旅游报》、《河南日报》、河南电视台、《人民日报》（海外版）、海外网等 40 余家媒体的记者和省内旅行社、自驾游俱乐部、文旅企业的代表参会。

8 月 22 日，央视新闻频道《新闻直播间》栏目以《湿地生态美 白鹭翩翩飞》为题，报道洛阳二里头考古遗址公园因生态环境优美而吸引大量

白鹭等水鸟栖息的景象。9月11日，中央广播电视总台科教频道《探索·发现》栏目摄制组进驻二里头遗址，拍摄夏文化专题节目。

10月1日，中央广播电视总台的特别节目《传奇中国节·中秋》由央视综合频道和中文国际频道并机直播，长达4个小时，在节目中，龙门石窟、白马寺、牡丹花、水席等诸多洛阳元素精彩亮相。10月1日20时，在洛阳录制的中央广播电视总台2020年中秋晚会通过CCTV-1、CCTV-3、CCTV-4并机播出，并在央视频、央视网及各类新媒体平台同步呈现。10月3日，CCTV-4《中国新闻》、CCTV-13《新闻直播间》播出《中央广播电视总台中秋晚会播出广受好评》。10月4日，CCTV-13《新闻直播间》节目中聚焦隋唐洛阳城应天门，称央视秋晚播出后，隋唐洛阳城应天门已成为人们关注的焦点和热门旅游打卡地。

10月5日，《光明日报》刊发通讯《"东方博物馆之都"成洛阳新名片》，报道洛阳塑造"东方博物馆之都"文化新地标的做法和成效。稿件刊发后，"学习强国"平台予以转发。11月5日，关于奉先寺流散佛首"数字回归"的专题片《龙门造像复位记》在中央电视台科教频道（CCTV-10）播出。11月12~14日，由凤凰网、凤凰新闻客户端主办的"'华夏文脉千古洛阳'——凤凰全媒体河南行"采风团来洛阳开展采风活动。11月16日，第十六届中国（深圳）国际文化产业博览交易会（简称深圳文博会）在"云上"开幕，10余家洛阳企业精彩亮相，集中展示洛阳文化产业高质量发展的生动实践。12月11日，央视中文国际频道《美食中国》栏目播出《喝汤了没》，以洛阳特色美食"汤"为题材，宣传展示洛阳饮食文化。

（三）积极开展各类国际国内文化交流活动，提升洛阳文化的国际影响力

1. 积极推动奥林匹克中心建设，工程进展顺利

一是先后完成了奥体中心的幕墙施工图、体育工艺和各专项设计，以及体育场和游泳馆区域土方开挖、回填、强夯和4239根桩基施工，项目土地报批材料已通过省政府审批。二是认真筹备河南省第十四届运动会、市第

十四届运动会。洛阳市成立了河南省第十四届运动会洛阳市筹备工作委员会，启动市第十四届运动会筹备工作，研究制定了《河南省第十四届运动会洛阳市筹备工作总体方案（预安排）》，明确了时间节点和任务目标。举办了省运会倒计时两周年活动。三是重大体育工程项目进展顺利。体育场馆设施供给持续"加码"，新增足球场地 43 个，组织开展市级以上群众体育活动及比赛 60 次以上，统筹推进文博体育公园二期、洛阳体育博物馆、市体育中心自行车赛场、体育"乐道"等场馆和设施的建设，形成专业化大型场馆和群众性健身场所相结合的场地供给新格局，持续打造"15 分钟健身圈"，扩大体育场馆免费开放服务，进一步延长开放时间、扩大开放项目。

2. 通过举办各类展览，加强各类文化媒介的交流活动

2020 年 4 月 28 日和 12 月 30 日，龙门石窟在广东和深圳博物馆分别举行"魏唐佛光——龙门石窟精品文物展"和"星龛奕奕翠微边——洛阳龙门石窟魏唐造像艺术展"。6 月 5 日，第二届中国（洛阳）国际房车旅游产业链大会在洛阳会展中心开幕。9 月 12 日，作为第三届中原国际文化旅游产业博览会专项活动之一的研学旅行商踩线大会在洛阳会展中心开幕。9 月 12 日，第三届中原国际文化旅游产业博览会暨 2020 洛阳河洛文化旅游节在洛阳会展中心隆重开幕。本届博览会以"文旅中原 融通世界"为主题，吸引了 30 个国家和地区的国际参展商。短短 3 天时间，博览会共接待游客 7.8 万人次，现场交易总额达 7160 万元人民币。12 月 11 日，沿黄九省（区）暨第四届晋冀鲁豫传统戏剧展演活动在洛阳市开幕。

3. 积极筹建和举办各类论坛、年会活动，增强洛阳国际文化交往能力的可持续发展

成功举办客家文化论坛和世界古都论坛。9 月 22 日，第三届客家文化论坛在洛阳举办，来自海内外的 180 余名客家社团负责人、客家文化研究专家、新生代客家代表等齐聚一堂，畅叙根亲情谊。2010 年 10 月 19 日，经过与华谊启明东方文化发展有限责任公司的友好交流，国家文物局、省政府主办的第三届世界古都论坛暨夏文化国际学术研讨会在二里头夏都遗址博物

馆开幕。

加强文物保护工作。8月21日，"考古中国·夏文化研究"重大项目（2020~2024）正式启动，由国家文物局、河南省人民政府、中国社会科学院协作，系统开展河南偃师二里头遗址考古调查发掘研究工作。10月19日，龙门石窟保护研究成果发布暨龙门石窟列入《世界遗产名录》二十周年学术交流大会开幕。11月13日，全国石窟寺保护与考古工作座谈会在洛阳召开。11月23日，2020中国古迹遗址保护协会石窟专业委员会年会在洛阳市举行。

广泛开展文化旅游与推介活动。8月17日，联合国世界旅游组织旅游可持续发展河南观测站2020年度培训讲座在洛阳召开，本次培训讲座以"大数据和文旅统计"为主题。11月4日，由洛阳杜康控股承办的"兰考行·杜康文化推介研讨会"在兰考举行。11月5日，"水韵江苏有你会更美"2020江苏旅游（河南）推介交流会在洛阳举行，这是江苏省文化和旅游厅组团赴河南开展文旅系列推广活动的第二站。11月10日，2020"山水暖你、壮乡等你——冬游广西"旅游推介交流会在洛阳举行，这是广西壮族自治区文化和旅游厅组团赴河南开展文旅系列推广活动的第一站。11月13日，在"2020世界旅游联盟·湘湖对话"开幕式上，洛阳市成功加入世界旅游联盟。11月18日，舟山文旅推介会在洛阳市洛邑古城举行。12月15日，第九届联合国世界旅游组织旅游可持续发展中国观测点年会在西双版纳傣族自治州勐海县举行，洛阳摘得"最佳文物活化和智慧旅游案例奖"。

4. 广泛参加、举办和承办各类文艺与体育赛事，扩大洛阳国际影响力

洛阳市先后举办了"武韵中原体彩杯"河南省第四届传统武术大赛、河南省第三届全民定向系列赛（文博体育公园站）、全国男子拳击锦标赛、全国三人篮球俱乐部精英赛、河南省青少年武术套路锦标赛、河南省青少年篮球（乙组）锦标赛、河南省青少年射击（步手枪）锦标赛、河南省青少年公路自行车锦标赛、第三届"汉酱杯"全国业余围棋大赛等省级以上赛事，各项赛事均圆满顺利举行。2020年"创客中国"河南省区域赛正式启

动，洛阳市企业勇夺分赛冠军和季军。2020年6月5日，2019"牡丹奖·全球文化创意设计大赛（洛阳）"颁奖典礼在洛阳举行。10月17日，第十二届中国舞蹈"荷花奖"古典舞评奖在洛阳市会议中心开幕并举行终评演出，17个作品角逐3个"古典舞奖"。11月27日，中国东方演艺集团大型舞蹈诗画《国色》在洛阳新区歌剧院精彩上演。12月12日，"中华优秀传统文化洛阳行《百城百景·典藏洛阳》首发式暨'我爱洛阳城——亲子公益行'"活动在洛阳市规划馆举行。2020年全国青少年校园足球夏令营（小学组）第二营区分营和总营活动落户洛宁。

三　2020年洛阳文化发展工作中存在的不足：洛阳国际人文交往中心建设的制约因素

国际人文交往中心建设，是城市文化走向国际化发展的必然选择，对城市经济实力、社会管理、生态宜居各方面指数均有很高的要求，对城市的文化资源集聚和全球化配置能力、文化事务管理能力、文化产业发展水平、文化交流学术化程度等各方面工作的提升具有极大的促进作用。洛阳市虽然具有丰富的历史文化底蕴、革命文化资源和典型的工业创业创新文化代表性遗存，自20世纪80年代开始，为增强文化交往能力和对外开放能力也做出了持续不断的努力，但是由于开放水平低、经济发展相对滞后、城市发展缓慢等因素，目前，洛阳市的文化交往能力和国际化发展水平与国际人文交往中心的内在要求相比，与先进地区、先进城市相比，还有很大差距，还存在很大可以提升的空间。

（一）综合实力有差距，产业支撑有短板

洛阳市人文、历史、自然资源丰富，但国际影响转化能力明显不足。2018年洛阳市文化产业增加值为213.6亿元，2019年洛阳市旅游总收入为1321亿元，证明洛阳市文化资源优势没有很好转化为产业优势和经济优势。从综合实力看，2019年洛阳市经济总量刚突破5000亿元大关，相当于昆明

的 77.8%。与国内提出要建设区域性国际人文交往中心、中西部国际人文交往中心的城市重庆、成都、西安相比差距甚远，这些城市大都属于"万亿级城市俱乐部"成员。从产业方面看，洛阳市的长板不长、短板更短。洛阳是文化资源大市，却又是文化产业弱市，不仅不能与国内同类城市比肩，而且在省内城市中也不领先。2015～2017 年，洛阳市文化产业增加值占 GDP 的比重分别为 2.61%、2.45%、2.6%，比全省平均水平低 0.39、0.55、0.4 个百分点，比郑州低 1.27、1.11、0.81 个百分点，比开封低3.02、3.03、3.04 个百分点。虽然 2019 年这一数字上升到 4% 以上，但是文化产业还没有成为洛阳市的主导产业，更谈不上支柱产业。从旅游业方面看，2019 年，到洛阳旅游的总人数为 1.42 亿人次，旅游总收入为 1321.02亿元，分别比重庆、成都、西安、南京、杭州、昆明少 4413 亿元、3342 亿元、1825 亿元、1464 亿元、2684 亿元、1413 亿元（2019 年洛阳与部分旅游城市发展数据对比详见表 1）。

表1 2019 年洛阳与部分旅游城市发展数据对比

指标\城市	旅游总人数（万人次）	同比增长（%）	入境旅游人数（万人次）	同比增长（%）	旅游总收入（亿元）	比上年增长（%）	旅游外汇收入（亿美元）	同比增长（%）
洛阳	14200	7.3	150.1	6.1	1321.02	15		
西安	30110.4	21.7			3146.05	23.1		
桂林	13800	26.7	314.59	14.5	1874.25	35	20.62	35.3
郑州	13060	14.5	55.4	5	1598.6	15.2		
昆明	18644	16.1	149.44	5.1	2733.6	25.4	8.75	27.9
重庆	65700	10	411.34	6.1	5734	32	25.25	15.3
成都	28000	15.2	380.2	11.6	4663.5	25.6	16.2	12.3
南京	14682.3	9.5	85.31	4.6	2784.95	13.2	9.42	6.7
杭州	20813.7	15.1	113.3	5.7	4005	18.3		
开封	7959.6	16.9			713.5	18.5		

从特色产业方面看，牡丹产业作为"565"产业中的特色产业之一，具有涵养生态、发展特色农业、传播牡丹文化等多重效应，但种植规模小、品

牌价值开发不够、产业链条不长、市场占有率低、产业贡献率不高等诸多问题，一直阻碍着牡丹产业的发展壮大。

（二）对外开放度低，城市吸引力不强

从经济外向度看，洛阳市开放思路不宽、开放主体不足、开放平台不强、开放环境不优等问题还比较突出，开放水平与城市定位还不相称。洛阳市经济外向度偏低，2019 年洛阳市外贸依存度在 3% 左右，2020 年上半年为 3.35%，低于全省近 8 个百分点，低于全国 20 个百分点。从国际要素吸引能力看，在洛阳投资的世界 500 强企业、国内 500 强企业不多；国际文化组织及分支机构在洛阳落地的数量为零；缔结国际友好城市数量、国际组织数量等 7 项指标均明显较低。从 8 项指标来看，洛阳市除入境旅游人次外，缔结国际友好城市数量、国际组织机构落地数量等 7 项指标均明显低于平均水平。在国际友好城市数量上，洛阳市为 5 个；在国际组织或机构数量上，洛阳市为 0 个；在外资金融机构上，洛阳市为 0 个；在上市公司数量上，洛阳市为 12 个；在外贸依存度上，洛阳市为 3.1%；在年度国际会议及国际活动举办数量上，洛阳市为 2 次；在招收留学生规模上，洛阳市不足 400 人（见表 2）。

表 2 洛阳、昆明、西安、郑州、青岛五大城市国际要素吸引能力主要指标对比

2019 年主要指标	洛阳	昆明	西安	郑州	青岛
缔结国际友好城市数量（个）	5	23	37	11	76
国际组织或机构在洛数量（个）	0	4	25	3	10
年度国际会议及国际活动举办数（次）	2	7	17	8	16
入境旅游数量（万人次）	150.06	149.44	465.72	144.68	450
招收留学生规模（人）	不足 400	约 1 万	1.3 万	7000	约 4000
外资金融机构在洛数量（个）	0	9	6	3	41
上市公司数量（个）	12	23	37	30	40
外贸依存度（%）	3.1	20.85	29.47	52.19	50.51

资料来源：笔者根据各地政府门户网站数据整理。

（三）国际功能还不完善，载体平台还不多

从城市功能看，洛阳北郊机场通航城市仅有 30 个，国际航线仅 3 条，年游客吞吐量刚刚突破 150 万人次。目前洛阳仅是交通节点城市，还未形成"十字形"高铁枢纽。高端住宿、餐饮、娱乐等设施仍较缺乏。城市空气质量优良天数，洛阳为 177 天；中小学校国际班（部）数量，洛阳为 4 个；可结算海外医保的医疗机构数量，洛阳为 2 家；四星级以上酒店数量，洛阳为 13 家；在人均水资源拥有量上，洛阳为 450 立方米。从平台载体看，目前仅有会展中心具备举办大型国际会展的功能，且举办国际会展的层次不高、频次不多，部分展会虽挂有"国际"之名，但参展商、观展人员几乎全来自国内。"两节一会一论坛"国际参与度高低不齐，带动相关业态力度不够，品质和影响力需要进一步提升。从指标来看，洛阳市国际交往基础设施的差距主要体现在航空客运、货运和国际化会展中心规模等方面。洛阳市仅有 3 条国际（地区）航线；洛阳市高速公路密度为 3.3 公里/百平方公里；洛阳市铁路密度为 199.3 公里/万平方公里；洛阳市高铁密度为 56 公里/万平方公里。洛阳市不仅在交通基础设施方面差距较大，而且在集疏功能方面差距更为明显，比如，在航空旅客年吞吐量上，洛阳市为 154 万人次；在国际（地区）航空货运吞吐量上，洛阳市为 0.115 万吨；在公路铁路货运总量上，洛阳市为 2.85 亿吨；在国际化会展中心规模上，洛阳市为 5.2 万平方米，仅与昆明相比都差距甚远（见表 3）。

表 3　洛阳和昆明国际交往基础设施水平对比

2019 年主要指标	洛阳	昆明
航空港年旅客吞吐量(万人次)	154	4807.6
国际(地区)航线数量(条)	3	93
国际(地区)航空货运吞吐量(万吨)	0.115	41.6
公路、铁路货运总量(亿吨)	2.85	3.52
高速公路密度(公里/百平方公里)	3.3	4.8

续表

2019 年主要指标	洛阳	昆明
铁路密度（公里/万平方公里）	199.3	396
高铁密度（公里/万平方公里）	56	151
国际化会展中心规模（万平方米）	5.2	557.12

资料来源：笔者根据相关地区政府门户网站数据整理。

（四）顶层设计滞后，推进机制不完善

基础研究还不够深。对国际人文交往中心的基本概念、建设方向、交往对象、交往主体、指标体系等还未进行系统深入的研究，对发展目标、重点任务、发力点等谋划不够。国际人文交往中心建设的顶层设计尚未完成。体制机制还不够灵活。政府在工作推进中"戏份"太重，在一些节会、展会、赛事等活动中起主导作用，未能充分运用市场规律，调动社会力量参与国际人文交往。同时，在一些特色产业（比如牡丹产业）发展过程中，政府对各类主体的统筹、支持、服务等都不够到位，导致特色产业大而不强、产业链长而不优。

四 2021年洛阳文化发展展望：打造国际
人文交往中心的对策

（一）尽快完成顶层设计，强化对国际人文交往中心建设工作规划引领

2020 年 3 月 27 日，河南省委省政府召开加快洛阳副中心城市建设工作推进会，提出了把"建设国际人文交往中心"作为洛阳副中心城市的城市定位之一。洛阳市应立足服务国家开放发展战略、区域协调发展战略，将城市国际化作为主要发展方向，聚焦建设国际人文交往中心城市的战略目标。一是强化制度引领。洛阳市委市政府印发《洛阳关于建设国际人文交往中

心的意见》，谋划立足河南、面向全国、辐射"一带一路"和东南亚国家，全面推进多渠道、多形式、多层次人文交流，讲好洛阳故事、传播好洛阳声音的具体目标和努力方向。洛阳处于共建"一带一路"、大运河文化带建设、中部地区崛起、黄河流域生态保护和高质量发展等重大国家战略的交汇区域，特别是党的十九届五中全会提出要构建以国内大循环为主体、国内国际双循环相互促进的新发展格局，洛阳是河南省经济总量第二大城市，产业基础好、消费市场大，有基础、有优势更好地服务国家战略。省委省政府统筹国家战略需要、全省发展实际和洛阳自身优势，做出加快建设中原城市群副中心城市的重要决策部署，对洛阳来说，这是时代赋予的使命，更是洛阳自身发展的重大机遇。国际人文交往中心体现着城市的品质和影响力，是未来城市发展的终极目标。必须要跳出洛阳看洛阳，跳出河南看洛阳，把建设国际人文交往中心放到积极主动服务国家战略的高度，放到提升城市战略地位和发展能力的高度去谋划和推进。二是加强组织领导。成立由市委市政府主要领导任组长，市级相关部门负责人为成员的领导小组，构建"党委统一领导、党政齐抓共管、宣传部门组织协调、有关部门分工负责、社会力量积极参与"的工作格局。三是压实工作责任。国际人文交往中心是指在国际人文交往中具有一定影响，能够在地区或全球发挥重要作用的城市，需要众多的涉外或国外机构数量、频繁的外事活动、便利的基础设施、完善的服务系统。洛阳市要打造国际人文交往中心，必须立足全面深化文化传承创新体系，研究明确国际人文交往中心的定位、目标、方向，交往的主体、内容、平台、载体、路径等，谋划实施一批有影响力的产业项目、城建项目，形成以目标为引领、体系为支撑、项目为抓手的建设体系。特别是要立足历史文化名城的金字招牌，打破传统经济开放的单一模式，更加注重教育、科技、旅游、体育等全方位开放，全面推进多渠道、多形式、多层次人文交流，加强国际传播能力建设。根据实际情况，明确建设区域性国际人文交流中心的战略规划和量化指标，包括缔结国际友好城市数量、国际组织总部和地区代表处数量、年度国际会议及展览活动举办次数、入境旅游人次、文创产业增加值占 GDP 比重等 10 项关键性指标。分年度制订行动计划，落实各级各部门年度任务、进度安排、责任分工、保障机制和政策措施。政府要正确处理和各类市场主体之间的关系，按照市场客观规律推进建设，注重建机制、搭平台、创环境、优服务，从政策、金融等方面予以支持，保护各类市场主体参与建设的积极性，形成"政府搭台、民间唱戏"，政府和市场各有侧重共同推进的良好局面。洛阳市的隋唐洛阳城明堂天堂、倒盏村、天心文化园等引入市场机制，采用公司运作模式，均取得了良好效益，具备进一步推广的基础。比如，在重要节会方面，可以尊重市场规律，引入市场竞争机制，选取有实力的民营企业具体承办或分包，政府把握方向，企业具体运作。在市场化的框架下，支持跨地区、跨行业、跨所有制兼并重组，推动有实力的文旅企业以技术创新、品牌输出等方式发展壮大；抓好外部引进，鼓励国内外大型文旅企业集团在我市设立投资基金和地区总部，形成多元化的推进格局。

（二）进一步挖掘文化资源，夯实国际人文交往中心的精神内核

革命文化作为爱国主义和集体主义中一种极为珍贵的资源，是先进文化的灵魂与核心，是中国特色社会主义核心价值体系中一个极其重要的组成部分，对侨胞台胞、社会主义国家和研究机构、留学生群体具有吸引力。洛阳革命文化资源贯穿新民主主义革命时期、大革命时期、土地革命战争时期、抗日战争时期、解放战争时期，具有延绵有序的特色，刘少奇、彭德怀、朱德等我党中央高级领导人和一些八路军将领，都曾经在洛阳留下活动轨迹，数量最多的三个县分别是孟津县、新安县和伊川县，数量合计约占洛阳全部革命文化资源量的60%。洛阳革命资源既包括重要机构旧址、重大事件旧址、重要党史人物旧居等多种原址类型，也包括诸多烈士墓、烈士陵园、纪念地、纪念馆等纪念设施，有的自身就是独立的人文景区，有的是一些自然、人文景区的主要组成部分，特点鲜明。针对目前洛阳革命文化资源利用级别低的实际，政府有关部门应当根据现有革命文化资源的建筑状况、历史作用等现实，提升一部分革命文化资源的保护及利用级别。在此基础上，各级政府要根据革命文化资源的保护等级及实际需要，加大经费投入，完善日

常的维修保护，丰富革命文物征集，扩大革命文化资源宣传。一是把革命文化资源的保护纳入各级政府的顶层规划，积极争取上级的相关优惠政策，落实好项目资金，有计划有重点地进行修复等保护工作。二是坚持多方参与合作推进的原则。多渠道利用社会资源，广泛开发融资渠道，共同实现保护及发展目标。三是加强部门间沟通、协作，把爱国主义基地建设、革命文化资源保护工作与国际人文交往中心建设相结合，多渠道全方位争取保护与发展资金。四是要分层次、分地段保护，抓大促小。洛八办纪念馆、中共洛阳组诞生地纪念馆、抱犊寨风景区等基础条件好的资源，应当作为保护开发的领军项目和重要代表。

（三）完善平台载体，拓宽国际人文交往中心活动开展的渠道

以"一带一路"共建国家为重点，缔结更多国际友城，持续扩大洛阳国际"朋友圈"。学习借鉴昆明节会经济市场化模式，提高"两节一会一论坛"运作水平，提升综合效益，将牡丹文化节打造成国际一流文旅节会，让河洛文化旅游节更国际化，提升中原国际文化旅游产业博览会影响力，建设世界古都论坛永久会址，加快会展中心（伊滨区）、丝绸之路文化交流中心等项目建设，举办客家之源论坛、二里头文化国际学术交流会、文化遗产大众化传播主题论坛、国际运河论坛等更多高端国际论坛和文旅经贸活动，承办中国国际旅游城市市长论坛分会场、"一带一路"国际旅行商采购大会等大型活动，鼓励各县（市、区）因地制宜承办国际马拉松、国际赛艇皮划艇锦标赛、亚洲空手道锦标赛等国际体育赛事，增强洛阳节会活动的国际影响力、文化吸引力、市场竞争力。加强城市宣传营销，完善提升"最早中国""牡丹花城"等文化旅游品牌标识和品牌体系，实施国际文化交流推广行动，深化与国内外旅游高端营销策划团队、国内外主流媒体、知名门户网站和在线旅行商的战略合作，坚持传统媒体和新媒体、线上和线下相结合，瞄准东亚、东南亚等重点客源地区，精准投放城市形象广告，探索设立境外营销机构，构建境内外、全方位宣传营销格局。

（四）明确国际化交往对象，提高国际人文交往针对性

要依托代表人物或团体，拓展侨胞台胞、社会主义国家、研究机构和留学生群体辐射面。从归侨侨眷代表人士情况来看，洛阳市归侨侨眷遍布各行各业，他们曾经或正在用自己的方式服务国家大局和全市中心工作。其中，洛阳市唯一健在的老红军、102 岁泰国归侨、离休干部罗妙英女士，曾荣获中共中央、国务院颁发的中国人民抗日战争胜利 50、60、70 周年纪念章，中共中央和中央军委颁发的中国工农红军长征胜利 80 周年纪念章。信息工程大学洛阳校区归侨余玛丽教授、冯翠华教授，响应祖国召唤分别从美国、马来西亚回国支援新中国建设，投身于国防和军队建设事业。中石化洛阳工程公司原总工、新加坡归侨黎国磊，80 岁还奋战在石化一线，研究炼化技术。中信重工政工师、朝鲜归侨徐魁礼，作为焦裕禄同志的工友，对焦裕禄精神"孕育形成在洛矿"有着切身的体会。洛阳奥诺生物科技有限公司董事长、新归侨田丰丰博士，从日本、美国学成归国，埋头我市"侨之家"——洛阳国家大学科技园，进行组织器官再生项目攻坚，颇有建树。原市外侨办副主任、侨眷罗雅琴，从事侨务工作二十余年，积累了丰富的工作经验，堪称洛阳市统一战线系统侨务工作的"活词典"。他们都是我市 8 万归侨侨眷中的杰出代表。通过这些杰出代表，可以带动和辐射一大批国内外侨胞台胞对革命文化的关注。

从重点侨团、海外侨胞联系情况来看，与我市建立经常性联系的重点侨团有两个：一个是新西兰河南同乡联谊会，会长陈金明博士，祖籍孟津县朝阳镇，任国侨办海外专家咨询委员会委员；另一个是全英河南同乡联谊会，会长王秋蕙女士，祖籍河南汝州，旅居英国 27 年，兼英华国球社会长、英国华文教育交流研究会联合会长等职。建立经常性联系服务的海外侨胞有几十人。代表人士有视微影像（河南）科技有限公司董事长彭先兆博士、总经理李冰博士等 4 名海外侨胞，落户洛阳市"侨之家"——洛阳国家大学科技园，研发具有国际先进水平的眼科 3D 成像设备，现已投放市场；加拿大华侨李朝军博士，祖籍伊滨区寇店镇，现任加拿大皇家科学院院士、国侨

办海外专家咨询委员会委员；澳大利亚华侨邝远平先生，现任华人集团董事局主席、炎黄科技园建设有限公司董事长、洛阳市侨商会会长。这些重点侨团也是很好的辐射带动力量，可以通过一些专门的活动来提升革命文化对侨胞的吸引力。

针对留学生群体教育投入、管理机制、学习环境、教学质量等领域存在的问题，一是政府加大相关教育投入，洛阳市高校留学生教育面临的主要瓶颈是教育投入不足，这导致一系列问题产生。如没有充裕的资金去引进先进的教学工具和设备，一些高校设施落后，在一定程度上削弱了洛阳市对留学生的吸引力；又比如没有注重培养长期稳定的合作对象，从而导致生源的不足甚至匮乏。二是学习环境的营造。要搞好人才规划，加强师资队伍建设。高校应加强对汉语教师的教学技能培训，积极改进教学方法，加强对留学生教学各个环节的监管；提高教师自身的专业素质，以确保教学质量。此外，教师在教学大纲的设置和课程准备方面，也应做到系统化、规范化，让留学生更加全面地感受洛阳多方面的魅力。三是做好发展规划及相关工作。洛阳高校方面应做好留学生教育的发展规划。加强与国内外其他高校的交流与合作，比如和国外高校建立长期合作关系，定期进行互访，签订定期或不定期的留学生教育协议，保证留学生来校的数量和途径；或与国内其他高校或地区联合培养留学生，加强地区间关于留学生教育的经验交流。同时，在吸引留学生方面，高校自身也应积极拓宽留学生来洛途径，一方面，可以向之前毕业的留学生介绍学校的最新情况，让他们帮助组织生源；另一方面，可以在国家及河南省组织的海外留学生招生会，在洛阳组织召开的国际型活动（如牡丹花会、世界邮展等）上做好宣传工作。利用较低的物价水平、相对便宜的留学费用、教学效果较好的小班授课模式等来吸引外国留学生来洛长期学习或短期培训。

（五）突出特色优势，强化产业支撑

加快文旅融合发展。围绕建设黄河历史文化主地标城市，突出河洛文化、古都文化、牡丹文化、丝路文化，坚持国际化、高端化、品质化、个性

化方向，打造龙门石窟、隋唐洛阳城等一批历史文化精品体验区，培优一批文旅企业，形成一批立得住、叫得响、传得开的知名文旅品牌，不断扩大"千年古都、牡丹花城、客家祖地、丝路起点"世界影响力。打造"东方博物馆之都"。学习借鉴昆明翠湖片区博物馆群落、成都建川博物馆群落、法国尼斯市博物馆群落、华盛顿史密森尼博物馆群落等模式，推动相似主题的博物馆集聚式发展。比如，以古代艺术博物馆为中心，打造墓葬碑碣、石刻壁画、金石文字等古代艺术博物馆群落；以涧西厂矿企业、科研院所为中心，打造农耕机械、矿山机械、航空航天等新中国工业发展史博物馆群落；支持洛阳师范学院"一院一馆"建设，打造洛阳高校博物馆群落。建设特色历史文化园区。学习借鉴昆明"云南民族村"模式，用足用好十三朝古都独有的历史文化资源，按照"洛阳特色、华夏气派、国际范儿"标准，打造"一眼千年"历史文化园区。从上古神话时代到夏、商、周直至民国时期，"一个朝代一个园子"，原原本本呈现各个朝代的建筑制式、生产特点、生活习俗、妆容服饰等，让游客一园游遍中华上下五千年。做好各个朝代特色文创产品开发，增强沉浸式体验，丰富园区业态，带动周边群众就业增收。发展壮大牡丹产业。学习借鉴斗南花卉市场营销模式，立足国内、面向世界，按照"大产业＋新平台"发展思路，整合全市牡丹产业资源，发挥牡丹相关农户、合作社、企业、科研院所等作用，推动牡丹产业种植、观赏、科研、油用、催花、切花、物流、冷藏、加工、文创、营销等全链条发展，打造世界最佳牡丹观赏地、中国牡丹产业示范区、牡丹品牌集聚区和牡丹文化传播中心、牡丹科技研发中心。

（六）深度开放，构建覆盖广泛的合作体系

一是节会搭台，促进交流交往。借助牡丹文化节、河洛文化节，邀请如重点侨团、海外侨胞代表人士等来洛考察参观，在多领域创造机会、打造平台进行深入的交流探讨，达成加强交流、深化学习等实效，为提升革命文化海外等群体人文吸引力打下良好基础。二是引导海外侨胞、侨资企业等投身革命文化资源建设。在已成立的一些园区中，如4个洛阳"侨之家"（社

区、园区），除了开展涉侨政策法律服务、涉侨事务服务、侨界民生和事业发展服务外，还可以创造机会提供一些革命文化教育、项目等活动，引导侨胞等群体为革命文化事业、产业发展助力，服务国家和地方建设。三是借助一些海外统战工作品牌的打造，开展革命文化的宣传与学习。如洛阳以汉魏洛阳城大谷关项目、客家之源纪念馆——客家小镇项目、客家文化研究会项目建设为抓手，打造"根在河洛·客家祖源"海外统战工作品牌，配套根在河洛客家文化大会等，丰富了海外统战工作平台载体，借助这些平台吸引更多的海外侨胞特别是客家华侨华人来洛寻根问祖，增强古都洛阳在海外侨胞群体中的影响力、感召力，再加上一些革命文化资源的宣传介绍，广泛凝聚力量，服务洛阳国际人文交往中心建设。四是开展暖侨活动，及时传递党和政府的关怀和温暖，凝聚归侨侨眷人士服务国家大局、助力地方发展、维护社会稳定。如在重大节日举办归侨侨眷代表人士茶话会、座谈会、专业及革命文化等讲座，宣传党的大政方针、革命文化历史、地方建设成果等，听取这些群体的意见建议，充分利用外事侨务窗口，加强与国际友城全方位、多层次交流合作；以同乡文化、民间艺术文化、革命文化、亲情文化等为纽带，积极拓展民间线上线下交流交往；加快打造各类文化包括革命文化交流品牌、搭建交往平台、扩展交往领域、发挥交往功能。

（七）完善基础设施，提升国际功能

完善综合交通设施体系，围绕建设全国重要交通枢纽，统筹抓好地铁、机场、高速公路、快速通道、综合交通枢纽等项目建设，实施好洛阳机场三期、尧栾西高速等项目，打造覆盖城乡、串联景区、方便快捷的旅游交通网络。打造国际化旅游设施体系，对标国际标准，推进城区、景区双语（多语）标识提升工程。构建官方资讯网站、电商平台、微信、微博、旅游 App 等多终端、全覆盖的智慧旅游服务体系。加快伊滨区四大场馆建设，打造更多高品质节会场馆，实施星级饭店引进和提升工程，完善旅游集散中心、停车场、自驾车房车营地等配套设施，提升接待能力和品位层次。构建方便舒适生活设施体系，把整座城市当作旅游目的地打造，营造"城市即景区，

生活即旅游"的生活设施体系。推进国土绿化提速提质，加快城市绿地、乐道、小游园、休闲广场、滨水景观建设，开展城市书房达标创优提升行动，构建"水绿相亲、人城相融"的城市生态景观和公共休闲空间，彰显城市品质和温度，增加城市影响力和吸引力，打造"居者心怡，来者心悦"的人文之城和幸福之城。

（八）充分借助现代化宣传手段，扩大洛阳国际影响力

据 2020 年 1 月 3 日发布的《2020 中国城市海外网络传播力建设报告》，在海外网络传播力排行榜中，洛阳已位列地级城市排行榜第 9、全国 337 座城市（自治州、地区、盟）的第 43，这标志着洛阳城市品牌知名度、美誉度、影响力的提升达到了新的水平。2019 年，我国红色旅游数据已达到近 7 亿人次，占旅游总人次数的 11.16%，洛阳要积极借鉴先进地区的经验，根据本地区革命文化资源价值、类型、交通等客观条件，系统规划游、行、食、娱、购等方面内容，做好规划安排，分步骤、分领域、分期分批地加以推进，促使革命文化资源向现实消费的转化。近年来，我市持续强化优秀传统文化的现代表达、河洛文化的国际表达，交流互鉴持续深化，中国洛阳牡丹文化节、河洛文化旅游节、中原国际文化旅游产业博览会、世界古都论坛"两节一会一论坛"的影响力逐步提升，2020 年央视中秋晚会在洛阳盛大出镜，惊艳全球，洛阳先后与日本冈山市、韩国扶余郡等 17 个城市缔结为国际友好城市，同时以世界古都论坛、丝路文物展、中国—中东欧国家文化遗产论坛等国际文旅活动为载体，深化与法国、意大利等数十个国家和地区的人文历史交流，向世界讲述洛阳故事、传播华夏文化。

（九）实施工业文化项目带动战略，拓展文化交流和文化旅游，提升竞争力

2019 年 11 月国家发展和改革委员会、工业和信息化部等 15 个部门联合印发的《关于推动先进制造业和现代服务业深度融合发展的实施意见》提出，发展工业文化旅游，支持有条件的工业遗产和企业、园区、基地等，

挖掘历史文化底蕴，开发集生产展示、观光体验、教育科普等于一体的旅游产品，厚植工业文化，弘扬工匠精神。2020 年 6 月，国家发展和改革委、工业和信息化部、国务院国资委、国家文物局、国家开发银行印发《推动老工业城市工业遗产保护利用实施方案》，提出把工业遗产保护利用作为推动老工业城市高质量发展的重要内容，打造一批集城市记忆、知识传播、创意文化、休闲体验于一体的"生活秀带"。结合本地区实际情况与工业文化资源禀赋特征，以创新、协调、绿色、开放、共享的新发展理念为指导思想，形成一套完善、科学、有效的政策法规体系。针对国内外民众对洛阳工业文化品牌知晓不多的情况，应善于利用国际知名的各类工业博览会、工业展等文化贸易与交流平台，通过工业题材的影视、网络游戏、文学、美术、设计与工艺展、工业会展等形式，展览、展播和展演具有洛阳工业特色的文化精品，做好洛阳工业文化品牌的宣传和推广，要加强各种形式的文化产业对外交流与合作，建设面向国内外消费者的工业文化传播平台及传媒体系，积极传播洛阳工业文化的价值内涵，塑造一批国际知名的洛阳工业文化品牌。

学习德国鲁尔区在转型升级过程中，组织实施的区域综合整治与振兴计划经验，在区域管理委员会统筹下，使整个洛阳的工业遗产旅游开发呈现明显的一体化特点，综合考虑和统筹规划工业结构转型、旧厂房改造和利用、生态环境修复问题的解决等问题，利用废弃厂房和矿山修建工业博物馆，将仓库改成音乐厅，将储气罐改成潜水池，等等，使工业旅游成为洛阳的历史坐标和文化记忆。发展工业旅游，工业是基础，文化是内涵，旅游是传承的载体和方式，三者缺一不可，继续推动洛阳"工业 + 文化 + 旅游"融合发展，一要推动工业旅游大众化、市场化，要将工业资源优势转化为产业优势、竞争优势，发展以工业遗产为特色的会展经济和文化活动，促进工艺美术产品和艺术衍生产品的设计、生产和交易，搭建起具有更大规模、具有一定国际影响力的工业旅游平台。二要加大宣传力度，利用社交媒体的传播特性，促进旅游企业与消费者互动，扩大其在海内外的影响力，积极与大型国际知名旅行社开展合作，从而扩大其市场份额，提升工业旅游的国际竞争能力，使其成为地区经济增长点。三要将工业文化元素和标识融入内容创作生产、创意设计，利用新技术推动跨媒体内容制作与呈现，孕育新型文化业态。四要完善配套商业服务功能，发展以工业遗产为载体的体验式旅游、研学旅行、休闲旅游精品线路，形成生产、旅游、教育、休闲一体化的工业文化旅游新模式，最终推动"工业＋文化＋旅游"融合发展。

文 化 篇

Reports on Culture

B.2
洛阳提升革命文化吸引力的对策研究

苗 菱*

摘　要：　中国特色社会主义文化主要包括中华优秀传统文化、革命文化和社会主义先进文化三个部分，其中，革命文化与社会主义先进文化共同构成了最具价值的红色文化。它是我党带领全国人民奋发图强，从站起来到富起来再到强起来的历程中不断孕育与累积起来的宝贵精神财富。本文在详细概括洛阳革命文化资源构成与侨胞台胞、社会主义国家和研究机构、留学生群体基本情况的基础上，分析了目前洛阳在这一领域所存在的突出问题，并从思想认识、载体建设、主体建设、宣传及内引外联等多方面进行了对策探讨。

关键词：　革命文化　人文吸引力　时代价值

---

* 苗菱，中共洛阳市委党校副教授，研究方向为经济学及文化。

一 洛阳市革命文化资源基本情况

中国特色社会主义文化主要包括中华优秀传统文化、革命文化和社会主义先进文化三个部分，其中，革命文化与社会主义先进文化共同构成了最具价值的红色文化。它是我党带领全国各族人民奋发图强，从站起来到富起来再到强起来的历程中，不断孕育与累积起来的宝贵精神财富，是伟大的中华民族区别于世界上其他民族的一个重要文化标识，作为革命老区的洛阳，拥有非常丰富的革命文化资源，其基本情况汇总如下。

（一）洛阳革命文化资源保护、利用与开发现状

洛阳革命文化资源有 190 处。其中，重要历史事件旧址 36 处，重要机构旧址 66 处，烈士陵园、烈士墓、纪念馆等纪念设施 46 处，党史人物故居 42 处。整体来看，在洛阳丰富的革命文化资源中，对一部分资源进行了较好的保护与利用，但是，更多的资源受保护资金不够、重视程度不强等影响，目前尚没有被合理保护及利用。

1. 洛阳革命文化资源的基本保护情况

从级别构成来看，洛阳革命文化资源可以划分为国家级、省级、市级、县级四级。其中，2 处国家级文物保护单位（洛八办纪念馆、洛阳烈士陵园），占比 1%；7 处市级文物保护单位（豫西五地委、五专署、五军区旧址，中共新安县委旧址，新安县抗日干部学校旧址，栾川抱犊寨红色旅游区，孟津朝阳烈士纪念亭，韩钧故居，张明禄纪念馆），占比 3.7%；18 处县级文物保护单位，占比 9.5%；尚未列入文保单位的 163 处，占比 85.8%，综合以上情况可以看出，洛阳革命文化资源保护还处在低水平状态。

从管理角度来看，洛阳革命文化资源中，只有 12 处有管理单位，占比 6.3%，包括 2 处国家级文物保护单位、9 处县级烈士陵园、1 处私营风景区（栾川抱犊寨红色旅游区）。除此之外，尚有 14 处乡镇级烈士陵园无管理单

位，有些只有管理人员；有 8 处村办纪念馆及纪念室、1 处企业办纪念馆由其所在村委会或企业党委代为管理。

2. 洛阳革命文化资源的开发以及利用的基本情况

从开发以及利用的基本情况来看，不容乐观。在这些资源中，已经开发利用的有 36 处，总体占比 18.9%，主要包括市县乡三级烈士陵园等共 24 处，村办纪念馆、室 9 处，市级纪念馆、企业办纪念馆、私营风景区各 1 处。当前，只有洛八办纪念馆等少数场馆具备编制、经费、陈展、讲解、宣教、研究等多个部门，并且能够保持常年开放。在这些已经开发利用的革命文化资源中，烈士陵园有 24 处，其中绝大多数设施及陈展手段较为落后，讲解人员、研究人员或缺乏或根本没有，许多陵园陈列室只在少数节日期间开放，多数村办纪念馆、室大多由个别村干部及村民集资或者个人捐资进行建设，平时不能保证开放，这些村办馆、室大多缺乏固定经费来源，也没有专职的管理人员进行管理，因而在史料整理、展览陈列、讲解宣教等各方面都处于较低水平，缺乏辐射及影响力。

从爱国主义教育基地角度看，涉及国家、省、市、县等各级资源，其中，国家级爱国主义教育基地 1 处，即洛阳烈士陵园，总体占比 0.5%；省级爱国主义教育基地 8 处，包括洛八办纪念馆、中共洛阳组诞生地纪念馆、127 师师史馆、孟津朝阳烈士陵园、栾川抱犊寨红色旅游区、偃师豫西抗日独立支队队部旧址、嵩县烈士陵园等，总体占比 4.2%；市级爱国主义教育基地 8 处，包括申阳党支部纪念馆、韩钧故居、酒后乡革命事迹展览馆、酒后和乐小学旧址、宜阳烈士陵园、赵保烈士陵园、张明禄烈士纪念馆、吕店乡温沟村革命事迹展览馆等，总体占比 4.2%；而县级爱国主义教育基地有 22 处，总体占比 11.6%；尚未被列入的有 151 处，总述占比 79.5%。总体来看，目前洛阳革命文化资源利用及相关开发均处于较低水平。

（二）代表性革命文化资源

1. 洛八办纪念馆——八路军驻洛办事处

洛八办纪念馆是"八路军驻洛阳办事处"的简称，它是中国共产党和八路军总部在 1938 年 10 月至 1942 年 2 月设立的第一战区司令长官部以及河南省政府所在地洛阳的公开办事机构。八路军驻洛阳办事处旧址位于洛阳市老城区贴廓巷 35 号（原 56 号），该建筑始建于清道光十一年（1831 年），占地面积 4388 平方米，建筑面积 3330 平方米，共有房屋 129 间。1985 年被确定为省级爱国主义教育基地，2002 年被河南省命名为国防教育基地，2006 年被确定为全国重点文物保护单位。洛八办纪念馆的基本陈列分为综合陈列和旧址复原陈列两个部分。纪念馆综合陈列以文物、文字、照片、图表等相结合的形式，系统地介绍了八路军办事处的建立、工作以及撤退情况，突出展现了八路军办事处在艰辛的抗日战争过程中所发挥的重要作用；旧址复原陈列包括刘少奇住室、豫西省委会议室、电台室、警卫排住室等。

2. 河南省第一个党组织——"中共洛阳组"诞生地纪念馆

"中共洛阳组"是河南省首个党组织，其诞生地纪念馆位于洛阳市瀍河区郑州铁路局洛阳机务段院内，2001 年 7 月 1 日开馆，同时被定为省级爱国主义教育基地。2018 年 6 月至 2019 年 6 月，洛阳市委市政府对该馆进行了改造提升，面积由 2800 平方米扩大到 5500 平方米，包括东、西两个展区，一共 11 个展厅，馆内陈列展出了当时的珍贵实物以及图片资料等百余件，通过图文并茂、实物展览、多媒体现代影像展示等多种形式，再现了五四革命运动前后的洛阳、陇海铁路大罢工运动、"中共洛阳组"的诞生和洛阳党组织早期活动等基本内容，具有非常重要的历史文化价值。2020 年，为了迎接党的百年诞辰，洛阳再一次开启"中共洛阳组"诞生地纪念馆的改造提升工程，项目总建设用地面积、总建筑面积、展陈总建筑面积分别为 21 万平方米、19 万平方米、3300 余平方米。该工程在保留原有展览馆的基础上，新建设一座大中型规模的纪念及历史类博物馆，馆内汇集党史展览及与党建教育等一体的综合性内容。项目建设主要涵盖主馆、游客中心、地下人防及附属设施等，于 2021 年 7 月 1 日中国共产党建党一百周年之际正式对外开放。

3. 洛阳烈士陵园

洛阳市烈士陵园始建于 1955 年，地处洛阳市老城区状元红路 1 号，占地 116.25 亩。洛阳市烈士陵园内安葬不同时期的烈士共 803 位，主要烈士纪念设施包括：革命烈士纪念碑、纪念碑副碑（烈士英名录墙）、洛阳革命烈士事迹陈列馆、烈士墓区、烈士骨灰堂等。1995 年被国家民政部命名为全国百家青少年爱国主义教育基地；2002 年被河南省政府授予"河南省国防教育基地"；2004 年被共青团洛阳市委员会授予"优秀青少年维权岗"，被中共洛阳市委宣传部授予"洛阳市爱国主义教育示范基地"；2009 年 3 月被国家民政部列为全国重点烈士纪念设施保护单位。

洛阳革命烈士事迹陈列馆建成于 2005 年，总建筑面积 2080 平方米，是烈士陵园开展爱国主义教育的主要场馆。2018 年洛阳解放 70 周年之际对陈列馆进行了改造提升，2018 年 4 月 5 日正式面向社会开放，重新大规模、全方位布展后的洛阳革命烈士事迹陈列馆增加了大量历史图片、实物和烈士事迹，进一步提升了烈士陵园作为爱国主义教育基地的陈展水平和开展爱国主义教育的宣传能力。

4. 洛阳党建馆

洛阳党建馆位于"洛阳市民之家"二楼，是河南省首家市级党建馆，2018 年 6 月 6 日正式对外开放。党建馆总面积 450 平方米，分为党建服务区、党建展示区、开放式组织生活区三个部分。党建服务区为党员群众提供电话咨询、预约、讲解等服务；党建展示区通过文字、图片、多媒体等方式展示初心篇、使命篇、担当篇；开放式组织生活区设有互动平台、党建书架、宣誓墙等，作为全市开放式组织生活阵地、市民之家基层党组织生活阵地、新区 CBD 商务楼宇党组织生活阵地。洛阳党建馆已经成为展示全市党建成效和发展成绩的载体、党员干部开展政治生活的平台、广大党员接受党性教育的基地。

5. 栾川抱犊寨红色旅游区

抱犊寨红色旅游区位于栾川县三川镇境内，距离县城西北约 50 公里处，抱犊寨的名字来自传说中的牧童食灵芝草后抱牛犊飞升登仙等神话故事，后因一段极其惨烈的战事而著名。抱犊寨海拔 1803 米，东临三川乡石窑沟，西到卢氏县文峪乡，南山脚达青山村火神庙，北至张前沟，总观赏面积约为 21 平方公里，主要由抱犊古寨、望牛岭、火神庙三大观赏区组成；抱犊寨位于山顶处，周围皆是百丈悬崖，南门外壁立千岗；西门前两峰对峙，仅仅只隔了一米多宽的峡谷；东门右侧有一"断山壕"，属于"一夫当关，万人莫克"之险。山上有冬夏不竭之泉，有茂密可遮日之林，故属于易守难攻之地，素有"中华第一古寨"之美誉。1947 年当地匪首谢润玉挟 500 余人盘踞于山寨，并被国民党第 11 行政区陕州专员秦建玉任命为第 7 支队队长，之后获得胡宗南的支持，形成了预备连 11 个、1300 多人的规模，不到一年内先后杀害解放军战士 20 多人，农会干部、无辜群众等 26 人。解放军豫鄂陕军区的第四军分区七团、八团和陈谢兵团八军五十五师、豫西军区等在 1946 年、1947 年、1948 年，三次组织攻打该寨，最后采用"围三阙一"的战略战术，经历近 33 个昼夜的强攻，匪众千余人终于在西寨门下被我军歼灭，至此，抱犊寨最终宣告解放。

6. 贴廓巷——洛阳红色文化宣传窗口

贴廓巷红色文化步行街位于八路军驻洛办事处纪念馆周边，包括老城区的贴廓巷与吕氏街，西临南门口街，东达洛邑古城，全长约 700 米，2020 年 10 月 1 日正式开街，正加速成为洛阳红色文化宣传窗口、革命教育研学基地和红色文创体验休闲聚集地。

该红色文化步行街依托于八路军驻洛办事处纪念馆，主题风格以红色文化为基调，把"推动红色文化、河洛文化、传统文化、民俗文化再生，树立区域文化体验新标杆"作为提升原则，不进行大拆大建，而是着重于"微改造"，通过改造现有街区外立面，建设牌坊、屋顶、景观墙浮雕及雕塑，设置特色小木屋、小推车等，构建集教育、研学、饮食、住宿、体验、休闲、娱乐、购物、创意为一体的多元化红色文化步行街区。

二　侨胞台胞以及社会主义国家和研究机构、留学生群体基本情况

侨胞台胞以及社会主义国家和研究机构、留学生群体是洛阳建设国际人文交往中心一个不可或缺的群体。

（一）基本侨情

国人已有两千多年移居海外的历史，华侨和世界政治、经贸、文化等有着密切的联系，他们一方面传承着中国文化，另一方面也推动着世界文明的相互借鉴与融合。作为华夏儿女，广大华侨虽然身在异乡、侨居他国，但是从没有忘记"根在何方"，从我国革命战争到民主独立，再从新中国成立至改革开放，侨胞始终矢志不渝地为祖国的发展贡献着自己的力量。

《世界侨情报告（2020）》显示，2019年华侨华人（包括新移民在内）在世界各国的人员总量有所增长。其中，中国是美国外来移民中位居前三位的来源国，华侨华人总数达508万人。从总量上看，中国人移民美国有较长的历史，华裔仍然是亚裔在美国总人口中位居第一的群体；从收入上看，华裔家庭收入的中位数约为72800美元，略低于亚裔家庭收入的中位数；从从业领域上看，华裔大多从事教育、服务及社会援助等，占比较高；从地域分布看，华侨华人主要聚集在美国各大城市，其影响力也在逐步增强。报告显示，日本华侨华人已突破100万人，而且更多人选择永久居留（保留中国国籍）。同时，随着中国经济的飞速发展和国内生活水平的逐步提高，在日本的中国人考虑到工作、创业、留学等需求，越来越多地规划跨国生活或回国定居，因此大多选择永久居留资格（来去自由），申请加入日本籍的人数呈现逐年减少的趋势。该报告指出，自改革开放后至今，意大利华侨华人总数持续上升，其中，浙江省籍侨胞为最多，他们大多从事服装、批发、零售、中餐等相关行业。截至2018年底，意大利的合法移民数为525万人，其中，华侨华人达30万人，位居移民占比第四；2018年，西班牙国家统计局公布，西班牙总人口约为4690万，其中华人人数为19万，排名为西班牙第六大移民群体；德国在移民引进中把技术移民特别是高尖端人才作为重点，仅2018年就发放了约2.7万个欧盟"蓝卡"，中国已成为德国第二大外籍人才的来源国，占"蓝卡"发放总数的25.9%。该报告指出，澳大利亚及新西兰等中国移民数量快速增长。2018年澳大利亚海外净移民约24.85万人，其中，中国移民数量为44390人；根据人口普查结果，2018年新西兰人口约 470 万人，亚裔人口的占比持续上升，中国移民在新增加的人口中占比达到 2.9%，人数显著增加，共约 8.9 万人。

中国台湾地区总面积约为 3.6 万平方公里，包括中国第一大岛台湾岛及兰屿、绿岛、钓鱼岛等 21 个附属岛屿及澎湖列岛 64 个岛屿，人口约 2350 万，人口超过 7 成集中于西部的 5 大都会区（以台北为中心的台北都会区为最大）。当前两岸关系复杂严峻，但是两岸民间的交往始终保持着热度。据有关数据显示，2018 年全年来往大陆的台胞首次突破 600 万人次，其中，"首来族"达 40 万人，均创历史新高；截至 2018 年底，台湾居民赴大陆人数累计已经超过 1 亿人次。2019 年以来，据国务院台办资料显示，来往大陆的台胞人数持续稳定增长。同时，选择留在大陆创业扎根的台胞人数也逐渐增多。特别是受疫情影响，选择不返台并把岛内的家人接到大陆的台胞也悄然增多，两岸融合出现一些向好的趋势。

（二）社会主义国家和研究机构基本情况

目前，社会主义国家基本情况如下。一是中国。中国是当今世界最大的社会主义国家，也是目前社会主义国家中人均 GDP 最高的国家。二是古巴。位于美洲地区，是北美洲加勒比海北部的群岛国家，是美洲唯一的社会主义国家，距离美国 150 公里。古巴的面积约有 11 万平方公里，人口 1280 万，人均 GDP 高达 9500 美元。古巴也是社会主义国家中发展仅次于中国的国家，古巴凭借着 78.3 岁的平均寿命和 99% 的识字率，让古巴多年的人类发展指数达到了极高的水平，古巴的医生及其医疗水平闻名于全球。三是越南。越南国土狭长，面积约 33 万平方公里，人口有 9500 万，人均 GDP 只有 2300 多美元，是以京族为主体的多民族国家。四是朝鲜。朝鲜的领土面积 12.3 万平方公里，人口 2500 多万，人均 GDP1200 多美元。五是老挝。老挝面积约有 23.7 万平方公里，人口 700 多万，是社会主义国家中人口最少的国家。六是委内瑞拉。面积为 91.6 万平方公里，人口 3100 多万。委内瑞拉被称为准社会主义国家，因为其执政党是社会主义统一党，该党的理念在理论上可以算是社会主义国家理念。

从社会主义国家研究机构看，20 世纪 90 年代中期以后，世界社会主义的理论与运动实践无论在西方发达国家、原苏东地区国家，还是发展中国家均有所回升，在总体低潮之中出现了局部复兴，伴随着社会主义理论与实践的复兴，国内外有关社会主义的研究机构也呈现逐渐增多的趋势。

（三）留学生群体基本情况

近年来，随着中国国民经济与社会的健康快速发展，对留学生群体的吸引力逐步提升，加上美英等西方国家对签证、移民政策持续收紧，从而让中国成为第三世界国家众多留学生的主要流入国。2017 年，来华留学生达48.92 万人，涉及 204 个国家和地区，中国成为世界第三大及亚洲最大的国外留学生留学目的国。2018 年，来华留学生达 49.2185 万人。据教育部统计，2017～2019 年，来华留学生人数连续两年增速保持在 10% 以上。从经济上来看，以 2017 年为例，中国当年资助了约 6 万名外国留学生，共支出 33亿元人民币，其余的大约 43 万名外国留学生则给中国带来了 350 亿～400 亿元人民币的教育收入。

三 洛阳提升革命文化对侨胞台胞、社会主义国家和研究机构、留学生群体吸引力所面临的问题

（一）思想认识方面的问题

1. 对革命文化资源的时代价值及重要意义认识不足

目前，无论是上级有关部门人员还是乡村干部群众，不少人对于革命文化资源的重大时代价值以及重要意义存在明显的认识不足或意识淡薄。洛阳市文物资源丰富，一些文物部门在其思想观念上存在"厚古薄今"的意识，对所管辖革命文化资源的具体数量不清楚，对其保护、监管、利用不到位，导致一些负面情况的出现，比如革命旧居旧址被废弃、拆除以致改建等，这些都与思想认识不足及意识淡薄有着极其密切的关系。

2. 缺乏提升革命文化对侨胞台胞、社会主义国家和研究机构、留学生群体吸引力意识

近年来，洛阳在提升自身国际吸引力方面做了不少的工作，也取得了突出的成效。如从侨联工作来看，为了加强与海外华人华侨联系，洛阳市侨联与 30 多个海外社团建立了直接联系，在 70 个国家有可联系的人员；开展客家文化交流，参加在澳门举办的第三届世界客属青年大会，与来自世界各地的客家青年共谋合作、共赢发展；与赣州市等其他地市侨联共同举办"河洛文化在新丝路上的传承"主题研讨会，围绕客家文化与"一带一路"、华夏历史文明的传承创新等开展研讨；专门派代表赴香港会见全球客家崇正会联合总会高层人士，协商完善偃师客家人南迁纪念碑事宜；参加省侨联代表团出访澳大利亚、缅甸、新西兰，开展对外交流活动；与杭州、南京等侨联进行了互访及交流。但是，在这些活动与交流中，大多注重服务现实建设和传统文化方面，很少涉及革命文化等内容，这一领域存在长期被忽视的情况。

（二）载体方面的问题

从整体上来看，洛阳革命文化资源保护开发力度有待加大，具体表现在以下几个方面。

1. 缺乏统一完善的保护标准和措施

目前，国家相关部门尚未对革命文化资源旧址、旧居统一划定保护级别，各地标准存在不统一的问题。因此，大多数革命旧址、旧居都没有被认定为文物保护单位，无法列入文物部门的监管范围内，目前，多数革命旧址、故居的房屋产权属于私人所有，现住户对这些故居进行拆除、改建、维修时是否应有所限制，还是在房产征收后再对其进行维修，这些方面均没有明确、统一的标准和规定，导致一些工作无法开展。

2. 缺乏专项保护资金支持

目前绝大多数革命文化资源未能得到有效保护和利用，其主要原因是缺乏专项保护资金支持，未被列入文物保护单位的一些旧址故居，没有保护维修等专项经费的拨付，加上县乡村三级财政困难，对革命文化资源投入专项保

护及维修经费的可能性极低，对这些革命文化资源的保护及利用面临严峻形势。

3. 利用级别普遍偏低

洛阳190处革命文化资源中，仅有国家级爱国主义教育基地1个，省级爱国主义教育基地8个，市级爱国主义教育基地8个，县级爱国主义教育基地22个，整体上反映出革命文化资源利用级别较低的现状，这个现实情况非常不利于洛阳在相关领域争取经费、对外宣传以及发挥革命文化资源的教育和培育作用，同时，也不利于提升革命文化对侨胞台胞、社会主义国家和研究机构、留学生群体的人文吸引力。

（三）主体方面的问题

侨胞台胞、社会主义国家和研究机构、留学生群体方面也存在一些突出问题，亟待解决。

1. 洛阳侨胞台胞

从河南及洛阳自身来看，新中国成立初期，一大批爱国华侨纷纷回国支援祖国建设，历经70多年的岁月更迭，河南现有归侨侨眷约150万人。洛阳是河南省的侨务大市，目前共有归侨及侨眷近8万人，海外洛阳籍华侨华人近1万人，侨资企业50多家，服务对象达10万人以上规模。从来源看，我市归侨主要来自东南亚地区，少部分来自欧美、日本等发达国家和地区；从时间看，我市归侨绝大部分是20世纪50年代为支援国家重点项目建设来洛的，一部分是60年代初的印尼难侨，一部分是80年代的蒙古国难侨，还有一部分是新归侨；从职业看，老归侨中约70%在企业、商业部门工作，约25%在机关事业单位、大中专院校、科研院所工作，约5%是无业人员；新归侨主要是新媒体人士、非公有制经济人士、知识分子等；从分布看，我市归侨在涧西区人数最多，西工、老城、瀍河、洛龙、吉利和国家高新区有一部分，各县（市）有少量归侨居住。目前，90%以上的归侨已离退休，老龄化特点比较突出，侨眷遍布各行各业、各县（市、区）。我市归侨侨眷始终保持着爱国爱乡、乐于奉献的优良传统，积极投身洛阳的经济社会发展中，为洛阳的建设发展和社会和谐稳定做出了积极贡献。但是从革命文化对其吸引力方面来看，人们更多的是专注于服务国内建设，加上沟通平台、相关活动欠缺以及其群体自身等原因，洛阳这一群体本身对革命文化的关注度较低，全国情况也基本相同。

2. 社会主义国家和研究机构

建设社会主义是一项前无古人的事业，没有现成的道路可供选择，国内外所有的社会主义国家都只能选择在不断的实践中去探索社会主义建设及发展道路。随着社会主义理论体系在现实中不断丰富和发展，国内外研究机构对社会主义的道路、理论体系和制度方面的研究也在不断深入。国外学者的研究具有研究范围广泛、大量使用实地考察和调研资料、不同历史阶段研究的侧重点不同、研究以服务现实需要和制定政策为目的等多方面的特点。在对国外相关研究机构关注的同时，反思目前我们在工作中的瓶颈与不足，由于受到思维习惯、研究框架等的影响，我们缺乏也不擅长从对象国实际出发的相关研究，多学科、跨国界合作交流以及学术争鸣的范围、深度、广度也非常有限；尤其是从总结国际共产主义运动史、马克思主义发展史等角度进行的深层研究挖掘不够；加上洛阳的影响力不大，以及与对方研究方向、交流渠道不畅通等，导致洛阳革命文化资源对国内外社会主义国家和研究机构的实际吸引力及影响力都处于比较低的水平。

3. 留学生群体

高等教育在世界经济全球化的迅猛发展中也在加速向国际化方向发展。来华留学生群体逐步成为我国及各个省市地区众所关注的重要群体，随着国家支持力度的不断加大和来华留学政策持续开放，各省市区政府、高校将引进留学生作为地方发展目标的重要内容。

近年来，洛阳的经济发展总体速度进一步提升，但受地域及非省会城市的影响，与北京、上海等大城市的水平仍旧相距甚远，因而洛阳对于广大来华留学生的吸引力较低。大家的思想观念也较为传统，洛阳的整体环境显得比较封闭，加之洛阳市对外宣传力度还有待加强，自身的诸多优势还不为人所知。

洛阳市部分高校为了促进对外交流事业的高效开展并提高留学生规模水平，通过问卷调查与实地调查相结合的方式，对洛阳市的留学生现状进行了深入细致的调查研究。结果表明，洛阳的留学生教育在诸如对外宣传、管理机制、教育投入、学习环境、教学质量等多方面均存在一些不足，导致目前留学生整体规模小，数量少，且流失情况严重。

（四）其他方面问题

除了思想认识、载体、主体等方面的问题外，在提升革命文化对侨胞台胞、社会主义国家和研究机构、留学生群体吸引力方面还存在诸如针对性宣传不足、国际交往平台渠道缺乏、国际交往领域狭窄不畅、国际交往功能发挥不足等诸多问题，这些问题在很大程度上也妨碍了革命文化资源对这些群体人文吸引力的提升。

四　洛阳提升革命文化对侨胞台胞、社会主义国家和研究机构、留学生群体吸引力的对策建议

河南省委省政府为洛阳确定的城市定位是"两中心一枢纽一基地"，而其中的国际人文交往中心定位是洛阳加快文化城市国际化进程的必然选择，由此不断带动城市文化软实力、硬实力的加速增长。国际人文交往中心建设的关键内容是要构建世界人文城市，加快形成具有一定国际影响力的各类文化资源的集聚、交流、发展中心，而提升革命文化对侨胞台胞、社会主义国家和研究机构、留学生群体人文吸引力是一个必不可少的内容。

（一）充分认识革命文化资源及提升其对侨胞台胞、社会主义国家和研究机构、留学生群体吸引力的重要价值及意义

1. 充分认识革命文化的时代价值

革命文化作为爱国主义以及集体主义的珍贵资源，既是中国特色社会主义的核心价值体系中的一个重要部分，也是先进文化的核心和灵魂。革命文化具有强大的生命力，这种生命力源于其与现实时代精神追求及价值观念的契合。正是因为这样，每当我们走进任何一个革命文化遗迹及纪念馆时，都会从内心深处感受到强烈的震撼。习近平总书记在党的十九大报

告中强调："推动中华优秀传统文化创造性转化、创新性发展，继承革命文化，发展社会主义先进文化，不忘本来、吸收外来、面向未来，更好构筑中国精神、中国价值、中国力量，为人民提供精神指引。"① 在中华民族伟大复兴的新时代，需要经常重温革命文化的内涵，充分发挥其重要的时代价值。

2. 充分认识洛阳提升革命文化对侨胞台胞、社会主义国家和研究机构、留学生群体吸引力的重要意义

以提升洛阳人文吸引力为重点，合理开发利用好当地的革命文化资源，让其在国际人文交往中心建设中充分发挥好革命文化资源应有的价值，在当今具有非常重要的意义。历史是一面镜子，我们要让侨胞台胞、社会主义国家和研究机构、留学生群体等了解英烈们在过去那段光辉岁月里，历经无数艰难困苦，不断顽强奋斗，最终才夺取了中国革命的伟大胜利，为我们换来了今天的平安幸福生活，要让这些群体及机构了解中国革命波澜壮阔的辉煌过去，并通过学习去理解中国共产党在中国发展中起核心作用的客观必然性。

（二）加大保护力度，并充分利用好革命文化资源

1. 保护及利用、传承并发展革命文化要构筑"顶天立地"的大思路、大格局

保护及利用、传承并发展革命文化一定要构筑"顶天立地"的大思路、大格局。一是要从国家和社会发展重大战略的高度去把握保护利用革命文化资源、传承发展革命文化的发展方向，二是要植根于各个地区的资源结构及文化特色。中国共产党的光辉奋斗史是近百年来无数仁人志士为着最广大人民谋幸福、为中华民族谋复兴的历史，革命文化既凝结了党的实践探索，也蕴含着广大人民的伟大智慧，各个地区的革命文化构成内容因党不同的发展阶段而有所差异，表现出丰富的区域性特色。现在不少革命文化场馆都是

---

① 《习近平谈治国理政》第3卷，外文出版社，2020，第18页。

"千馆一面",给参观者的感受雷同,缺乏特色,有的地方将革命历史及相关人物的细节无限放大,破坏了革命文化承载其时代精神的内在灵魂,也破坏了历史的真实性。我们在保护利用、传承发展中要坚持立足于历史真实,要体现出"见人、见物、见精神"的客观实质,不断推动革命文化资源及其影响力"内涵式"发展。

2. 在保护与利用中把握并展示出洛阳革命文化资源的显著特点

一是要把握并展示出洛阳市革命文化资源"时间有序、空间集中"的特点。洛阳的革命文化资源贯穿中国革命发展的各个时期,从中国新民主主义革命时期到大革命时期,再从土地革命战争时期到抗日战争时期及解放战争时期,具有延绵有序的特色;洛阳革命文化资源数量最多的分别是孟津县、新安县和伊川县,数量合计约占洛阳全部革命文化资源量的60%。二是要把握并展示出洛阳市革命文化资源"类型多样、特点鲜明"的特点。洛阳革命文化资源既包括重要机构旧址、重大事件旧址、重要党史人物旧居等多种原址类型,也包括诸多烈士墓、烈士陵园、纪念地、纪念馆等纪念设施,有的自身就是独立的人文景区,有的是一些自然、人文景区的主要组成部分,特点鲜明。三是要把握并展示出洛阳市革命文化资源"影响广泛、档次较高"的特点。中国共产党成立后仅4个多月,即1921年11月,就爆发了以洛阳为中心的陇海铁路工人大罢工,奏响了全国第一次工人运动高潮的先声,而随后的中共洛阳组就是在河南成立的第一个党组织。毛泽东在1938年5月亲自挑选刘向三同志(中央军委统战部负责人),派其到洛阳地区建立八路军办事处,八路军驻洛办事处自此成为我军在国统区的公开军事办事机关,刘少奇、朱德以及彭德怀等八路军将领和党中央高级领导人,都曾经先后通过洛八办到过洛阳。洛阳红色文化资源影响大、档次高的特色为提升其革命文化吸引力奠定了良好的基础。

3. 在保护与利用中应加大保护投入,抓大促小

针对目前洛阳革命文化资源利用级别低的实际,相关政府部门首要任务就是依据洛阳市革命文化资源的历史作用及现实建筑状况,进一步提升其资源保护及利用的级别。在此基础上,再结合各地区实际,切实确定革

命文化资源的保护等级和实际需要，多渠道加大经费投入，持续完善日常保护维修，强化革命文物征集工作，加大革命文化资源宣传范围及力度。一是要把革命文化资源保护利用目标纳入各级政府的顶层规划，一方面积极争取上级各项优惠政策，另一方面要把项目资金落实好，修复等保护工作要有计划、有重点。二是加强多部门间的沟通及协调工作，把保护革命文化资源、建设爱国主义基地与建设国际人文交往中心相结合，全方位多渠道力保发展资金到位。三是要坚持多方参与、合作推进的基本原则。加大利用社会资源比例，广泛开发新的融资渠道，为实现保护及发展目标奠定坚实基础。

在对革命文化资源实施专业保护方面，必须要分层次及地段加强保护。对档次高、影响大的革命文化资源，与"古""俗""绿"等旅游资源联系密切的革命文化资源要进行重点保护和开发。洛阳市革命文化资源数量众多又分布广泛，在目前资金、人员、技术等各方面条件都存在一些不足的现实情况下，要切忌"撒胡椒面"的开发保护方式，应该有所差别，抓大促小。洛八办纪念馆、中共洛阳组诞生地纪念馆、抱犊寨风景区等基础条件好的资源，应当作为保护开发的领军项目和重要代表。如从 2019 年开始，洛阳市进行了中共洛阳组诞生地纪念馆、洛八办纪念馆等改造提升工程，现已陆续开放，中共洛阳组诞生地纪念馆在中国共产党百年华诞之际，将以一个崭新的面貌迎接参观者，将成为洛阳的红色文化品牌和名片，也必将激励国内外广大群众弘扬革命文化传统、传承红色基因。

（三）拓展侨胞台胞、社会主义国家和研究机构和留学生群体辐射面

1. 侨胞台胞

要依托国内侨胞代表人物或团体，扩大革命文化资源辐射面。从归侨侨眷代表人士情况来看，我市现有归侨侨眷代表人士近 50 人，遍布各行各业，他们曾经或正在用自己的方式服务国家大局和全市中心工作。其中，洛阳市唯一健在的老红军、102 岁泰国归侨、离休干部罗妙英女士，曾荣获中共中

央和国务院颁发的中国人民抗日战争胜利 50 周年、60 周年、70 周年纪念章，中共中央和中央军委颁发的中国工农红军长征胜利 80 周年纪念章。信息工程大学洛阳校区归侨余玛丽教授、冯翠华教授，响应祖国召唤分别从美国、马来西亚回国支援新中国建设，投身于国防和军队建设事业。中石化洛阳工程公司原总工、新加坡归侨黎国磊，80 岁还奋战在石化一线，研究炼化技术。中信重工政工师、朝鲜归侨徐魁礼，作为焦裕禄同志的工友，对焦裕禄精神"孕育形成在洛矿"有着切身的体会。洛阳奥诺生物科技有限公司董事长、新归侨田丰丰博士，从日本、美国学成归国，埋头洛阳市"侨之家"——洛阳国家大学科技园，进行组织器官再生项目攻坚，颇有建树。原市外侨办副主任、侨眷罗雅琴，从事侨务工作二十余年，积累了丰富的工作经验，堪称洛阳市统一战线系统侨务工作的"活词典"。他们都是洛阳市 8 万归侨侨眷中的杰出代表。通过这些杰出代表，可以带动和辐射一大批国内外侨胞台胞对革命文化的关注。

从重点侨团、海外侨胞联系情况来看，与洛阳市建立经常性联系的重点侨团有两个：一个是新西兰河南同乡联谊会，会长陈金明博士，祖籍孟津县朝阳镇，任国侨办海外专家咨询委员会委员；另一个是全英河南同乡联谊会，会长王秋蕙女士，祖籍河南汝州，旅居英国 27 年，兼英华国球社会长、英国华文教育交流研究会联合会长等职。与洛阳市建立经常性联系服务的海外侨胞有几十人。代表人士有视微影像（河南）科技有限公司董事长彭先兆博士、总经理李冰博士等 4 名海外侨胞，落户洛阳市"侨之家"——洛阳国家大学科技园，研发具有国际先进水平的眼科 3D 成像设备，现已投放市场；加拿大华侨李朝军博士，祖籍伊滨区寇店镇，现任加拿大皇家科学院院士、国侨办海外专家咨询委员会委员；澳大利亚华侨邝远平先生，现任华人集团董事局主席、炎黄科技园建设有限公司董事长、洛阳市侨商会会长。这些重点侨团也是很好的辐射带动力量，可以通过一些专门的活动来提升革命文化对侨胞的吸引力。

2. 社会主义国家和研究机构

一是可以从革命文化历史研究角度，扩大与国内及其他社会主义国家相关研究机构的研究交流。二是可以在与洛阳密切联系的一些社会主义国家友好城市开展革命文化等领域的交流及沟通。在这个过程中，要把握好对外交流的话语主导权，要结合洛阳深厚历史，以史为据，讲好洛阳故事及中国故事，进一步传播好洛阳声音及中国声音。

3. 留学生群体

针对教育投入、管理机制、学习环境、教学质量等领域存在的问题，一是政府要加大教育的相关投入。洛阳市一些高校设施落后，高校留学生教育面临教育投入不足的瓶颈，没有充足的资金去改善和提高教学工具及设备的先进性，这在一定程度上也削弱了洛阳市对留学生的吸引力。加上没有注重培养国际、校际长期稳定的合作对象，从而导致海外生源的严重不足及匮乏。二是要做好发展规划及相关工作。洛阳高校方面应做好留学生教育的发展规划。在吸引留学生领域，洛阳市高校要扩大留学生来洛途径，可以采取多种方式，如向已经毕业的留学生发放相关资料介绍学校的最新进展情况，通过他们的帮助来组织生源；也可以在国家、河南省等组织的留学生招生会，在洛阳组织召开的国际性活动（如牡丹花会、古都论坛等）上积极做好宣传工作。可以利用相对便宜的留学费用、较低的城市物价水平、教学效果较好的小班授课模式等来吸引留学生来洛长期学习或短期培训。要进一步加强洛阳市高校与国内外其他高校的交流合作，如和国外一些重点高校建立长期的合作往来，进行定期互访，签订不定期或定期留学生教育协议，以保证来校留学生数量、途径；也可以与其他国内地区或高校联合培养，加强地区间、高校间的留学生教育经验交流。三是学习环境的营造。要重视人才规划建设和师资队伍建设。洛阳高校要加强对相关汉语教师教学方面的技能培训、教学方法改进、留学生教学环节监管等，教师自身专业素质的提高是确保教学质量的关键。同时，在相关课程准备及教学大纲设置方面，应该做到规范化、系统化，让留学生更加全面地感受洛阳的多方面魅力。

（四）其他方面

1. 加大宣传力度，进一步扩大其影响力和覆盖面

政府及相关部门要加大宣传力度，深入宣传保护、提升革命文化资源及其国际影响力。一是要从保护革命文化资源角度，通过宣传增强广大民众和社会各界"保护、传承革命文化资源"的思想认识，树立"革命文物也是文物"的重要意识。二是要扩大其国际影响力。洛阳市持续强化优秀传统文化的现代表达、河洛文化的国际表达，交流互鉴持续深化，中国洛阳牡丹文化节、河洛文化旅游节、中原国际文化旅游产业博览会、世界古都论坛"两节一会一论坛"的影响力逐步提升。洛阳先后与日本冈山市、韩国扶余郡等17个城市缔结为国际友好城市，同时以世界古都论坛、丝路文物展、中国—中东欧国家文化遗产论坛等国际文旅活动为载体，深化与法国、意大利等数十个国家和地区的人文历史交流，向世界讲述洛阳故事、传播华夏文化。今后应将革命文化资源内容积极融入各项活动中，借力发力，开创新思路，进一步提升洛阳革命文化资源在国内外的影响力、辐射力，助力洛阳成为国际人文交往中心。

2. 组织编写针对海外群体的革命文化资料

洛阳市委宣传部、统战部、侨联等有关部门可以利用洛阳丰富的爱国主义教育革命文化资源优势，组织市相关研究学者，以洛阳市爱国主义教育革命文化资源为基础，收集整理革命故事，革命人物传记，革命诗词、散文、名言警句以及革命歌曲，集知识性、革命性、趣味性于一体，面向这部分群体有针对性地编写一些资料，通过发放、讲解、讨论等把革命文化思想教育渗透进其日常的工作、活动中，引导这一群体认识并学习洛阳的革命历史，使他们理解革命精神，感受洛阳厚重的革命历史文化，培养海外侨胞等群体以爱国主义为核心的伟大民族精神、责任意识、使命意识以及积极向上的公民道德意识，引导公众树立正确的世界观、人生观和价值观，为各项事业的进一步健康发展打下良好的思想基础。

3. 内引外联，促进革命文化资源与侨胞台胞、社会主义国家和研究机构、留学生群体的交流交往

一是节会搭台，促进交流交往。借助牡丹文化节、河洛文化节，邀请如重点侨团、海外侨胞代表人士等来洛考察参观，为提升革命文化对海外群体的吸引力打下良好基础。二是引导海外侨胞、侨资企业等投身革命文化资源建设。在已成立的一些园区中，如4个洛阳"侨之家"（社区、园区），除了开展涉侨政策法律服务、涉侨事务服务、侨界民生服务、事业发展服务外，还可以创造机会提供一些革命文化教育活动，引导侨胞等群体为革命文化事业、产业发展助力，服务国家和地方建设。三是借助一些海外统战工作品牌的打造，开展革命文化的宣传与学习。如洛阳以汉魏洛阳城大谷关项目、客家之源纪念馆—客家小镇项目、客家文化研究会项目建设为抓手，打造"根在河洛·客家祖源"海外统战工作品牌，配套根在河洛客家文化大会等，丰富海外统战工作平台载体，借助这些平台吸引更多的海外侨胞特别是客家华侨华人来洛寻根问祖，增强古都洛阳在海外侨胞群体中的影响力、感召力，再加上一些革命文化资源的宣传介绍，广泛凝聚力量，服务洛阳国际人文交往中心建设。四是开展暖侨活动，及时传递党和政府的关怀和温暖，凝聚归侨侨眷人士服务国家大局、助力地方发展、维护社会稳定。如在重大节日举办归侨侨眷代表人士茶话会、座谈会、专业及革命文化等讲座，宣传党的大政方针、革命文化历史、地方建设成果等，听取这些群体的意见建议，以革命文化、亲情文化、同乡文化、民间艺术文化等作为纽带，不断拓展民间线上线下的交流交往。

4. 积极拓展海外群体的红色旅游，增强革命文化的吸引力

红色旅游是以爱国主义教育的红色文化资源为依托和载体的一种主题性旅游，革命文化内容是其重要方面。2019年，我国红色旅游出游人数已经接近7亿人次，占比旅游总人数的11.16%，洛阳要积极借鉴先进地区的经验，根据本地区革命文化资源价值、类型、交通等客观条件，系统规划游、行、食、娱、购等方面内容，做好规划安排，分步骤、分领域、分期分批地加以推进，促使革命文化资源向现实消费的转化。推动红色旅游的发展，一

是要强强联手，资源整合。要主动适应旅游消费市场的需求，积极推进红色旅游与历史文化游、自然风光游、民俗风情游等其他类型旅游产品的有机融合和联系，形成综合性、复合型旅游产品，创新旅游发展空间。比如老城区的洛八办纪念馆以及位于瀍河区的中共洛阳诞生地组纪念馆，都可以借助洛阳历史文化名城的优势，与洛邑古城等联手，同时，借助于中国洛阳牡丹节会和河洛文化旅游节、周公庙博物馆、民俗文化博物馆等有利条件，吸引更多的国际来宾。一些地理关联景区，比如抱犊寨风景区，可以借助国家 5A 级景区老君山风景区、鸡冠洞风景区，国家 4A 级景区龙峪湾风景区、伏牛山滑雪度假区等景区，利用这些景区的高知名度及相关客源来带动并加速其自身的发展及革命文化影响力的提升。二是要加强体验性和参与性。让一些呆板的说教活起来、让那些逝去的历史动起来。另外，还要强化产品宣传推介，拓展区域联动，丰富完善旅游产业链条，带动旅游服务水平提升，打造好红色旅游品牌。三是红色＋产业，形成规模化发展。要充分利用当地旅游产业基础，把红色资源串联到一些精品旅游线路中，实现相互促进共同发展。四是创新旅游产品体系。要以游客需求为导向，践行"品质旅游"，从服务创新入手。如为海外群体制订出游计划，可以定向浏览虚拟景区；定制化服务，迎合个性需求；推选文明导游、优质导游等，将优质服务品牌植入人心。

参考文献

［1］《中共中央关于制定国民经济和社会发展第十四个五年规划和二〇三五年远景目标的建议》，人民出版社，2020。
［2］牛建立：《洛阳红色资源巡礼》，河南人民出版社，2016。
［3］李孟舜：《红色旅游助推文化强国建设的价值机理》，《中原智库 2020》。
［4］赵吸：《新世纪社会主义运动的现状和走势》，《当代世界与社会主义》2016 年第 6 期。

附：洛阳市革命文化资源分布情况表

分布地区	名　称	数量
洛阳市区	洛阳市烈士陵园，革命烈士事迹陈列馆，河南第一个党组织“中共洛阳组”诞生地纪念馆，八路军驻洛办事处纪念馆，贴廓巷红色文化步行街，127 师师史馆，洛阳党建馆，中共横涧村党支部旧址，中共豫西特委上徐马村交通站，豫西特委，洛阳中心县委，特委《前锋报》印刷所，王山寨抗日旧址，日寇投毒洞旧址	12
偃师	抗日十三无名烈士墓，李马群烈士纪念碑，申阳党支部纪念馆，任西和烈士纪念碑，双塔村革命斗争史纪念室，段湾人民抗日斗争纪念馆，八路军豫西抗日独立支队队部旧址，刘庄阻击战战场旧址，口孜战斗战场旧址，碾道湾战斗战场旧址，张大寨战斗旧址，缑氏战斗旧址，李煦故居，乔道三故居，张之朴故居，裴子明故居	16
孟津	孟津烈士陵园，朝阳烈士陵园，金村烈士陵园，马屯烈士陵园，横水烈士陵园，孟津县革命斗争史纪念馆，任春华烈士纪念馆，中共负图寺党支部旧址，中共孟津县委(1930 年)旧址，中共洛阳县涧北区委员会旧址，中共洛阳三区区委旧址，中共孟津县委(1938 年)旧址，孟津抗敌后援会旧址，中共洛阳三区造枪厂旧址，洛(阳)孟(津)抗日办事处旧址，晋冀鲁豫军区司令部四号地下工作站旧址，洛阳县第二区人民民主政府旧址，孟东办事处旧址，中共孟津县委，县政府旧址，中共孟津县委，县政府旧址(1948 年)，震华纱厂旧址，马子良故居，马元凯故居，卫恒故居，王大寿故居，王其吾故居，司军三故居，许广勋故居，许德厚故居，朱吉甫故居，李邦俊故居，李鸿渐故居，李敏故居，邢传统故居，任春华故居，张保章故居，郑宝钟故居，赵介民故居，杜秉灿故居，赵俊德，雷淑芳故居，林中和故居，徐繁琤故居，韩大化故居，韩路光故居，谢健故居，雷英夫故居，裴立华故居，裴汉君故居	48
新安	新安县烈士陵园，侯步云烈士墓，北冶镇陈庄九烈士墓，铁门镇烈士墓，石寺镇西沙村南寺西坡烈士公墓，五头镇马头烈士陵园，石井乡印头村烈士陵园，仓头镇孙都村烈士陵园，仓头镇养士革命纪念馆，北冶镇下坂峪烈士陵园，石寺镇畛河村寺村烈士公墓，王伯阳纪念馆，中共新安县委旧址，新安县一区抗日民主政府旧址，新安县抗日干部学校旧址(豫西政工学校)，新安县抗日民主政府(袁山村)旧址，新安县二区抗日民主政府旧址，塔地石渠渡口八路军军械所旧址，新安县解放战争时期三区政府旧址，太岳兵团司令部旧址，太岳五地委旧址，豫西五地委，五专署，五军区旧址，豫西军政干校旧址，北岳之战战场遗址，莲花堑战斗遗址，王文长故居，李之放故居，赵文甫故居，郭也生故居，韩钧故居，豫西五专署专员贺崇升在古村住址，豫西五地委书记刘道安在古村住址	32

分布地区	名　称	数量
伊川	伊川县烈士陵园,伊川县抗日烈士陵园,酒后乡革命事迹展览馆,吕店乡温沟村革命事迹展览馆,吕店乡革命事迹展览馆,官庄人民抗日斗争纪念馆,吕店完小旧址,酒后和乐小学旧址,伊川县小学旧址,伊洛边区区委槐庄联络站旧址,太岳军分区温沟地下党联络站旧址,马回有莘学校旧址,平等学校旧址,吕店杂货铺地下联络站旧址,府店镇"歇家店"地下联络站旧址,半坡学校旧址,皮徐支队司令部在阎窑驻地旧址,伊川县抗日政府在官庄驻地旧址,伊川县抗日民主政府在三峰寺旧址,伊川县抗日民主政府上王驻地旧址,温沟阻击战遗址,伊川抗日游击队成立遗址,伊川县抗日民主政府筹备会议旧址,官庄反扫荡遗址,乔村群众为掩护革命干部建造的双层墙旧址,沟张战斗遗址,南分水岭战斗遗址,万坡战斗遗址,解放军攻打伊川县城时集结地旧址,白沙会议旧址,毛鹏云故居,郭晓棠在袁庄住过的宅院旧址,霍沟周法尧旧居	33
宜阳	宜阳县革命烈士陵园,宜阳县赵保革命烈士陵园,洛南县委县政府旧址,伊洛军分区司令部、伊洛特委旧址,伊洛专署旧址,宜阳党组织在香山寺会议旧址,屏阳中学旧址,中共豫西特委三乡会议旧址,张剑石旧居,蔡龙章故居	10
汝阳	汝阳县烈士陵园,张明禄烈士纪念馆,中共伊阳县工作小组旧址,中共伊阳县工委旧址,八路军河南第三专区,第二军分区驻地旧址,豫西第三专署旧址,古严庄三道岭阻击战遗址,上店战斗遗址,石猴山战斗遗址	9
嵩县	嵩县革命烈士陵园,中共嵩县田湖维新小学支部旧址,嵩北区委,抗日民主区政府原址,抗战时期河南区党委、军区司令部两河口原址,嵩县县委,抗日民主政府原址,嵩北县委,抗日民主政府旧址,伊鲁嵩民主县政府原址,红三军火神庙战斗遗址,红二十五军长征战斗遗址,黑垛尖战斗遗址	10
栾川	潭头镇革命烈士陵园,陶湾镇李干城烈士墓,栾川县解放纪念馆,上墁地下党主要活动地,河南大学潭头旧址,抱犊寨红色旅游区	6
洛宁	洛宁革命纪念馆,河底支部——洛宁第一个党支部旧址,中共南山区委旧址,第一届中共洛宁县委旧址,河底镇顺指沟洛宁中心县委旧址,中共洛宁县委,洛宁县抗日民主政府(旧县村)旧址,洛南抗日办事处,卢洛灵民主县具政府,李桂五抗日游击队司令部旧址,革命者三十八军十七师起义旧址,柏树咀战斗旧址,杨坡寨战斗旧址,李翔梧旧居,温旭阳旧居	14

B.3
洛阳工业文化国际吸引力提升研究

涂洪樱子*

摘　要：　在洛阳工业建设发展中，大工业建设与浓厚的古都底蕴相结合，孕育出了极具时代气息和古都特质的洛阳工业文化。洛阳工业文化的建设经历了孕育、探索、全面发展、新时代升华四个发展阶段，其工业文化的赋存状况包括外在的物质吸引物、内在的工业文脉，以及工业文化精神等文化吸引物。十年来，洛阳不断丰富工业文化业态，发挥文化聚集效应，深入挖掘工业创业创新精神，打造洛阳文化新名片，使洛阳工业文化国际吸引力不断增强。但同时洛阳工业文化也面临工业产品设计、品牌文化、工业体验文化和工业传播文化发展与国际化水平相比依然滞后，文化创意产业与制造业融合程度较低等问题。因此，本文从三个方面探讨了提升洛阳工业文化国际吸引力的路径：构筑全国先进制造业基地，提升经济综合实力；落实新发展理念，实施工业文化项目带动战略，拓展文化交流和提升文化贸易竞争力，打造具有国际影响力的工业文化品牌；优化工业文化发展的外部环境。

关键词：　工业文化　国家吸引力　国际人文交往中心

贯彻落实党的十九大精神，坚定文化自信，大力推进中国特色工业文化

＊　涂洪樱子，中共洛阳市委党校讲师，研究方向为行政管理、文化建设。

建设，既是实施制造强国战略的有力举措，也是繁荣社会主义文化的重要途径。

文化是经济社会发展的重要动力，是推动经济转型升级的关键因素，工业文化对工业化进程具有基础性、长期性和决定性的影响。纵观世界近现代历史，大国向强国进军的发展过程中，均表现出具有自己特色的工业文化，强有力地推动了本国工业的发展，并深深地影响着全球工业化进程与价值体系。

洛阳工业文化是洛阳城市文化的重要组成部分。新中国成立七十二年来，伴随着洛阳城市化进程，洛阳工业从初步形成、不断成长，走向完整化与体系化，随之孕育形成的洛阳工业文化也历经了逐步丰富、持续升华的嬗变过程。洛阳工业文化不但促进着城市的进步，而且始终是这座城市发展生生不息的动力源泉和不可替代的软实力。当前，洛阳正向打造国际人文交往中心的目标进军，工业文化值得我们认真进行脉络梳理、理论概括、内涵发掘和发扬光大，并进一步提升洛阳工业文化的国际吸引力。

一 工业文化的时代内涵

工业是强国之本，文化是民族之魂。研究工业文化的时代内涵，有助于我们更加深入地认识并发挥它的作用。

（一）概念界定

1. 工业文化

2016年12月30日，工业和信息化部联合财政部印发了《关于推进工业文化发展的指导意见》，将工业文化定义为：工业文化是伴随着工业化进程而形成的、渗透工业发展中的物质文化、制度文化和精神文化的总和。其中提出的目标包括传承和培育工业精神，树立工业发展新理念，提高全民工业文化素养，推动工业设计、工业遗产、工业旅游、企业征信以及质量品牌、企业文化建设发展等。将工业文化的内涵扩展到物质层面，强调工业文化是物质文化和精神文化的统一体。因此，工业文化是围绕工业化发展进程中的生产和消费所创造和提炼的文化形态的集合，具有时代的特殊性、人物的典型性和行业活动的特色性，内涵丰富，体现着地域性与时代性的融合，是工业文明的重要组成部分。①

2. 文化吸引力

吸引力是文化软实力的重要根源。文化吸引力是文化价值的具体体现，是精神成果对人们心理需求的影响程度，也是精神产品对接受者心理产生的内在牵引力。美国哈佛大学教授约瑟夫·奈曾指出，吸引力是文化形成软实力的重要根源。高占祥认为："有没有文化吸引力，决定文化事业与文化产业的兴与衰，决定文化交流渠道的宽与窄。"在国际文化交流中，一国的文化对他国形成吸引力，是包括先进文化价值观、文化精品、传播体系与经济实力等多种因素综合作用的结果。②

3. 工业文化吸引力的体系架构

工业文化吸引力应包含工业发展中的物质文化吸引力、制度文化吸引力和精神文化吸引力。物质文化吸引力、制度文化吸引力、精神文化吸引力是工业文化的三种存在形式，也是其结构系统的三大要素。其中，物质文化吸引力处于表层，制度文化吸引力居于中层，精神文化吸引力沉于里层。物质层是整个工业文化的基础，也是最活跃、变化最快的要素，它是衡量一个国家或地区一个时代工业文化发展程度的外在标志；制度层是人与工业社会交互作用的产物，一旦形成将制约着特定群体中人们的行为，有相当的稳定性与继承性；精神层则是工业文化的核心部分，它是一个国家或地区在特定的自然与历史环境中长期积淀而成的，是工业文化中最难改变的部分。③

---

① 惠鸣：《建构新时代中国特色工业文化》，《中国发展观察》2020 年第 21 期。
② 王春林：《提升中国文化对外吸引力的策略和途径》，《学术论坛》2015 年第 9 期。
③ 罗民：《做优工业文化　推进创新转型》，《军工文化》2017 年第 5 期。

（二）提升工业文化国际吸引力的重要意义

工业文化是工业发展的灵魂和根基，是建设制造强国的强大精神动力，是打造国家软实力的重要内容。

1. 国际层面

从国际层面看，工业革命催生工业文明，孕育工业文化。世界主要工业强国无一例外在工业化的进程中形成了成熟的工业文化：英国人的规范精神，德国人的工匠精神，美国人的创新精神，日本人的敬业精神，都是其各自国家工业精神的集中体现，其共同的文化特征都是尊崇科学规律，严格遵守规则、制度、标准、流程。在世界工业格局的演进中，虽然随着新兴工业化国家的兴起，英、德、美、日这些先发工业化国家的工业增加值占全球的份额都有显著下降，但是在雄厚的科技力量和成熟的工业文化支撑下，这些国家的制造业发展水平在全球依然处于引领地位。发达国家工业发展的历史启发我们，建设世界一流工业强国，不仅要在科技研发、尖端工业装备和尖端制造工艺等领域向先进工业国家学习，不断寻求新突破，同时也必须高度重视工业文化的基础性作用，加快建设富有时代内涵的工业文化。

2. 国内层面

从国内看，站在历史与未来的交汇点上，我国更要加快推进工业文化的发展。《中国制造2025》明确提出："要培育中国特色的制造文化，实现中国制造向中国创造的转变，中国速度向中国质量的转变，中国产品向中国品牌的转变。"《关于推进工业文化发展的指导意见》提出了传承和培育中国特色工业精神，树立工业发展新理念，提高全民工业文化素养等一系列目标。这些目标高度契合了我国工业发展的内在逻辑，对我国工业文化建设提出了新要求。

党的十九大以来，对工业文化重要作用的认识在社会各界不断深化。党的十九大报告强调，要激发和保护企业家精神，鼓励更多社会主体投身创新创业，弘扬劳模精神和工匠精神，营造劳动光荣的社会风尚和精益求精的敬业风气。党的十九届四中全会提出："弘扬科学精神和工匠精神，加快建设创新型国家。"在全国劳动模范和先进工作者表彰大会上，习近平总书记强调，要大力弘扬劳模精神、劳动精神、工匠精神。劳模精神、劳动精神、工匠精神是以爱国主义为核心的民族精神和以改革创新为核心的时代精神的生动体现，是鼓舞全党全国各族人民风雨无阻、勇敢前进的强大精神动力。这些认识标志着我国工业文化建设已被推进到全面自觉的新阶段。大力发展工业文化，是提升中国工业综合竞争力的重要手段，是塑造中国工业新形象的战略选择，是推动中国制造向中国创造转变的有力支撑。

3. 洛阳层面

洛阳工业文化不是无源之水、无根之木，它和世界工业文明一样，具有工业化的文化实质，是世界工业文化和中国工业文化的一个缩影。洛阳作为十三朝古都，文化底蕴深厚，洛阳工业文化既继承了传统的民族文化精髓，又深深地扎根于中国工业化建设的伟大事业，在发展的过程中不断吸收洛阳厚重历史文化的优秀因子，具有天然优势和独特的国际吸引力。近年来，洛阳采取了一系列有效的举措和做法，加快了文化"走出去"的步伐，增强了洛阳文化的吸引力、影响力和感召力，提升了洛阳城市知名度和美誉度。这其中洛阳依托独特的工业文化优势，大力推进工业文化"走出去"，为洛阳工业发展提供了重要的软支持，成为助力实现打造国际人文交往中心的新竞争优势。

现在，洛阳已经进入开启全面建设社会主义现代化强市新征程的新阶段，我们必须清醒地认识到，洛阳的国际吸引力还落后于发达地区及省会郑州。以对外经济为例：2019 年，洛阳全年进出口总额 154.6 亿元，其中，出口总额 133.3 亿元，进口总额 21.3 亿元。全年新批备案外商投资企业 13 家，实际吸收外商直接投资额 29.08 亿美元，增长 4.0%；引进省外境内资金 838.4 亿元，增长 3.3%。这些数据与先进地市和省会郑州相比都有较大差距。2019 年，郑州全年直接进出口总额 4129.9 亿元，其中，进口 1451.6 亿元；出口 2678.3 亿元，全年新批外资企业 85 个，合同利用外资额 23.9

亿美元，实际利用外商直接投资 44.1 亿美元，引进境内域外资金 2235.4 亿元人民币，全年境外投资额 7.6 亿美元。"文化搭台，经贸唱戏"，洛阳更加需要文化尤其是工业文化作用的释放对洛阳经济高质量发展的软支撑。因此，洛阳需要将凝聚发展工业文化作为社会共识，并提炼、整合地域工业文化资源，增强工业文化内涵和内在价值，更好地服务于洛阳经济社会的高质量发展，实现"四强两优三争先"的奋斗目标。

二 洛阳工业文化历史分期与赋存状况

洛阳工业发展与国家工业同步启动，同频共振。洛阳工业文化的建设经历了孕育、探索、全面发展、新时代升华四个发展阶段，赋存状况包括外在的物质吸引物、内在的工业文脉，以及工业文化精神等文化吸引物。

（一）近现代洛阳工业文化的历史分期

1948 年 4 月 5 日，洛阳宣告解放，三天后，毛主席亲自起草了《再克洛阳后给洛阳前线指挥部的电报》，对洛阳城市建设做出重要指示。1949 年，随着中共洛阳市委、洛阳市人民政府的相继成立，洛阳开启了新的发展征程，在河洛大地描绘起波澜壮阔的工业画卷。

1. 现代工业文化的初步建立时期（1949～1957 年）

1949 年以前，洛阳受沿海沿江的开埠与工商业发展的影响微乎其微，经济很落后，没有多少现代工业的气息，手工作坊在工业中占主导地位，前店后厂式的传统经营模式是城市经济的主体，洛阳完全是一个传统的、典型的农耕城市。1949 年，洛阳的城区面积仅为 4.5 平方公里，城区人口不足 7万。那时的洛阳和"工业"两字几乎沾不上边，仅有的工业基础，除了 1个装机容量 500 千瓦的小发电厂，其他都是采煤、翻砂、铁工、印刷、面粉、纺织等小厂或手工作坊。洛阳真正的工业化进程是与新中国工业化同步开始的，新中国的第一个五年计划（简称"一五"），是新中国工业化的起点，同时也是洛阳工业的起点。"一五"期间，苏联援助中国的 156 项重点工程，奠定了中国初步工业化的经济基础，这其中，洛阳第一拖拉机厂、洛阳轴承厂、洛阳铜加工厂、洛阳矿山机器厂等一大批厂矿建在洛阳城西郊的涧西区，成为洛阳工业史上熠熠生辉的"七颗钻石"。从此，创造无数中华文化瑰宝的千年古都洛阳，在数千年历史上首次深度拥抱现代工业文明，开始绽放出工业文明之光，千年帝都也由此开启了工业化的征程，浓厚的大工业建设与古都底蕴氛围孕育出了具有时代气息和古都特质的洛阳工业文化。

2. 现代工业文化的探索时期（1958～1978年）

"二五"后，国家的继续布局和省市属企业的建设，使洛阳形成了以重工业为主的较全的工业体系，"二五"至"五五"期间，洛阳玻璃厂、耐火材料厂、单晶硅厂和炼油厂等大厂也相继建成。我国第一台拖拉机、第一台压路机、第一台军用越野汽车、第一条浮法玻璃生产线、第一批汽车变速箱轴承在洛阳诞生，创造了众多"全国第一"的洛阳奇迹，"东方红"等洛阳制造闻名全国，并形成了比较完善的工业体系，形成极具洛阳特色的工业企业管理制度，洛阳成为全国的工业重镇，成为新中国的工业基地，这其中也伴随着与这些企业相配套的科研院所和大学的设立或迁入。这个过程凝聚了洛阳工业人的心血和汗水，洛阳工业文化也就是在这个时期形成的，从小到大、由弱走强，不但形成了洛阳强大工业基础的物质文化，还强有力地支撑了城市基础设施和公共事业的快速发展，为繁荣经济和保障供给、人民就业、财政收入做出了巨大的历史贡献，同时也创造了从工业体制、管理制度、组织形式、生产方式、工艺流程到技术革新、技术革命等的工业制度文化，涌现出了众多洛阳工业文化的榜样人物，包括焦裕禄、刘寿荫、刘玉华姑娘组等。

3. 现代工业文化全面发展时期（1979～2001年）

随着1978年改革开放和经济转型，洛阳作为老工业基地面临着严峻的国企体制改革、产业结构优化升级、新旧动能转换等巨大问题，中间经历了漫长曲折的探索和艰苦卓绝的不懈努力，产业格局不断优化，洛阳创业创新的步伐不断加快，众多的企业在市场的浪潮中经受住了考验。一些大中型企业加快"二次创业"，涌现出一个个创业创新的"洛阳样本"。在这一时期，洛阳工业文化驶入发展的"快车道"，不但在物质文化上积极抓住世界新技术革命的契机，大力发展现代工业，保持全国领先；在制度文化上，更是经历了扩大企业自主权和责权利相结合的承包制、股份制改革，以及企业集团化改制和战略重组等一系列制度创新；特别在精神文化层面，逐步树立了适应市场经济的竞争文化、优胜劣汰文化和资源优化配置文化。

4. 现代工业文化的新时代、新升华（2012年至今）

从2012年开始，洛阳迎来工业发展新时代。2018年，洛阳产业结构实现"三二一"历史性转变，并培育壮大先进装备制造、新材料、新能源、生物科技等领域产业集群，"天宫""蛟龙""天眼""大飞机""港珠澳大桥"等国家重大工程中都有"洛阳制造"的身影，洛阳实现了由重工业城市向现代工业城市的伟大飞跃。洛阳工业文化也随着工业的全面快速发展，内容更加丰盈。第一，在对传统工业疏解的过程中，生成一种新的"辐射带动文化"。洛阳工业文化的建设不再是"一亩三分地"的思维，而是在更大的地域谋划，以更宽阔的胸怀，迎接洛阳都市圈区域的工业文化新发展。第二，在城市总规划中划定发展边界的刚性约束下，洛阳工业文化生成一种新的"红线约束文化"和"绿色发展文化"。第三，作为"一带一路"建设的主要节点城市，目前洛阳与共建"一带一路"的62个国家和地区建立了经贸关系，与共建国家和地区的经济、文化联系逐步建立，在建设国际文化旅游名城、打造国际化城市形象品牌、形成国际人文交往中心的进程中，生成一种新的"城市吸引力文化"。

（二）洛阳工业文化的赋存状况

提升洛阳工业文化国际吸引力必须清晰地了解洛阳工业的核心资源，包括外在的物质吸引物、内在的工业文脉，以及工业文化精神等文化吸引物。

1. 工业文化物质吸引物

具体分类见表1。

表1　洛阳工业文化主要物质吸引物资源分类

分类	国家工业遗产	展览馆	工业文化创意园
代表	洛阳第一拖拉机制造厂 洛阳矿山机械厂 洛阳耐火材料厂 洛阳铜加工厂	一拖东方红农耕博物馆 中信重工焦裕禄事迹展览馆	里外文创产业园 大北门文创产业园 天心文创产业园

资料来源：笔者根据相关材料整理。

（1）国家工业遗产

国家工业遗产是指在中国工业长期发展进程中形成的、具有较高价值并经工业和信息化部认定的工业遗存。国家工业遗产申报范围主要包括：1980年以前建成的厂房、车间、矿区等生产和储运设施，以及其他与工业相关的社会活动场所。申报国家工业遗产需要工业特色鲜明、工业文化价值突出、遗产主体保存状况良好、产权关系明晰。为加强工业遗产保护利用，工信部先后开展四批国家工业遗产认定工作，目前洛阳第一拖拉机制造厂、洛阳矿山机械厂、洛阳耐火材料厂、洛阳铜加工厂四家企业被评为国家工业遗产。[①]

洛阳的国家工业遗产均位于涧西区。其中，第一拖拉机制造厂工业遗产核心物项主要包括办公大楼、厂前广场，冲压车间、工具车间、装配车间、发动机车间，厂大门等。

洛阳矿山机械厂工业遗产核心物项包括一金工车间、二金工车间，焦裕禄带领员工制造的首台直径2.5米卷扬机，习仲勋同志旧居等。

洛阳耐火材料厂红砖红瓦的车间厂房具有"一五"时期工业设计典型特点，高空桥式皮带传送长廊上料系统的建筑设计稀少独特，机械化原料库大型库房的大落差、高空间外观，具有很强的历史感和艺术价值。

洛阳铜加工厂工业遗产的核心物项是检测中心、技术中心办公楼。建筑

[①] 洛阳市工业和信息化局：《我市洛阳耐火材料厂、洛阳铜加工厂被评为第四批国家工业遗产》，http：//gxj. ly. gov. cn/GZDT/Detail/6260。

采用独特的苏式建筑风格设计、建造，同洛阳建设路上洛轴、中国一拖等企业的苏式建筑一起，形成靓丽的苏式建筑群，展现了"一五"时期的工业建筑风貌，见证了中苏两国之间的工业文化交流。

（2）展览馆

展览馆主要指利用原有企业的厂房设备等作为基础，集合其他相关实务等资源，为公众提供参观、教育及娱乐等功能的场所，知识性和教育性是展览馆类的主要特征。最有代表性的就是东方红农耕博物馆和中信重工焦裕禄事迹展览馆。东方红农耕博物馆内收集了国产第一代履带拖拉机、第一代水旱两用轮式拖拉机等众多具有历史意义的农耕机械，全面展示现代农耕机械装备的发展历程。中信重工焦裕禄事迹展览馆，以焦裕禄在洛矿工作、生活九年的经历为主线，采用图片、文献、实物以及多媒体相结合的表现手法，真实再现了焦裕禄在洛矿九年的奋斗历程以及"亲民爱民、艰苦奋斗、科学求实、迎难而上、无私奉献"的优秀品格。与此同时，展览馆还展示了一代又一代洛矿人、中信重工人在焦裕禄精神的引领下，艰苦奋斗、开拓创新、锐意进取的动人事迹。展览馆不仅还原了焦裕禄当年办公室的场景，还陈列了20余张焦裕禄在洛阳矿山机器厂工作期间的照片，其中一些照片属于首次对外公布。

（3）工业文化创意园

工业文化创意园指那些以老工业厂址为基础，保留其原始的建筑框架及风格，在内部进行商业运作的产业园。

里外文创产业园的涧西苏式建筑群包括"一五"期间由苏联援建的带有苏式建筑风格的工厂车间、职工住宅以及各种配套设施等。十号街坊，可以说是最具代表性的苏式建筑群之一。如今，里外文创产业园就依托这些"苏援"元素，形成了一片工业遗址保护街区。

大北门文创产业园为原洛阳军械所和洛阳机床厂旧址。园内有大量20世纪五六十年代的工业厂房建筑，其中1950年建造的砖结构的建筑就有3000多平方米，是洛阳现代工业的先驱和古都洛阳现代工业文明的重要遗存。

天心文创产业园综合文化艺术广场位于老城区，毗邻隋唐洛阳城国家遗址公园，这里的 10 栋苏式主厂房、2 栋办公楼和若干功能性建筑予以保留，并依托厂区内风格独特的苏式厂房，打造成为集文化艺术广场、文化主题酒店、体育文化公园、婚礼文化主题公园、文化艺术村、汽车文化公园、VR 潮流科技馆、时尚文化消费区、餐饮休闲区等于一体的大规模集群化文化产业园。

2. 工业精神文化

在推进工业化的探索实践中，洛阳形成了独具洛阳特色的工业精神文化，涌现了一大批彰显工业文化力量的优秀企业，留下了一大批承载工业文化的精神财富。如果没有一代代创业者的坚持不懈、奋勇开拓，没有一批批"工业精神"等工业文化的薪火相传，就不会有洛阳工业的起步和发展。主要的工业文化精神吸引物见表 2。

表 2 洛阳工业文化精神吸引物

群体精神	人物典范	群体典范
工业创业创新精神：为国争光、胸怀全局的奉献精神；团结一心，不畏艰难的奋斗精神；自立自强、锐意进取的开拓精神；解放思想、求真务实的改革精神；开放包容、不懈追求的梦想精神	拼命三郎：纪登奎（洛矿第一任厂长） 精神榜样：焦裕禄（洛矿基建工程科副科长、第一金工车间主任、生产调度科科长） 心系祖国：刘寿荫（一拖副总工程师，主持设计中国第一台"小手扶"） 焦裕禄式的好干部：杨奎烈（中信重工机械股份有限公司能源供应公司党委书记） 科技功臣：钟香崇（中国耐火材料专业的首席科学家） 炼油催化裂化工程技术奠基人：陈俊武（中国石化集团洛阳石油化工工程公司高级工程师） 化学推进剂产业开拓者：李俊贤（黎明化工研究院院长兼总工程师）	中信重工机械股份有限公司：刘玉华姑娘组、万斤钉小组、大工匠工作室

资料来源：笔者根据相关材料整理。

三 洛阳工业文化国际吸引力的现状

近年来，洛阳工业文化建设取得了较大的成效，洛阳工业文化在国际吸引力打造上取得了显著进步，但仍面临诸多制约因素。

（一）主要做法

近年来，洛阳工业文化建设取得了较大的成效，主要是抓住重大战略，工业文化"走出去"遍地开花；发挥文化聚集效应，丰富工业文化业态；深入挖掘工业创业创新精神，打造洛阳文化新名片，从而塑造了独特的国际魅力，使工业文化国际吸引力不断增强。

1. 抓住重大战略，工业文化"走出去"遍地开花

洛阳作为丝路起点、"一带一路"重要节点城市，抢抓国家"一带一路"建设和丝绸之路遗产保护的政策机遇，积极融入丝绸之路经济带建设，深化与"一带一路"共建国家经贸合作和人文交往，强化国际化公共服务供给，充分利用与"一带一路"共建国家地区产业有较强的吻合性，发挥洛阳以装备制造、有色金属、石油化工等为主的传统优势产业和以机器人及高端装备制造、新材料、电子信息等为主的战略性新兴产业的工业优势，推动洛阳工业文化的发展。洛阳充分发挥高端装备制造产业优势，推动老工业企业"引进来、走出去"双向开放，贸易"朋友圈"已扩大到175个国家和地区，467种"洛阳制造"商品走向世界，这些工业产品已经成为洛阳推进国际人文交流的重要抓手。

洛阳大企业在其中起到了领头羊的作用。中信重工目前已在共建"一带一路"的36个国家展开业务和投资，"一带一路"共建国家已经成为该公司国际市场的主战场。洛阳一拖充分发挥"东方红"拖拉机品牌文化优势，很早就开始布局全球业务，其产品先沿着丝绸之路销往中亚五国，目前"东方红"产品已经远销全球100多个国家和地区。

2. 发挥文化聚集效应，丰富工业文化业态

（1）涧西区"国家一五六主题公园"规划

国家"一五"计划期间，开展了规模空前的156项工业建设，其中涧西区占了6个。经过72年的发展，涧西区仍保持着最初统一规划、产城融合的社会主义工业化时期历史风貌和格局。近年来，涧西区充分利用工业文化游"两带""四街"发展框架，打造特色文旅品牌。涧西区工业旅游总体规划正是以此为基础，在落实洛阳国际人文交往中心战略定位的同时，以"后工业化"的视野，挖掘"前工业化"的资源，利用"现工业化"的成果，以"洛阳圣城、工业文明"为形象定位，形成"国家一五六主题公园"核心品牌，包含"体验工业、时代生活、创新生态"三大内容，总体形成"一轴、双核、三带、四节点、五街、六态"完整结构的"超工业化"旅游产品体系，建设全国最完整的5A级社会主义工业文化主题旅游项目。其中，"东方红历史文化中心"占地约2.5公顷，以东方红拖拉机产业发展为线索，扩展为全中国工业发展历程的历史文化展示，主要包括东方红农耕博物馆、东方红文化广场等景点。"东方红工业游"已经成为全国第一批工业旅游示范点，2号、10号、11号苏式建筑街坊被列为第七批全国重点文物单位。"704工业文化主题园区"位于一拖厂区，占地约14.5公顷，完整地保留了现有工厂历史格局，并将质量较高的厂房建筑进行空间改建和功能置换。这里有中国第一条拖拉机总装线、中国第一辆军用越野载重汽车、中国第一代作战坦克和当年东欧国家的大型机器设备、完整的苏式建筑群，以及工人俱乐部的老放映机、老照相机等，记录了一个时代的沧桑和变迁。

（2）加大工业遗产保护开发力度

工业遗产是工业文化的重要载体。随着产业结构的转型与城市化的有机更新，城市遗存的老厂房、旧码头、仓库等近现代工业遗产的历史文化价值和旅游价值凸显，有关的政策导向也逐渐从维保修缮过渡到保护利用开发上。洛阳充分利用自身特点，在工业遗产保护利用上积极作为，目前，洛阳有洛阳第一拖拉机制造厂、洛阳矿山机械厂、洛阳耐火材料厂、洛阳铜加工厂被评为国家工业遗产。同时，整合工业文化与旅游资源，促进文旅融合发

展，在工业旅游上，洛阳依托现存的工业遗产，以工业特色街区和标志性建筑为工业文化遗产保护开发项目，围绕中国一拖、洛阳南车等厂矿企业开发洛阳工业文化游产品和线路，展现洛阳工业文化的独特吸引力。

（3）讲好老旧厂房文化故事

工业文化创意园指依托老工业厂址的基础，保留其原始的建筑框架及风格，在内部进行商业运作的产业园。近年来，洛阳涌现众多以老旧工业厂房为依托建设的创意园区，这些园区在恢复工业厂房的空间利用、为城市注入文化活力的同时，也成为展示、传播城市历史和工业文化的重要空间与载体。在洛阳已经初具规模的文化创意产业园不在少数，这些老厂房在"腾笼换鸟"的同时，也在实现转型升级，有里有面又有范儿。

3. 深入挖掘工业创业创新精神，打造洛阳文化新名片

长期以来，我国工业领域孕育了大庆精神、"两弹一星"精神、载人航天精神等工业文化典型，积淀出了自力更生、艰苦奋斗、无私奉献、爱国敬业等具有鲜明中国特色和时代特点的工业文化精神，也涌现了诸如中国航天、华为、大疆、格力、海尔等一大批具有创新文化精神的代表性企业，这些示范力量正在引领我国工业文化建设不断跨上新高度。[1]

洛阳是英雄的工业先驱城市，是新中国工业发展的领头羊，有着丰富的精神文化资源。作为"一五"时期国家布局的八大重点工业城市之一，许多重工业项目在洛阳至今仍然发挥着独特的引领作用。近年来，洛阳不断对工业建设发展过程中展现出的感天动地拼搏精神、无私奉献的焦裕禄精神等进行挖掘和梳理，形成了具有时代气息和古都特质的洛阳创业创新精神，即为国争光、胸怀全局的奉献精神；团结一心、不畏艰难的奋斗精神；自立自强、锐意进取的开拓精神；解放思想、求真务实的改革精神；开放包容、不懈追求的梦想精神。

洛阳工业前进的每一步，都离不开工业创业创新精神的支撑，取得的每一项重要创新成果，都是工业创业创新精神的产物。洛阳工业从"洛阳

---

[1] 惠鸣：《建构新时代中国特色工业文化》，《中国发展观察》2020 年第 21 期。

制造"迈向"洛阳创造",靠的是创业创新精神。2005 年,洛阳的 GDP 突破千亿元,2012 年突破 3000 亿元,2017 年突破 4000 亿元,2019 年突破 5000 亿元,靠的是创业创新精神;未来实现"四强两优三争先"奋斗目标,更要靠创业创新精神。奉献、奋斗、开拓精神孕育于新中国工业建设初期,并在之后的各个时期不断被传承发扬,同时,在改革开放及 21 世纪之后又更突出地展现出改革、梦想精神,使得洛阳工业创业创新精神更加充实饱满。

（二）存在的问题

洛阳有着丰富的工业文化资源,但是受到历史地位、传承创新的力度和宣传报道不足的不同影响,这些工业文化资源的国际吸引力高低不同。尽管洛阳在工业文化国际吸引力打造上取得了显著进步,但仍面临诸多制约因素。主要表现在:工业产品设计、工业品牌文化、工业体验文化和工业传播文化的发展水平与国际工业文化发展的水平相比依然滞后;制造业与文化创意产业的融合程度较低。这些问题对提升洛阳工业化的吸引力,加快建设国际人文交往中心的目标构成一定挑战。

四 提升洛阳工业文化国际吸引力的路径探索

在加快洛阳副中心城市建设中着力打造国际人文交往中心,是河南省委省政府赋予洛阳的新定位。工业文化是助力实现打造国际人文交往中心的重要优势,提升洛阳工业文化国际吸引力必须坚持马克思主义在意识形态领域的指导地位,坚定文化自信,从三个方面探索发展路径。

（一）构筑全国先进制造业基地,提升经济综合实力

《中国制造 2025》明确提出,要培育中国特色的制造文化,实现中国制造向中国创造的转变,中国速度向中国质量的转变,中国产品向中国品牌的转变。

1. 强大的经济实力是形成文化吸引力的重要保障

强大的经济实力是形成文化吸引力的重要保障。任何民族文化要走向世界，获得全球大众的广泛认同，固然与民族文化自身的魅力密切相关，但也与该国的经济实力状况高度关联。一方面，强大的经济实力足以为文化对外交往提供强有力的物质保障；另一方面，经济本身具有"溢出效应"，一个国家经济实力越强大，其国际地位就会越高，其文化自然会引起普遍关注，文化的外部吸引和影响力也就更大。一般来说，一个国家经济走上繁荣的背后必然有先进文化的支撑，经济上的成功实践使得思想文化更加开放包容和与时俱进，而经济落后国家虽可能拥有丰富的文化资源，但不大可能产生强大的精神吸引。因此，一国文化要真正走向世界，发展强大的经济实力始终是硬支撑。

2. 洛阳应在制造业高质量发展上奋勇争先

洛阳从"一五"时期开始就是全国 8 个重点建设的工业城市之一，制造业基础雄厚、门类齐全、发展资源禀赋优良，这些都是提升洛阳工业文化国际吸引力的重要载体。洛阳工业门类齐全，拥有 41 个工业大类中的 39 个，目前已形成先进装备制造、特色新材料、机器人及智能装备 3 个千亿级产业集群和洛阳石化、万基控股等 9 家超百亿工业企业，培育了中国一拖、中信重工等众多国际知名企业和东方红、LYC 等知名品牌，取得了洛阳浮法、超级拖拉机 I 号等一系列重大技术成果。

（二）落实新发展理念，实施工业文化项目带动战略，拓展文化交流，提高文化贸易竞争力，打造具有国际影响力的文化品牌

1. 落实新发展理念，制订专项行动计划，明确重点任务

实施文化项目带动战略，拓展文化交流，提高文化贸易竞争力，打造具有国际影响力的文化品牌，需要各级政府的高度重视，应制定一整套完善的政策和相关法规，尤其是要制订重大工业文化发展专项行动计划。在制定相关的政策和法规过程中，应借鉴国内外提升工业文化国际吸引力的经验与教训，结合本地区实际情况与工业文化资源禀赋特征，以创新、协调、绿色、

开放、共享的新发展理念为指导思想，形成一套完善、科学、有效的政策法规体系，才能保证洛阳工业文化国际吸引力的可持续提升。

2. 打造工业文化知名品牌

品牌是文化传播的聚焦和吸引力来源，品牌战略是提升工业文化国际影响力的关键，也有助于打造洛阳的国际名片。打造企业知名品牌，建立企业的品牌体系，才能够将工业产品的社会价值与文化价值充分体现出来。随着文化自身的发展以及经济、社会生活中文化需求的日益高涨，市场已经成为文化交流传播的主渠道，文化商品和商品文化也成为不同民族消费者所喜闻乐见的文化传播载体。按照市场规则生产、交换和消费文化商品的规律，知名品牌便是赢得市场关注的法宝。针对国内外民众对洛阳工业文化品牌知晓不多的情况，应善于利用国际知名的各类工业博览会、工业展等文化贸易与交流平台，通过工业题材的影视、网络游戏、文学、美术、设计与工艺展、工业会展等形式，展览、展播和展演具有洛阳工业特色的文化精品，做好洛阳工业文化品牌的宣传和推广，要加强各种形式的文化产业对外交流与合作，建设面向国内外消费者的工业文化传播平台及传媒体系，积极传播洛阳工业文化的价值内涵，塑造一批国际知名的洛阳工业文化品牌。

3. 工业遗产保护利用的新思路：文创旅游开发

近年来，我国各级政府都加强了对工业遗产保护与利用开发的实践，工业遗产的保护利用方式正呈现交融互动的趋势，特别是改造博物馆和再造创意工业文化园区的方式被广泛采用。因此，洛阳应着力打造由工业遗址博物馆、工业体验馆、工业旅游等设施和目标组成的多层次文创旅游开发路径。

（1）规划先行、强化统筹

2019 年 11 月，国家发展和改革委员会、工业和信息化部等 15 部门联合印发的《关于推动先进制造业和现代服务业深度融合发展的实施意见》提出，发展工业文化旅游，支持有条件的工业遗产和企业、园区、基地等，挖掘历史文化底蕴，开发集生产展示、观光体验、教育科普等于一体的旅游产品，厚植工业文化，弘扬工匠精神。2020 年 6 月国家发展和改革委员会、工业和信息化部、国务院国资委、国家文物局、国家开发银行印发《推动老工业城市工业遗产保护利用实施方案》，提出把工业遗产保护利用作为推动老工业城市高质量发展的重要内容，打造一批集城市记忆、知识传播、创意文化、休闲体验于一体的"生活秀带"。

工业文化旅游很早便在发达国家兴起，但在中国还是一个新兴事物，值得大力推广。工业文化旅游是以保护和开发工业遗产、整合工业资源、彰显工业文化魅力、提升工业企业综合效益为宗旨，以多样化工业形态为载体的旅游新产品，能够在工业文化的框架下有效整合不同类型的工业旅游，抽取其本质，并更好地发挥其国际文化交流的功能。工业文化旅游涵盖工业遗存、工业观光、工业博物馆、产业园区、重大工业文明成就等类型，需要文旅、经信、自然资源与规划、科技、教育等部门各司其职、协同发力，政府的规划与统筹是推动工业旅游发展的重要前提。

（2）重点打造洛阳工业博物馆

博物馆作为保护和传承人类文明的重要殿堂，是连接过去、现在、未来的桥梁，也是一个城市独特的文化标志。工业博物馆承载工业发展史，是了解工业及其生产技术的发展史，是进行产业发展和技术发展历史研究的重要载体平台。《推动老工业城市工业遗产保护利用实施方案》明确，支持设立重要工业遗产博物馆、专业性工业技术博物馆、传统行业博物馆等，利用数字技术开发博物馆资源，建设智慧博物馆。鼓励设立省市工业博物馆，推动建设分行业、分区域工业博物馆体系。

目前，文物保护利用和文化遗产保护传承已经在国内形成共识，国内林林总总的博物馆遍地开花，独有工业类博物馆凤毛麟角。保护传承弘扬优秀历史文化，建成洛阳工业博物馆等一批重点博物馆，提升"东方博物馆之都"品质和影响力，已经被列入洛阳发展"十四五"规划。打造洛阳工业博物馆要坚持创新引领博物馆建设，在国内工业博物馆属于创新项目，无太多先例可循，在建设和运营过程中，不但要有传统博物馆管理知识，而且要有工业技术的支持，只有这样才能做出工业博物馆的特色。

（3）继续推动"工业＋文化＋旅游"融合发展

"工业＋文化＋旅游"融合开发不是工业、文化、旅游的简单相加，而是要挖掘洛阳工业文化的核心优势，注入丰富的文化内涵，进行深度融合。

洛阳作为资源丰富的老工业基地，深度融合开发工业文化旅游有着得天独厚的优势。比如，洛阳中国一拖集团以新中国工业化进程的时代记忆、情感体验和红色经典为主题的"东方红工业游"之所以能在 2004 年就被列为全国首批工业旅游示范点，就在于其"工业＋文化＋旅游"深度融合，让游客置身在数公里的苏式与东欧风格的工业和居民建筑群，参观东方红农耕博物馆和大马力轮式拖拉机生产线，感受我国拖拉机从无到有、从小到大的发展历程，领略农耕发展，感悟农耕文化，亲历智能农机的开发，见证无人驾驶拖拉机的诞生。

发展工业旅游，工业是基础，文化是内涵，旅游是传承的载体和方式，三者缺一不可，继续推动洛阳"工业＋文化＋旅游"融合发展，一是要推动工业旅游大众化、市场化，将工业资源优势转化为产业优势、竞争优势，发展以工业遗产为特色的会展经济和文化活动，促进工艺美术产品、艺术衍生产品的设计、生产和交易，搭建起具有更大规模、更有国际影响的工业旅游平台。二是要加大宣传力度，利用社交媒体的传播特性，促进旅游企业与消费者加强互动，扩大其在海内外的影响力，积极与大型国际知名旅行社开展合作，从而扩大其市场份额，提升工业旅游的国际竞争能力，使其成为地区经济增长点。三是要孕育新型工业文化业态，利用新技术推动工业产品跨媒体内容制作与呈现，将工业文化元素和标识融入产品内容创作生产。四是要完善生产、旅游、教育、休闲一体化的工业文化旅游新模式，提升"工业＋文化＋旅游"的配套商业服务功能，发展以工业遗产为载体的体验式旅游、研学旅行、休闲旅游精品线路。

（三）优化工业文化发展的外部环境

优化工业文化发展的外部环境，一是要提升优化现代市场体系，为企业产品创新研发、品牌文化打造、追求卓越品质创造良好的外部环境。引导企业"十年磨一剑",长期专注产品的质量提升和品牌培育,使各类企业都能在法治化国际化市场化的营商环境、严格的监管服务环境和宽松的市场发展环境下专注于企业发展。二是要将洛阳工业创业创新精神融入现代工业生产与管理实践,把洛阳工业创业创新精神融入企业的核心价值观,融入企业文化。工业文化不仅包括制造业中那些看得见、摸得着的物质载体,还包括一些深入人心的工业精神。工业精神文化作为一种先进文化是经济发展的重要动力。三是要培育一批尊崇工业创业创新精神的高素质产业工人,树立"大国工匠"标杆,发挥模范带动作用。

传承构筑洛阳不倒脊梁的永不褪色精神,把洛阳工业创业创新精神发扬光大,正是洛阳工业及洛阳工业文化提升国际吸引力并在打造国际人文交往中心中提供重要作用所迫切需要的气度和胸怀。作为社会主义先进生产力最优秀代表的工人阶级,在每个时期都会创造奇迹,这个群体身上"奉献、奋斗、开拓、改革、梦想"的精神经久传承,应将这种精神传递给所有国内国外为洛阳经济社会建设献力献策的人,助力洛阳国际人文交往中心的建设,助力实现建设现代化强市的奋斗目标。

B.4
增强传统文化在国际人文交往中心建设过程中支撑作用的研究

孙若玉 *

摘　要：　有着5000年文明史、4000年建城史、1529年建都史的洛阳，拥有丰富的传统文化资源，洛阳建设国际人文交往中心需要传统文化为其提供最好的素材和最有力的支撑，但在实际工作中传统文化在洛阳城市风貌中体现得并不突出、不独特，历史文化资源开发不充分，国际吸引力低，相关专业人员数量少，整体素质有待提高。在今后的工作中应进一步厘清城市文脉，打造洛阳独一无二的国际化城市名片，深入挖掘文化底蕴，打造城市形象，提升城市吸引力，同时加快专业化人才队伍建设，以适应国际人文交往中心建设的需求。

关键词：　传统文化　城市风貌　城市形象　专业人才队伍

　　洛阳，是华夏文明的起点，四大发明中有三项出自洛阳。洛阳，是民族自信的原点，万国来朝之盛况，多发生在洛阳。拥有5000年的文明史、4000年的建城史、1529年建都史的洛阳，不仅是国务院首批公布的历史文化名城之一，也是世界四大圣城之一，素有"十三朝古都，八代陪都"之说，"一座洛阳城，半部中国史"之说名不虚传，集古都文化、河洛文化、

＊　孙若玉，中共洛阳市委党校讲师，研究方向为传统文化、文化建设、文旅结合。

丝路文化、大运河文化等于一身，洛阳无论从物质层面、精神层面还是制度层面，都拥有超群绝伦的丰富传统文化资源，这为洛阳建设国际人文交往中心提供了最好的素材和最有力的支撑。

一 洛阳得天独厚的传统文化资源

（一）传统文化的标志性遗存

1. 龙门石窟

龙门石窟是中国古代佛教石窟艺术宝库，是世界现存 5～10 世纪最伟大的古典艺术宝库之一，因其规模之大、造像之美、艺术之精、题记之多、内涵之丰、底蕴之深、文化之厚、皇家风范之显而蜚声国内外。1961 年，国务院公布龙门石窟为全国第一批重点文物保护单位。2000 年 11 月，龙门石窟被联合国教科文组织第 24 届世界遗产委员会列入《世界遗产名录》，是河南省第一处被列入世界文化遗产的项目。世界遗产委员会如此评价龙门石窟："龙门地区的石窟和佛龛展现了中国北魏晚期至唐代（493～907 年）期间最具规模和最为优秀的造型艺术。这些翔实描述佛教宗教题材的艺术作品，代表了中国石刻艺术的最高峰。"

龙门石窟始凿于北魏孝文帝太和十七年（493 年）迁都洛阳之际，距今已有 1500 多年，其开凿历北魏、东魏、西魏、北齐、隋、唐、五代和北宋诸朝，大规模地断续营造 400 余年，其中北魏时期的造像占龙门窟龛造像总数的 30%，唐代占 60%。龙门石窟东西两山现存编号窟龛 2345 个、造像近 11 万尊、碑刻题记 2890 余块、佛塔近 80 座，是中国各石窟中窟龛、造像数量最多，碑刻题记数量最大，唯一由魏、唐两朝皇家直接经营，反映强盛帝国时代壮美气象的大型石窟群。龙门石窟也是中国各石窟中唯一来自南亚的佛教、来自西亚的景教和本土发源的道教"三教"遗存和谐共处、美美与共的大型石窟群，是中国各石窟中唯一包括毛主席诗词中"唐宗宋祖"在内的"六朝十六帝"御驾亲临的大型石窟群，是中国各石窟中唯一留有褚遂良、李白、杜甫、白居易、司马光、文彦博等唐宋时期代表性文史巨匠文学遗篇、书法墨宝的大型石窟群，其历史地位、遗产价值无与伦比。

2. 白马寺

白马寺创建于东汉永平十一年（68 年），是佛教传入中国后兴建的第一座寺院，有中国佛教的"祖庭"和"释源"之称，距今已有 1900 多年的历史。1961 年，被国务院公布为第一批重点文物保护单位，1983 年，被国务院确定为汉族地区佛教全国重点寺院。白马寺在中国佛教史上的地位特殊：该寺建于中国第一次西天取经的永平求法时期，最早来华传教的印度高僧摄摩腾、竺法兰禅居于此，二人在此译出第一部汉文佛典《四十二章经》，另一位天竺僧人昙柯迦罗在此译出了第一部汉文佛教戒律《僧祇戒心》，保存有最早传入中国的梵文佛经贝叶经，第一个汉人出家和尚朱士行受戒于白马寺，寺外有中国第一古塔齐云塔。

3. 关林

在中国古代，只有圣人的葬地才能称为"林"。明清时期，关羽被朝廷敕封为"武圣人"，关帝庙遍布全国各地，洛阳关林是埋葬关羽首级之地，是集祠庙（前）和墓冢（后）"庙、林"合一的享誉海内外的三大关庙之一。2008 年山西运城市、河南洛阳市联合申报的"关公信俗"被国务院确定为国家级非物质文化遗产（编号 992 Ⅹ–85），关林作为国家级非物质文化遗产名录"关公信俗"的遗产地，成为全人类共享的文化瑰宝。

关羽的神话传说在隋朝开始慢慢出现，隋文帝开皇九年（589 年）关羽家乡解州关帝庙兴建，其他地方亦开始建关庙，唐代关公信仰基本形成，全国各地出现许多关庙。宋元时期是关公信仰的发展期，皇帝的推崇、加封，进一步促使关羽由一名武将变成了一尊神明，关公信仰普及全国，每年五月十三诞祭、九月十三秋祭则已成定期的祀典且规模盛大。明清时期迎来了关公信仰文化的鼎盛期，关庙的规模、数量、规格达到了空前绝后，由起初的个别地方修建发展到遍布大江南北。关羽的封号经过宋、明、清皇帝的步步加封，最后在清光绪五年（1879 年），最终封为"忠义神勇灵佑仁勇威显护国佑民精诚绥靖翊赞宣德　关圣大帝"，且将祭祀关帝列入国家祀典，并使其成为定制。

从明代开始，关公信仰文化向海外辐射，特别是随着大批华人到海外定居，也把关公信仰文化传播开去，在整个汉文化圈内外发生着巨大的影响。关林作为我国唯一的林、庙合祀武圣关公的圣域，1994年成功举办朝圣大典，此后每年9月25日举办的关林国际朝圣大典成为海内外华人华侨寻根问祖的重要活动之一，每年来自美国、泰国等国家和台湾、香港、澳门地区的一百多个朝拜团体共同祭拜关圣人，成为传承和弘扬关公文化、中华文化的重要载体。

4. "五都荟洛"

沿着洛河东西不足50公里的范围内分别留下了夏都斟鄩（二里头遗址）、偃师商城、东周王城、汉魏故城和隋唐洛阳城五大古代都城遗址，人称"五都荟洛"。这五大都城遗址向世人展示了自夏朝至唐朝近3000年的中华文明与文化，展现出中国从奴隶制王朝向封建帝制的过渡以及中国的城池、园林、城市规划艺术，这五大都城遗址分布如此密集、时间跨度如此大，在全世界都是罕见的，洛阳能够作为千年帝都享誉国内外很大程度上就取决于此。

二里头遗址是探索中国早期文明和国家起源、夏文化、夏商周王朝纪年及分界的关键性证据，1963年被公布为河南省第一批文物保护单位，1988年被评为全国第三批重点文物保护单位，是中华文明探源工程首批重点六大都邑之一。二里头遗址拥有众多中国乃至东南亚之"最"：最早的城市主干道网，最早的双轮车车辙，最早的中轴线布局的宫室建筑群，最早的宫城，最早的官营手工作坊区，最早的铸铜作坊和绿松石器制造作坊，最早的青铜礼器群，等等，被考古界称为"一个不断改写中国之最的地方"。

偃师商城距今3600多年，在夏商周断代工程中，被作为夏商王朝的界标，在我国都城建设上起着承前启后的作用。偃师商城选址得当、重点突出、主次分明、布局合理，完美体现了我国自仰韶文化晚期开始的造城经验，是迄今为止发现的我国商代早期城址中年代最久远、规模最大、保存最好的一座帝都。

公元前 770 年，周平王东迁洛邑，建都于东周王城，在近三个世纪里，东周王城一直是全国政治、经济、文化、交通的中心，由平王至景王及后来的赧王，先后有 25 位周王在此执政达 500 余年之久，该遗址展现了周代政治、经济、文化的历史发展过程，其中王陵车马坑中发现的"天子驾六"保存完好、规模宏大，在世界上独一无二，印证了古文献当中"天子驾六"的记述，堪称"东周瑰宝，举世无双"。

汉魏洛阳故城遗址始建于西周，此后东汉、曹魏、西晋、北魏等朝代相继以此为都，至唐初废弃，前后延续有 1500 多年，作为都城时间近 600 年，是我国所有都城遗址中定都总时间最长、规模最大且保存较为完整的古城遗址，该遗址内埋藏着西周、东汉、曹魏、西晋、北魏等朝代最为典型、最为丰富的文化遗存，对研究当时社会的政治、经济、军事、交通、文化等均具有不可替代的价值。

隋唐洛阳城总占地面积 47 平方公里，兴建于公元 605 年，是隋炀帝杨广下令宇文恺主持营建而成。建成之后隋唐洛阳城作为全国的政治、经济、文化中心一直沿用至北宋，前后长达 530 年之久，见证了中国古代最为辉煌的一段历史。隋唐洛阳城拥有历史上规模最大的皇家园林西苑、中国古代最大的粮仓含嘉仓，隋唐大运河也是历史上第一次将各段运河贯通。隋唐洛阳城的城市规划和洛阳盆地的山水地貌完美结合在一起，其设计理念、城市布局和建筑风格在中国古代都城建设史上都具有极其重要的地位，也对世界其他国家产生了重要的影响。其特点有以下几个方面。一是隋唐洛阳城沿用中轴线营建的原则，把城市所有高大的建筑全部布置在轴线上，极大地提高了整个城市的空间秩序和艺术性。二是隋唐洛阳城的营建遵从象天法地原则，洛水与邙山、龙门山逆时针形成一个太极图，背山面水，是典型的王都之地。三是与历史上以往都城的不同之处在于除了讲究前宫后寝这样一个原则，更是依靠洛河和里坊区强化了宫城和皇城的防卫，极大提高了皇城宫城的安全系数。四是里坊区不仅设置了南北二市以方便百姓的生活，更是将伊河和洛河水引入里坊区，使洛阳城成为第一个山水都城、园林城市，极大地提高了宜居性。隋唐洛阳城与其他都城的遗址相比，其考古价值更为突出，城址地下部分保存较好，宫皇城遗址区与外郭城的边界基本清晰，整个城市区内路网结构与门址留存比较完整，周边山形水系与城市遗址基本保持历史环境的空间关系，漕运和水系遗址遗迹也有较高的完整性。

（二）儒释道的洛阳记忆

北宋以前，洛阳文化是中华文化的代名词。诸子百家之学中儒释道是影响中华民族最深远的三个学派，而儒释道与洛阳的关系密不可分。道家学派创始于洛阳，其创始人老子被列为世界百位历史名人之一，其居住和担任史官的地方是洛阳，这在史书中有明确记载"老子居周久之"，其传世之作《道德经》（又名《老子》）写成于洛阳。儒学渊源于洛阳，儒家学派称周公为"元圣"，因为儒家学派的创始人孔子遵从的是周公姬旦的"制礼作乐"，其思想源头以及教授学生的教材均是以《易经》为首的"六经"，周公姬旦营建洛邑，并在此制礼作乐，文王演《周易》、箕子传《洪范》多在洛阳附近，《易经》的渊源"河图""洛书"分别在洛阳的孟津与洛宁，孔子33岁入周问礼于老子、学乐于苌弘，洛阳行使孔子拓展了眼界，增长了知识，对其思想的走向产生了巨大影响，使儒家思想更加广博成熟，也为儒家思想成为后世统治阶级齐家治国的根本奠定了基础，在《论语》中我们会看到孔子的一些理念和老子的理念相通，比如"天下有道则现，无道则隐""有道则仕，无道则可卷而怀之""邦有道，危言危行；邦无道，危行言孙""用之则行，舍之则藏"等。东汉时期佛教传入，佛经翻译、讲经活动，以及最早佛寺的创建都集中在洛阳，洛阳成为中国佛教的发祥地，白马寺成为中国佛教早期传播和佛事活动的中心。魏晋南北朝时期洛阳有佛寺一千多座，隋唐时期佛教更加发达，因为有国家的支持，外来高僧的交流增多，随着佛教不断本土化，逐步走进百姓生活。

除了儒释道，两汉经学兴于洛阳，魏晋玄学产生于洛阳，宋明理学肇始于洛阳。中国最早的大学在洛阳产生，古代的中央学府国子学最早产生于洛阳，洛阳太学是中国古代规模最大的大学，中国最早的图书馆在洛阳出现，《辟雍碑》是中国古代关于大学教育的最大碑刻。《尚书》和《诗经》最早结集于洛阳，《诗经》中的《周南》《王风》产生于洛阳，中国第一部字书《说文解字》著成于洛阳，中国最早的文人七言诗产生于洛阳，洛阳人虞初为中国小说之祖，中国第一部女子教育著作《女诫》成书于洛阳，《贾武仲妻马姜墓记刻石》是中国最早的出土墓志，中国第一部断代史《汉书》著成于洛阳，第一部编年体通史《资治通鉴》著成于洛阳，更有数不胜数的历史文化名人在洛阳出生、成长、扬名万世，为中华民族留下了璀璨的文化瑰宝，塑造着中华民族的品格、气节和基因。

（三）科技发明的推动作用

火药、指南针、印刷术，被马克思评为"预告资产阶级社会到来的三大发明"，英国著名科技史大师李约瑟添加上造纸，誉为改变了人类历史文明的中国古代"四大发明"，而其中三大发明与洛阳有关。火药的发明和炼丹家有关，《太平广记》中载：隋时洛阳人杜子春访炼丹老人被留宿，夜丹炉突冒大火直升屋顶具毁，这说明可能火药已经被炼丹家发现了。唐初著名的药物专家孙思邈游历洺阳，炼制伏火在其著书《丹经》中有记载，《九国志》记载，唐哀帝定都洛阳时，郑王番率军攻打豫章（今江西南昌），"发机飞火"，烧毁该城的龙沙门，这可能是有关用火药攻城的最早记载，火药兵器在战场上的出现，预示着军事作战从使用冷兵器阶段向使用火器阶段过渡，推进了世界历史的进程。

刻板印刷术最早出现在洛阳，《后汉书·党锢列传》上记载：东汉建宁二年，张俭因反对大宦官中侍侯览，灵帝在洛阳下令"刊章讨捕"他，刊章就是刻印通缉的章表，多处历史事件也说明洛阳与印刷术创始传播的关系十分密切。最早的指南工具叫"司南"，最早运用于车辆上，即司南车，《通志·氏族略》中记载了越裳氏使臣到洛阳，使者迷其归途，周公姬旦特赠司南车以定，说明司南车最早发明于洛阳。指南车的发明，标志着我国古代齿轮系统的应用在当时世界上居于遥遥领先的地位。西汉时期我国已经有了麻质纤维纸，东汉蔡伦最早在洛阳对纸进行技术改进，为文化的传播创造了有利条件，位于汉魏故城近郊的缑氏曾被称作"纸氏"，马涧河流经缑氏的一段河流在古时被称为"造纸河",沿岸原有"造纸河碑刻",此处很可能是汉代造纸作坊所在地。

张衡最早在洛阳制造水运浑天仪,在洛阳发明地震测量仪器。中国最早的历法夏小正产生于洛阳,古都洛阳不但是西周初年周公"土圭测景,以求地中"的具体地点,也是"二十四节气"重要发祥地,我国的"二十四节气",比罗马"儒略历"更科学、更精细、更实用。龙骨水车最早在洛阳发明,正是根据龙骨水车的原理才有了后来的风箱甚至蒸汽机。中国第一张完备的星象图《灵宪图》出自洛阳,中国最早的天文台产生在洛阳。中国推进人类文明科学技术的诞生和完善与洛阳息息相关,建设国际人文交往中心,洛阳底气十足。

二 洛阳在建设国际人文交往中心过程中增强传统文化支撑作用方面存在的问题

学术界将国际人文交往中心初步定义为文化城市国际化发展的高级形态,因其强大的综合实力和人文魅力,在地区乃至全球范围内具有较强的文化资源集聚和配置能力,是具有国际影响力的各类文化资源及其相关资源的集聚中心、文化事务的参与管理中心、文化产业的发展中心、文化学术的交流中心。[①] 其内涵有以下几个方面:一是对国际会议、国际活动数量,国际人口规模,国际组织及机构数量等各类国际要素的吸引能力;二是对国际知名文化机构、文化企业、资本要素的聚集,对国际文化交流、科技交流、教育交流活动等文化及相关人文要素的集聚能力;三是文化产业占 GDP 的比重,文化产业、文化服务业占出口的比重,也就是对国际文化产业、文化事业的影响力和带动能力;四是具有国际影响力的城市品牌特别是文化品牌;五是健全的城市基础设施特别是高水平的国际交往设施、便捷的国际交通通

---

① 陈智宇:《发挥优势 补足短板 推动洛阳建设国际人文交往中心》,《洛阳日报》2020 年 4 月 17 日。

达能力、完善的公共服务功能等国际交往设施和服务能力；六是良好的生态环境、高质量的生活服务水平、高水平的公共安全等城市宜居环境。这些要素共同构成了国际人文交往中心的主要特征，即要具有国际化的视野、国际化的城市定位和综合承载力，国际一流的优良环境、服务标准和服务能力，夯实城市地位的国际性；不但能满足人们的物质追求，而且要以满足人们对文化、精神的追求为核心、为发展目标的城市人文性的内涵；具备地区乃至全球范围内的资源要素的集聚能力和支配能力，并保证城市发展的可持续性。根据这样的定义和标准，洛阳建设国际人文交往中心任重而道远，而目前洛阳最大的优势就是丰富的历史文化资源，但在发挥传统文化资源支撑作用的过程中还存在一些问题。

（一）传统文化在城市风貌中体现得不突出、不独特

在全球一体化的背景下，受科学技术的进步、社会的发展以及多元化思想潮流的影响，洛阳市同我国其他城市一样，城市建设取得了突飞猛进的发展，但是在发展过程中城市风貌丧失了自己特色、趋于雷同，地域特征不显著，文化特征丧失严重，有些新建的街道甚至基本照搬了欧式、美式的建筑形态，中国元素荡然无存，街道如同"万国博览园"。一个城市一定要有鲜明的印记才能被区分被记住，没有了特质，最终只会成为沧海一粟而从人们的视野关注之中泯灭、消失，甚至沦为笑谈。每一座城市其实都有自己的个性化标签，因为地理位置不同，民俗习惯不同，历史文化积淀不同，城市风貌也应该是不同的。享誉国际的著名城市无一例外不是充分结合了自己的特征或者优势所在，如英国牛津被称为大学城，奥地利维也纳被称为音乐城，意大利首都罗马是博物馆城，还有狮城新加坡、水城威尼斯，等等，从这些醒目的别称之中，我们可以一目了然地知道这座城市的文化底蕴，独具一格之处，或者特征所在。传统文化代表的是一个民族本身的生活模式、思想及理念，用传统美学指导城市景观设计，在城市环境的打造方面注入更多传统文化元素，更多标记个性特征，更多宣扬独特民俗，才能在城市的建设与发展中让城市耳目一新、与众不同，吸引更多人驻足、品味、移

居、生活。洛阳做了大量的工作传承弘扬创新历史文化，很多景观、很多地方能够体现中国传统文化的影子，但是洛阳本土独特的传统文化元素彰显得还不够多。

（二）历史文化资源丰富，但开发不充分，在国际市场上吸引力不足

城市历史文化资源是集文化价值、社会价值、经济建设和城市建设价值为一体的重要综合体，可以为建设国际人文交往中心提供设计灵感，是打造城市形象的重要依据，是实现城市可持续发展的重要因素。与国内其他历史文化名城相比，洛阳市拥有的世界文化遗产数量、全国重点文物保护单位的数量、3A 及以上景点的数量都位于前列，具有良好的文化资源，但在资源的开发和有效利用上存在明显不足。国际人文交往中心首先要能吸引人来，而当前国际纯观光旅游市场逐渐缩小，深度体验、沉浸式、度假型和刺激型旅游市场扩大，但洛阳在历史文化资源开发时存在诸多问题，尤其是定位不准确，无法满足游客个性化需求，吸引力始终不高。从数据来看，近年来洛阳的旅游收入翻了几番，A 级景区多了数倍，但游客搜索洛阳旅游的关键词仍然是以龙门石窟、洛阳牡丹、白马寺为主，近几年入境游客在洛阳平均旅游时间与 20 世纪 90 年代的 1.4 天相差无几，平均旅游时间只增加了不到半天，来洛的游客省内以郑州、三门峡、平顶山为主，省外以河南周边的山西、陕西、河北居多。二三十年来改观不大，追根溯源还是因为洛阳在资源开发投入上过于分散，城市定位不准确，文化旅游资源挖掘不深，宣传的力度和针对性都不够，无法吸引更多游客来洛，游客来了之后也很少有在洛阳留宿的。

另外就是各个县区在旅游资源开发时各自为政，全市缺乏整体的发展规划和思路，各个景区文化内涵挖掘不够，建设水平低，分散管理，无序竞争，不能以点带面、带动整体，而且存在严重过分追求短期经济效益的倾向，部分极具文化特色、历史底蕴的古建筑和传统街区遭到破坏，没有处理好保护与发展、长期利益与短期利益、历史与现代等多个关系。

（三）相关专业化人员数量不足，整体素质有待提高

以丰厚历史文化资源为城市基础吸引力的洛阳，从顶层设计到具体实施，再到讲解接待人员，都需要有高水平的专业化团队，否则，无法设计出生动有趣的外在展示形象，也无法用通俗易懂又能打动人心的语言将其内涵和本质加以展现和描绘，更难以让人们尤其是国际友人记住洛阳、领悟洛阳文化的精髓，而既具备突出的专业能力，又具有丰富的历史和文化知识的人员极其匮乏。以文创产品设计为例，景德镇的瓷器，苏州的丝绸和刺绣，陕西的泥陶兵马俑，故宫的宫廷人物形象、物件甚至御猫等，都是文创产品或者特色产品的佼佼者，洛阳早年最有代表性的旅游产品是唐三彩，但外地游客对唐三彩大多只闻其名，对其真正有所了解的人微乎其微，不知道唐三彩是洛阳的特色，更不了解唐三彩的艺术特点和历史文化意义，再加上从设计到生产再到销售都没有严格完善的产业链，成本低廉、质量低劣的小作坊产品占据了唐三彩的主要市场，游客们买到劣质的唐三彩，完全体会不到它精美绝伦的艺术价值和收藏价值。随后开发的"牡丹鲜花饼"毫无特色，与随处能买到的玫瑰饼、鲜花饼在口感、味道上几乎没有任何区别。洛阳目前的"仓颉造字"陶瓷杯、"洛出书"香器、"洛城印象"拼图等文创产品，有一定的艺术性、实用性和体验感，但既不是不可替代的，也不是特别强的产品，细节处还需要打磨，这些同样离不开专业人员队伍。

三　增强传统文化在建设国际人文交往中心过程中支撑作用的路径

在历史进程中，洛阳曾多次成为全国的政治、经济、文化中心或者副中心，并在对外交往中谱写过辉煌的历史。东汉时期，通往西亚和欧洲丝绸之路的西路，其东端起点就在洛阳，丝绸之路东路和南路起点也先后会合于洛阳。北魏时期，洛阳城规模宏大，城市内城南部设"四夷馆""四夷里"作为外交区域，居住着各国使者、僧侣、商贾和学者，70多个国家由"岁岁

朝贡"变为"月朝贡",先后派出使团146次。隋唐时期,大批遣唐使来访洛阳并居住在洛阳城内,隋唐洛阳城作为当时世界上的国际大都市,见证了亚欧多元文明之间的交流、碰撞、融合,对世界其他地区特别是东亚地区产生了深远的影响。今天的洛阳提出要打造国际人文交往中心并不是无源之水、无根之木,这是历史给予我们的底气,是时代赋予我们的任务。

(一)厘清城市文脉,打造洛阳独一无二的国际化城市名片

文脉本是语言学中的专业术语,代指语言中上下文的逻辑顺序及语境,即语言的背景,将其概念引申到城市规划研究领域,狭义上指城市所包含的历史文化发展脉络,广义上指在城市历史发展过程中,人与城市环境以及对应的社会文化、经济政治等之间关系的总和。城市文脉的特征是"历史性"和"共时性","历史性"指城市发展历史中空间环境中各类要素在时间维度上的关联;"共时性"指城市空间中各要素的横向关联。城市文脉表达的是城市历史文化各个要素之间的历时传承和共时融合,其直接载体是文脉要素,其中显性空间要素是指具有实体物质的文脉要素,比如山体河流、轴线道路、宫殿陵寝、街坊市场等;隐性作用要素是指在城市空间形成过程中起控制与影响作用的背景要素即历史文化要素。洛阳作为历史文化名城,一直被认为资源丰富但是针对性不强,独特性较差,应通过深入解析城市文脉全面解读城市历史信息,按照境内山、水(包括自然和人工两类)要素,或者按照遗址类、墓葬类、建筑类、石刻类、其他类这五种分类要素梳理历朝历代的遗存,然后根据其历史价值、现实价值等进行排名,找出最具代表性、最具历史价值和国际价值又能够代表洛阳特色的独一无二的传统文化资源,作为国际人文交往中心建设的支撑性要素。比如"东方博物馆之都"的打造,博物馆是一个城市文化的象征,也是一个国家历史的见证者,是征集、典藏和研究代表自然和人类文化遗产实物的场所,也是为人们提供知识、教育及欣赏服务的场所。洛阳现有43处全国重点文物保护单位,3项6处世界文化遗产,这为洛阳打造"东方博物馆之都"提供了最有价值、最具潜力的资源,目前洛阳市博物馆总数和三级以上博物馆数量均居河南省第

一，总数已超过 100 家，实现了县域博物馆全覆盖，目前所精心谋划推出的涵盖了大运河交汇点、丝绸之路起点、万里茶道、大遗址等 10 条"东方博物馆之都"精品旅游线路，以及"十四五"期间将建成开放的隋唐大运河文化博物馆、牡丹博物馆、汉魏故城遗址博物馆、丝绸之路博物馆等，都具有鲜明的洛阳特色。

选择之后就要倾力打造具有国际影响力的城市名片。打造的过程要认识到中西方存在的差异，进行详细的国际市场需求调查，在坚持民族性的前提下满足客户的根本需求，并提高满意度。首先，深入挖掘历史文化内涵和价值特征，通过文学作品、影视创作、动漫设计、游戏开发等方式，推出一批具有鲜明洛阳特色的艺术精品，加强主题历史文化的品牌塑造。其次，依托洛阳的科技、人才、资源等优势，推动文化产品生产方式的创新和传播渠道的拓展，打造一批具有文化张力和洛阳特色的文化品牌，使文化产业与城市发展形成联动效应，通过推进文化产业的发展，提升城市的社会影响力和感知度。例如，用心举办世界古都论坛这样具有国际影响力的活动，在会址的选择上注重营造厚重的人文气息，可以考虑利用伊川书院或者洛阳太学遗址这样的典型场所。另外就是在文创产品的设计、开发和生产上要追求质量的优化，参照二八定律，在一定程度上最大化地满足消费者对文创产品实用性、观赏性、收藏性的需求，努力占据高端市场。最后，树立一体化的产业化发展战略，按照历史文化资源之间的文脉联系，将较为分散的历史文化资源协调地结合起来，形成文化线路、文化片区，提升文化集聚价值，譬如提升隋唐洛阳城国家历史文化公园的整体效果，突出"东方博物馆之都"见证中华文化五千年历程的主题。

（二）深入挖掘文化底蕴，打造城市形象，提升城市吸引力

传统文化的标志是我国现代化城市风貌中极为缺乏的内容，由此导致了城市规划建筑单一，呈现为西化的特征，缺乏地域、民族特征，各个城市面貌趋于同化。长久、独特、明晰的城市形象更容易给人留下深刻的印象，并将成为他们选择旅游目的地的关键因素，深入挖掘洛阳的文化底蕴，更新城

市形象，将极大提升城市的吸引力。

一是依托历史文化资源，深入挖掘历史文化资源中所蕴藏的文化内涵，精确定位洛阳的城市性格，提炼具有洛阳人和城市特质的洛阳精神，从理念认知、视觉识别、行为应用三个层面，全面塑造独特灵动的城市形象。二是以历史文化为依托精准规划洛阳的城市发展定位，国际人文交往中心不仅要处处体现中国元素，更要注重展现洛阳元素，关注洛阳历史文化资源所承载的城市人文信息、城市建设智慧和洛阳市民性格，定位洛阳形象的人文特征。重视洛阳历史文化载体的保护和建设工作，通过数字化、互联化、物联化的智慧改造，加强智慧科技在城市形象构建中的作用，使洛阳国际人文交往中心的人文属性更加鲜明，城市人文表达更加多样。三是以历史文化内涵和价值增强城市的社会感知度。深入挖掘和探寻洛阳的都城文化、牡丹文化、石窟文化等历史文化资源，提炼其中的历史文化精髓，将其作为洛阳城市形象塑造的灵感来源，以历史文化的丰富形态强化洛阳形象的视觉识别，将洛阳独特的河图洛书、龙门石窟、关林、隋唐洛阳城等历史文化符号转化为城市感知标签，拓展城市的外界表达，用历史文化的核心价值培育和践行城市精神，将城市精神以合理的方式融入洛阳形象的全面塑造之中，提升城市精神的现实存在感，使历史人文成为辨识和提升洛阳城市形象的核心因素。四是以差异性历史文化资源优势提升城市辨识度。差异性历史文化资源是一个城市形象构建的核心要素，也是强化城市形象辨识度的重要途径，洛阳应以其独特的文化资源为依托，通过智慧科技的应用，打造融古通今的现代城市新地标，摒弃以往"最高""最大""最怪"等城市地标的盲目建设，延伸历史文化内涵及应用领域，追求"我有人无、我精人粗"的效果，统筹洛阳历史文化街区、广场、公园、标志性建筑等，彰显历史文化特色，使其成为洛阳国际人文交往中心的形象宣传窗口。五是坚持地方特色和民族表达，探索中外合作开发模式。洛阳要打造国际人文交往中心，其追求的目标既是民族的地方的洛阳，又是世界的洛阳，因此在打造的过程中既要坚持地方特色和民族表达，又不能闭门造车，要积极探索中外合作开发模式，打造独一无二的洛阳形象。

（三）加快专业化人才队伍建设，适应国际人文交往中心建设的需求

国际人文交往中心的建设需要大批专业人才，尤其需要既具备深厚传统文化底蕴，又具备相应专业技术的人才。

第一，洛阳建设国际人文交往中心需要构建高层次、系统化的现代人才资源管理体系，一定要做好顶层设计，才能构建高层次现代化的人力资源管理体系。

第二，培养与引进并举，突出对人才结构的优化调整。增强传统文化在洛阳建设国际人文交往中心过程中的支撑作用，需要的人才是复合型、立体化的人才，既熟知传统美学、历史文化、城市规划等专业知识，又具备组织策划设计能力、目标管理能力、组织部门协调能力。所以要培养与引进并举，优化调整人才结构。优化调整首先需要从现实的人才结构大数据中寻找人才，从学历结构、知识结构、能力结构以及年龄结构等方面对人才比例进行调整，有步骤、有规划地逐步完善人才队伍结构，既要引入优质人才，更要重视自主人才培训，加强对人文素养、知识储备、现代管理能力、科研能力、公共服务能力等核心职业素养的培养，行业企业、院校、政府、科研机构（尤其是文物保护和考古等机构）各部门相互联系，跨部门协同，改变传统人才培养模式存在的人才与市场脱节、缺乏可持续发展能力这样的弊端。

参考文献

[1] 黄诗莉：《新形势下努力探索可持续发展的人才队伍建设模式——以广西民族博物馆为例》，《博物馆研究》2017年第3期。

[2] 王笃祥：《基于问题导向的新时代地方文化人才培养》，《人才资源开发》2019年第8期。

[3] 杨俊博：《河南洛阳打造诗都文化旅游的现状及对策》，《商业时代》2013年第

33 期。

［4］杨海越：《历史文化资源与人文型智慧城市建设研究——以武汉市为例》，华中师范大学硕士学位论文，2017。

［5］邢晟：《河南文化产业与旅游产业融合发展的必要性及实现途径》，《中国发展》2012 年第 4 期。

［6］陈智宇：《洛阳在文化强国建设中的使命与担当》，《洛阳日报》2020 年 11 月 20 日。

［7］鑫融基：《弯道超车：洛阳国际人文交往中心建设的关键突破》，《沙里淘金财经观察》2020 年 6 月 10 日。

［8］陈智宇：《发挥优势　补足短板　推动洛阳建设国际人文交往中心》，《洛阳日报》2020 年 4 月 17 日。

城 市 篇

Reports on Cities

B.5

以开放通道建设提升洛阳国际
人文交往能力研究

武婷婷*

摘　要：　国际人文交往中心的建设是对洛阳城市综合实力最严格的考
　　　　　验。它不仅要求洛阳在经济领域通过高水平的开放促进城市
　　　　　转型发展，提升城市整体实力，而且要求洛阳在文化领域通
　　　　　过高水平的开放在传承创新华夏历史文明方面有所作为。然
　　　　　而洛阳现有开放通道的建设和使用水平并不具备推动国际人
　　　　　文交往中心建设的实力，我们需要积极借鉴国内和省内的先
　　　　　进经验，从软件和硬件等多方面做出积极改进。

关键词：　洛阳　开放通道　文化开放

---

*　武婷婷，中共洛阳市委党校讲师，研究方向为区域经济、产业经济。

2020年3月，省委省政府出台了《关于支持洛阳以开放为引领加快建设中原城市群副中心城市的若干意见》①，明确了洛阳"两中心一基地一枢纽"的城市定位，强调了"以开放为引领"的大基调，形成了与省会郑州发展方向上的"错位"和发展思路上的"一致"，使郑州和洛阳作为河南发展"双引擎"的步调更加一致，支撑更为全面。打造国际人文交往中心，提升洛阳的国际品味和影响力，要求洛阳以更加开放的姿态迎接世界，以经济开放提升城市整体实力，以文化开放展现城市魅力。构建高水平的开放通道，提升洛阳开放水平，高质量发展洛阳开放体系对于洛阳打造国际人文交往中心有着十分重要的意义。

一　开放通道建设对洛阳提升国际人文交往能力的意义

党的十九大报告指出："开放带来进步，封闭必然落后。"② 改革开放40多年来的实践反复向我们证明了这个重要的历史命题。国家进入新发展阶段，区域协调发展开启了全新的历史阶段，面临着更加艰巨的挑战。洛阳肩负打造发展副中心城市新高地的建设使命，必须紧握"开放引领"这把"金钥匙"，才能为洛阳的开放质量和开放效益开创崭新局面。从洛阳现有开放局面来看，洛阳的开放仍处于商品和要素流动型阶段，新使命要求我们必须顺应时代要求，把握阶段特征，积极利用开放平台构建全方位开放通道，促进洛阳的开放向规则制度型开放转变，从而引领经济高质量发展。这是洛阳贯彻开放理念的重要课题。

（一）高水平开放通道建设有利于推动洛阳高质量发展

受地缘因素影响，我国内陆地区开放水平一直落后于东南沿海地区，经

---

① 田宜龙：《打造新引擎实现新突破——省委省政府加快洛阳副中心城市建设工作推进会精神解》，《河南日报》2020年3月30日。
② 《习近平谈治国理政》第3卷，外文出版社，2020，第187页。

济发展水平和城市开放程度都受到明显制约。2013 年 9 月和 10 月，国家主席习近平在出访中亚和东南亚期间，提出共建"丝绸之路经济带"和"21世纪海上丝绸之路"的重大倡议（以下简称"一带一路"），得到国际社会的高度关注。从以海洋为开放核心，过渡到海洋和陆地双向开放的新阶段，为内陆地区提升开放水平提供了重要的历史契机。截至 2020 年 11 月，我国已经与 138 个国家、31 个国际组织签署了 201 份共建"一带一路"合作文件①，涉及范围占世界经济总量超过 30%，占全球总人口的 63%。六大经济走廊和铁路、公路、水路、空路、管路、信息高速路可以有效促进人流、物流、信息流、资本流、能源流等人类经济活动"五大流"的加速流通，通过路权实现向西开放，东西互济。地缘优势就是市场机遇，东南沿海利用沿海的区位优势先发开放，内陆则可以抓住"一带一路"的机遇向西开放，通过投资贸易畅通门户，通过海陆、陆陆联运等形式推进国际贸易，不仅形成内陆发展的贸易高地，更通过内陆港的建设打造陆上经济大动脉，使人员、货物和资本更高效地流通。

河南省地处中原腹地，虽不与国外接壤，却可辐射国内。多年来持续的交通建设投入，形成了不俗的陆地运输实力，铁路、高速路网密布，通行效率高。但水路运输一直是河南交通发展的"心头病"，河南从地理位置上来说缺少直接的出海口，再加上黄河河道淤堵，通航不畅，导致间接出海的流通效率极低，这促使河南更专注于打通内陆地区的通道，以此作为对外开放的战略突破口。习近平总书记 2014 年 5 月视察河南时希望河南省建成联通境内外、辐射东中西的物流通道枢纽，为丝绸之路经济带建设多做贡献，这为河南的开放路径指明了方向。②

在"一带一路"倡议指引下，郑州市充分发挥"天地之中"、九省通衢

---

① 《我国已与 138 个国家、31 个国际组织签署 201 份共建"一带一路"合作文件》，中央人民政府网，http：//www.gov.cn/xinwen/2020 - 11/17/content_ 5562132. htm。

② 《习近平在河南考察时强调：深化改革发挥优势创新思路统筹兼顾，确保经济持续健康发展社会和谐稳定》，中国共产党新闻网，http：//cpc. people. com. cn/n/2014/0511/c64094 - 25001070. html。

的区位优势，着力构建"域内""域外"交通枢纽，积极融入"一带一路"建设，充分利用并持续强化"陆上、空中、网上、海上"四条丝绸之路，努力形成"四路并举"的开放格局，走出一条"枢纽＋开放"之路。①

与郑州相比，作为中西部城市，洛阳的开放进展始终不理想。作为中原城市群的副中心城市，洛阳如今必须加大开放力度。近年来，一系列国家级的开放政策密集落地洛阳。2016年《促进中部地区崛起"十三五"规划》获批，中部地区崛起进入全新的历史阶段，洛阳开始发挥越来越重要的作用（见表1）；黄河流域生态保护和高质量发展从简单的生态保护倡议提升到国家战略层面，也为洛阳提供了"大有可为"的发展机遇；洛阳的开放通道建设也步入一个难得的历史机遇期，作为古丝绸之路东方起点之一，洛阳在国家"一带一路"建设规划定义的5个新亚欧大陆桥经济走廊的重要节点城市拥有一席之地，与60多个"一带一路"共建国家和地区建立了经贸关系，"洛阳制造"在装备制造、新材料、航空航天、电子信息等领域逐渐形成"品牌优势"并快速沿丝绸之路经济带扩散。

表1　洛阳扩大开放获得的国家政策支持

时间	批复部门	批复项目或文件
2016年8月31日	国务院	中国（河南）自由贸易试验区
2016年12月13日	国务院	关于促进中部地区崛起"十三五"规划的批复
2016年12月21日	海关总署	国家口岸发展"十三五"规划
2016年12月30日	国务院	发改委关于中原城市群发展规划的批复
2019年12月24日	国务院	中国（洛阳）跨境电商综合试验区
2020年6月2日	国务院	洛阳综合保税区

资料来源：笔者根据相关资料整理。

2020年春季，在省委省政府加快洛阳副中心城市建设工作推进会上，王国生书记、尹弘省长对洛阳打造副中心城市的工作重点强调了"开放引领"。要求洛阳能够以国际视野展开谋划，把开放作为核心理念，采取各项

① 孙静：《"四路并举"打造开放新通道》，《河南日报》2018年11月20日。

有力有效的开放举措促改革、促发展、促创新。在省委省政府的号召下,省市场监督管理局、省工信厅、省住房和城乡建设厅、省科技厅、省商务厅、省发改委以及郑州海关等各部门纷纷出台相关政策支持洛阳开放发展。

在省委省政府的大力支持和鼓励下,洛阳迈入高水平开放的快车道,并取得了诸多喜人的成绩。利用现有自贸区、自创区和高新区的"三区叠加"优势,洛阳将融入"一带一路"建设作为开放的主脉络,充分发挥自贸试验区的开放引领作用,努力塑造自创区的开放创新价值,不断完善和提高高新区的创新机能和创新效率,有效促进了"三区融合裂变"的乘数效应,为洛阳的开放创新蓄积了巨大的创新动能,成为引领洛阳经济高质量发展的"发动机"。

作为加速开放转型的发力点,洛阳加快外贸转型升级基地建设,致力于将洛阳参与中欧交流的机遇常态化。2020年,在伊滨经开区投资建设福通(洛阳)中德产业园项目,为洛阳制造业企业与德国工业"牵手"提供更便利的园区平台。作为加速开放转型的区域加速器,政府积极牵头促成企业"引进来、走出去"。一方面,组织本地企业"组团"开拓国际市场,促成475个"洛阳制造"走向世界,累计与176个国家和地区发生贸易往来。以中信重工、洛钼集团为代表的洛阳工业企业展开国际化布局,通过设立海外公司、办事处、备件服务基地等,企业资产规模不断扩大,资产运营范围逐渐扩大,统筹规划了研发、设计、制造、售后等全周期、全流程的现代化布局。另一方面,吸引外资企业来洛投资,以洛阳现代产业体系的发展要求为指引,通过引进突破性龙头项目延长产业链,通过引进引领性龙头项目补齐产业链短板,通过引进方向性、标志性龙头项目增强产业链实力,促进洛阳制造向智能化快速转型升级。重点瞄准世界500强、中国500强企业等,实现美国惠普、法国迪卡侬等103家世界500强和中国500强企业在洛阳的陆续落地。多措并举促进洛阳在高水平开放中积蓄城市发展之势。

(二)高水平开放通道建设有利于提升洛阳文化开放水平

在洛阳副中心城市建设的各项任务中,国际人文交往中心是建设难度最大，也是对城市综合实力考验最严格的一项任务。国际人文交往中心以国际化交往为主要活动，一个城市的开放水平是决定城市参与国际交往能力的重要基础。从硬件来说，洛阳现有开放程度对国际要素的吸引能力低，国际资源无法向洛阳靠拢；洛阳国际交往设施缺口大，国际服务水平严重滞后。从软件来说，洛阳的国际交往经验不足，城市运营中适应国际标准、符合国际规范的制度十分欠缺。高水平的开放通道是国际人文交往中心建设必备的硬件基础。从洛阳现有开放通道资源来看，目前已基本形成由陆地转运、陆海转运、航空运输和网络组成的"四路协同"基本格局。洛阳作为"一带一路"主要节点城市的功能正通过这一格局以及"自贸区+跨境电商综合试验区+综合保税区"三大国家级开放平台的助力开始逐步发挥作用。但现有开放工作的成果更多集中于制造业货物贸易的"走出去"和"请进来"，与国际人文交往中心的建设需求相去甚远。单从经济领域来看，以货物贸易为主的"一次开放"形成了城市开放通道的基本功能体系，但不足以支撑城市的全面开放。国际人文交往中心的建设不仅需要物的流通，而且需要人的高水平流通。以服务贸易为重点的"二次开放"应赋予开放通道更多"人文"交流的功能，这也是洛阳建设国际人文交往中心不可或缺的硬件基础功能。

高水平的开放通道是国际人文交往中心建设重要的制度组成。国际人文交往中心以"人"和"文化"为中心，在考验一般开放能力的基础上更加考验一个城市的文化开放水平。高水平的开放通道建设，不仅意味着要补齐洛阳现有开放设施的短板，更需要高水平地用好开放平台，使洛阳的开放平台在"经济""文化"两方面都能"开花"。

在开放的问题上，经济和文化的发展有相同点也有不同点。洛阳现有开放虽然已经打开了新的局面，但只能算是在经济开放上有了一定的成绩。文化开放主要涉及的国际文化贸易、国际文化投资以及国际文化交流等，洛阳现有的开放设施和平台都鲜有涉足。必须高度重视洛阳开放通道的文化属性建设，将现有平台优势的文化属性最大限度地发挥出来。强化文化开放功能的通道建设才是真正意义上的高水平开放通道建设，才能够为洛阳打造国际人文交往中心提供足够的助力。

二　洛阳现有开放通道的发展现状

新中国成立以来，洛阳的发展起步并不算晚，各领域的基础很好。但随着市场经济机制的建立、发展和完善，贯彻新发展理念、转变经济发展方式、优化调整经济结构的任务越来越重，各个省辖市竞相追赶形成了激烈竞争。近年来新的国家战略密集落地，但洛阳本地整体的开放工作体系不够完善，功能发挥缺乏基础支撑，与开放型经济发展的需要相比很不匹配。

（一）口岸枢纽设施

口岸枢纽是国家指定的对外往来的门户，在国际交往过程中，各国人员往来、各种货物以及相关产品想要流入国内或者从国内流出，都需要通过口岸。同时，口岸也是国际物流系统中的一个子系统，它是国际货物运输过程中的一个枢纽。因此，在发展口岸建设的时候，应该对各个口岸进行整体规划、合理布局。只有规模适当、设施配套、体系高效，将一个个独立口岸组合成一个完整的口岸枢纽体系才能够更好地提升城市对外开放的水平。

1992 年 8 月 1 日，经国务院批准开放洛阳航空（一类）口岸（仅限于中国籍飞机开办对外航空运输业务），设立洛阳边防检查站、洛阳海关、洛阳出入境检验检疫局。1993 年 2 月和 1994 年 9 月，省政府批准设立洛阳公路（二类）口岸、洛阳铁路（二类）口岸，使洛阳形成了"一二类口岸并举处于口岸联检机构齐全、通关查验功能设施完善"的口岸开放布局，在省内处于口岸副中心地位，成为服务与辐射豫西、陕东、晋南等周边区域的国门通道和对外开放门户。[①]

1. 洛阳陆路口岸建设

洛阳陆路口岸包括公路（二类）口岸和铁路（二类）口岸两部分，分

---

① 洛阳市人民政府口岸办公室：《创新体制机制打造洛阳口岸经济增长极》，《河南日报》2015 年 4 月 21 日。

别于 1993 年 2 月和 1994 年 9 月获批设立，但在很长一段时间内一直没有得到有效运转。1998 年，国家物资储备综合仓库四三三处作为公路口岸承办单位正式获批运营。2004 年，国家发改委将洛阳公路口岸作为在河南省安排的唯一一项安全改造项目，投资 4573 万元加以改造、提升，以进一步完善洛阳公路口岸功能。

洛阳铁路口岸虽然为二类口岸，但在全省海关一体化后，海关实行"属地申报、属地验放"，洛阳铁路口岸在功能上与作为一类口岸的郑州铁路口岸基本一致。然而洛阳铁路口岸直到 2014 年才开通首趟"五定班列"，开启了"无水港"的口岸功能。

2017 年在一拖集团铁路编组站基础上，中国一拖、洛阳市涧西区政府和中铁快运公司共同联手打造洛阳首个陆港多式联运物流中心。始建于 1955 年，已有 60 余年历史的一拖集团铁路编组站，是省内唯一一家企业国家二级铁路编组站。一拖编组站与陇海铁路相连，北接连霍高速公路和 310 国道，南通郑少洛、二广等多条高速公路，沿周山大道至洛阳北郊机场仅需 7 分钟车程。2017～2020 年，该口岸项目陆续开通中亚五国班列、中欧班列，巩固了向西进出口的平台通道，大大降低了运输成本；开通洛阳到青岛港、舟山港的铁海联运，仅前 7 个月就发车 65 列，发运 4600 个标准集装箱。为了加速以开放促改革，洛阳从建设高端开放平台入手汇集开放引领发展的优势，为洛阳高质量发展、高水平开放提供了强有力的支撑。

从现有规划来看，洛阳市下一步将继续主动融入国内国际双循环相互促进发展新格局，到 2025 年形成以洛阳航空港和东方红（洛阳）国际陆港为龙头，以华晟国际物流港、中储保物流港和一批具有口岸功能的查验场所为节点，指定商品等功能性口岸和保税物流中心为补充的口岸体系，形成布局合理、治理规范、设施完备、执法高效、通行安全便利、辐射全球主要经济体的陆路口岸开放体系。[①]

---

① 郭歌、李宗宽：《国际开放大通道再 +1　洛阳首趟中欧班列正式开行》，《河南日报》2020 年 8 月 27 日。

但从洛阳陆路口岸发送货物的类型来看，仍以机电产品等工业品出口为主，并未涉及大宗的文化产品出口，口岸发送货物类型较为单一，尚不具备支持文化开放的能力。

2. 洛阳航空口岸建设

洛阳航空口岸位于洛阳北郊机场。1992 年 8 月 1 日，国务院批准洛阳航空口岸为一类航空口岸，但只限定中国籍飞机开展民航运输，不允许外籍飞机从事民航运输。这一限制性条件，使洛阳市在开通境外航线方面受到很大制约。2015 年 11 月，开通洛阳至曼谷航线，洛阳北郊机场拥有了第一条真正意义上的国际航线。2016 年底，海关总署印发《国家口岸发展 "十三五" 规划》，洛阳航空口岸扩大开放项目已被列入其中，成为河南省唯一入选该规划的航空项目。省发改委也表示将加强与国家部委对接，争取准许外国籍飞机在洛阳机场开展业务的政策支持。[①]

1987 年 9 月，洛阳机场建成通航，洛阳成为当时全省唯一具备航空运输条件的城市，开了河南航空业的先河，但由于区位因素和特殊的隶属关系，在民航和航运方面的发展并不理想。一方面，洛阳北郊机场作为较为罕见的 "一类口岸，二级机场" 的身份配置，在发展过程中受到诸多制约，使洛阳北郊机场在前期设计建设的过程中出现了 "高格低配" 的尴尬局面。洛阳北郊机场现有的飞行区等级为 4D 级，即机场跑道规格为 2500 米 × 45 米，只能起降波音 767、747 减重版，空客 A300 等双发中程宽体客机。而国际航线较多使用的四发远程宽体超大客机如空客 A380，以及波音 747 全重、空客 A340 等四发远程宽体客机则需要配置 4E、4F 级的跑道，目前均无法在洛阳北郊机场进行起降，直接从硬件上制约了航空枢纽和临空经济的发展。

另一方面，洛阳机场客货吞吐量太少。2019 年全年，洛阳北郊机场旅客吞吐量达 1539796 人次，同比增长 17.1%，其中出入境人数 42620 人次，起降架次 13750 架次，货运吞吐量 1156.5 吨，旅客吞吐量排名位居全国第 73 位。与 2018 年相比，2019 年净增量超过 50%，这样的节奏和势头的确

---

① 戚帅华：《洛阳航空口岸扩大开放　列入国家口岸发展规划》，《洛阳日报》2017 年 1 月 6 日。

是很猛，但横向比来看，这仍与洛阳城市的定位极为不符合。同为旅游名城的桂林，机场年吞吐量已逼近 1000 万人次。

目前，洛阳机场总体规划修编正在进行报批手续，待总体规划获民航局批复后三期改扩建各项工作即可步入正轨，预计"十四五"规划伊始，洛阳机场三期改扩建项目或可开始动工。但从现有规划设计的思路来看，国家设置临空经济示范区要求客运量达 1000 万人次、货邮量达 10 万吨，而预计三期改扩建后的洛阳机场新建航站楼 8 万平方米，机坪 14 万平方米，跑道延长至3400 米，能满足 4E 级飞机起降，但仅能满足 750 万人次客流量需求。设计起点低，使洛阳航空口岸的发展始终处于先天不足的状态。规划即便顺利落地，也不足以达到支撑洛阳城市发展的要求，难以服务于洛阳建设副中心城市和洛阳都市圈发展的大局，更达不到全国性重要交通枢纽建设的要求。

洛阳口岸枢纽建设起步较早，但成效不足。从经济发展角度来看，尚不足以支撑洛阳本地开放型经济的基本需求，更无法实现对洛阳都市圈的整体带动。从文化交流的角度来看，2019 年洛阳旅游业接待境外游客数量超过150 万人次（见表 2），这一数量虽然居全省首位，但这些游客多来自周边城市的中转。人流和物流的不顺畅使洛阳国际人文交往中心的建设呈现"巧妇难为无米之炊"的尴尬局面。

表2　2011～2019 年洛阳市接待入境游客人数及占比

年份	洛阳市接待入境游客人数（万人次）	河南省接待入境游客人数（万人次）	占比（%）
2011	53	168.29	31.49
2012	61.28	190.77	32.12
2013	70.05	207.33	33.79
2014	84.21	227.2	37.06
2015	100.42	268.29	37.43
2016	114.99	293.95	39.12
2017	133.28	307.32	43.37
2018	141.32	321.73	43.93
2019	150.06	351.47	42.69

资料来源：根据 2012～2020 年河南统计年鉴数据整理。

（二）开放载体平台

这几年洛阳开放发展翻开了新的篇章，一系列国家战略密集落地，一个个开放载体平台先后启动运营。这不是对原有口岸枢纽设施的简单升级改造，而是对洛阳开放资源的提质升级，是站在全新高度的第二次起跑，这将有利于洛阳拓展对内对外开放的广度和深度，发展更高层次的开放型经济，从而更有效地塑造洛阳的城市国际形象，历练洛阳的国际城市气质。

1. 河南自由贸易试验区（洛阳片区）

自由贸易试验区是我国改革开放的试验田。自 2013 年建立上海自由贸易试验区以来，我国已陆续建立 18 个自由贸易试验区。2016 年 8 月 31 日，国务院决定设立中国（河南）自由贸易试验区（以下简称河南自贸区）；2017 年 3 月 31 日，国务院发布《国务院关于印发中国（河南）自由贸易试验区总体方案的通知》和《中国（河南）自由贸易试验区总体方案》；2017 年 4 月 1 日，河南自贸区正式挂牌成立。河南自由贸易试验区（洛阳片区）（以下简称"洛阳片区"）作为河南自贸区的一个重要组成部分，规划面积 26.66 平方公里，重点发展装备制造、机器人、新材料等高端制造业以及研发设计、电子商务、服务外包、国际文化旅游、文化创意、文化贸易、文化展示等现代服务业，提升装备制造业转型升级能力和国际产能合作能力，打造国际智能制造合作示范区，推进华夏历史文明重要传承区建设。①

洛阳片区自挂牌运行以来，立足洛阳现代产业体系布局，在总体方案的基础上形成"2+3+N"的自贸区产业格局，重点围绕高端制造业和现代服务业这两项核心产业，以产业规划配合空间规划，高效推动自贸区运行。招商引资优惠政策"金十条"落地以来，先进装备制造业、新材料产业、电子信息产业、机器人及智能制造业、科技服务产业、健康养老产业都受益匪浅。截至 2019 年底，国务院要求的 160 项试点任务及洛阳片区的 200 项改

---

① 《中国（河南）自由贸易试验区总体方案》，百度百科，http://baike.baidu.com/item/中国（河南）自由贸易试验区/16696356? fr = aladdin。

革任务已全面落实，并形成创新案例89个。良好的营商环境有效地激发了市场活力，目前入驻市场的企业超过2万家、注册资本超过1000亿元，累计新入驻企业达到了挂牌前存量企业的1.83倍。[①]

除自贸区与生俱来的优势外，洛阳片区"三区"叠加的空间格局，促成了洛阳片区发展的又一特色。洛阳国家高新技术产业开发区、郑洛新国家自主创新示范区及河南自贸试验区洛阳片区，三个国家级区域政策的叠加，为洛阳的开放创新提供了高起点的空间优势，同时也对洛阳的政策适用提出了前所未有的巨大挑战。要充分发挥区域政策的叠加优势，避免叠加带来的"内耗"，促使叠加出现"乘数效应"和更具推动力的"溢出效应"。洛阳片区对"三区融合"的探索主要集中在"放管服"改革的推进和复制推广上，从精简办事流程到深化上市制度改革，再到提升贸易投资便利化，为区内具备开放创新要素的企业破除束缚，为区外具备开放创新要素的资本和技术实力开辟进入片区快速发展的"绿色通道"。

作为国家"改革试验田"，洛阳片区作为洛阳最高水平的开放平台积极调动开放要素，在经济发展领域做出了令人瞩目的成就，但就洛阳片区推进华夏历史文明重要传承区建设任务来说，洛阳片区仍需要在加强国际间文化、旅游与科技的交流合作领域做出更多探索。努力将文化旅游业打造成为洛阳新的经济增长点，探索出中西部地区文化旅游产业发展的新模式，助力中华文明伟大复兴中国梦与社会主义文化强国战略的实现。

2. 洛阳跨境电子商务综合试验区

跨境电子商务综合试验区（以下简称"跨境电商综试区"）是为适应新型商业模式发展的要求，通过制度创新、管理创新、服务创新和协同发展，破解跨境电子商务发展中的深层次矛盾和体制性难题，实现跨境电子商务自由化、便利化、规范化发展的综合试验区。2019年12月，国务院同意设立中国（洛阳）跨境电子商务综合试验区。中国（洛阳）跨境电子商务综合试验区现有工程机械、复合材料、摩托车及零部件3个国家级外贸转型升级

---

① 赵振杰：《洛阳片区综合得分模拟世行排名第26位》，《河南日报》2019年12月31日。

基地，装备制造业、新材料、太阳能光伏、钢制办公家具4个省级出口基地。洛阳跨境电商通关平台于2017年6月16日正式通关运营，并接入河南省国际贸易"单一窗口"平台，出口商品为服装、鞋帽、电子产品等，出口到美国、俄罗斯等61个国家和地区。从相关报道和实地走访情况来看，区内运营的项目也有类似手机壳这类较为初级的文创产品，但总体占比极低并没有形成一个具备实力的类目。

3. 洛阳综合保税区

综合保税区（以下简称"综保区"）是海关特殊监管区域的最高形态，是我国开放层次最高、优惠政策最多、功能最齐全、手续最简化的特殊区域。设立综保区有利于释放开放红利，整合开放资源。海关特殊监管区域的存在就是为了便利对外贸易的开展，在政策空间和物理空间的叠加上形成境内关外的特殊状态。按照国家规定，综保区是多种类型的海关特殊监管区域的叠加整合，涉及国家大量的优惠政策支持，需要进行封闭围网管理，尤其适合保税加工、保税物流业务的开展，适合相关生产类企业及服务类企业的入驻，能够大幅减低相关企业的税费、物流等成本，并节约通关时间，简便通关手续。通过多年来的运营实践，综保区已成为标志性的高效开放通道平台。

在内陆地区建设开放新高地，要求我们必须以开放促改革，建设高水平的开放平台。然而2020年以前，在河南省内仅有郑州新郑综保区、南阳卧龙综保区、郑州经开综保区3个国家级综合保税区，洛阳的此类型平台始终缺位。2020年6月，国务院批准设立洛阳综合保税区。洛阳综保区终于以全省第4家的身份，填补了此项空白。虽然获批较晚，但洛阳综保区在选址上进行了慎重考量，最终选定了中国（河南）自由贸易试验区洛阳片区西南角，规划面积1.37平方公里。从交通上来看，该区紧邻洛宜铁路支线和宁洛高速公路，交通便利；从产业基础来看，该区位于洛阳"三区"叠加的核心地带，与军民融合产业园等装备产业基地紧邻；结合洛阳科研院所多、装备制造业基础好的实际情况，该区将把保税研发、保税加工作为建设重点，将形成保税研发、保税加工、保税制造、保税物流、保税贸易、保税服务等多业态的运营模式。截至 2021 年 3 月，该区已完成保税物流区 10 万平方米保税仓及配套设施、蒸熏房、查验仓库和内外卡口建设。根据全省口岸工作部门联席会议专题会的精神，洛阳综保区将严格按照要求完成进度，确保 2021 年 5 月顺利通过国家验收实现封关运营。①

洛阳现有开放设施类目较为齐全，口岸枢纽和开放载体级别高，种类多，当务之急是使其发挥应有的作用。尤其是开放工作现有的成果和规划仍大多集中于工业、农业产品的进出口，对文化开放的内容考虑不足。但在最近省商务厅有关文件中已经可以见到类似"未来在洛阳综合保税区还将筹建国际文化艺术品保税交易和展示中心"的相关规划，洛阳的开放通道建设在文化活动及文化产业的功能开发方面仍然任重道远。

三 高水平开放通道建设和可利用借鉴的经验

（一）上海以高水平开放通道建设提升城市国际人文交往能力的经验

上海是国内最重视开放的城市之一，它曾经是远东第一大都市，历史的积淀使其形成独特的海派文化，培育了全国最早的交响乐团、最早的电影制片厂、最早的芭蕾舞团等西方的舶来文化团体。一直以来，上海的各开放平台建设都十分突出文化属性，力图构建国际化现代大都市氛围，注重传统与现代、中式与西式、复古与时尚的融合，让世界各地的人才都可以在上海包容的文化氛围中找到归属。

在开放促改革的大背景下，2013 年中国正式开启高水平开放的自由贸易试验区的试点工作，中国（上海）自由贸易试验区作为具有引领作用和标志作用的全国第一个自由贸易试验区正式成立。作为改革开放的前沿阵地，上海从历史到现实都对开放进行过辩证性的思考。除充分利用上海的工业、商

---

① 陈曦：《洛阳综保区预计 5 月底前封关运营》，《洛阳日报》2021 年 3 月 3 日。

业基础外，上海自贸试验区在设区之初就对开放平台的文化属性给予了高度的重视，文化对外贸易、文化金融、文化保税、文化产权交易等方面都成为上海自贸区制度创新的重要方向，产生了一系列丰富成果，值得学习和借鉴。

1. 发挥开放载体平台优势，增强对文化行业龙头企业的吸引力

通过龙头企业的集聚增强产业实力是产业发展的重要思路。上海自贸试验区在扩大开放之初就将文化服务作为六大服务业之一进行了重点布局，并将目光放在了龙头企业的集聚上。为此，上海市政府出台了一系列政策，包括《文化部关于实施中国（上海）自由贸易试验区文化市场管理政策的通知》和《中国（上海）自由贸易试验区文化市场开放项目实施细则》① 等。对文化类企业的股本比例限制、投资主体身份进行了解绑，并对外资文化类企业的经营范围进行了扩充。在政策解绑的同时，自贸试验区还针对具有示范引领效应的龙头企业进行了针对性的招商推介，促成星空联合华文传媒、东方明珠安舒茨、亚洲联创等文化企业第一时间在区内落地。

2. 发挥自贸试验区先试先行优势，探索文化开放的金融制度创新

先试先行是国家赋予自贸试验区的最重要优势所在。上海自贸试验区充分解放思想，为文化产业运行中的实际困难扫清障碍。对不同来源、渠道、性质的文化艺术品量身定制服务，从严苛的环境设置到精密的安保配套再到便利化的特殊监管措施，自贸区的文化开放探索对自贸区的制度创新有更高水平的要求。经过反复探索和大胆实践，上海自贸试验区形成了综合运用保税政策促进对外文化贸易的可推广复制的典型案例。以上海自贸试验区国际艺术品交易中心为代表的区内企业，不仅形成了为国际展会及各类艺术品交易活动提供外贸代理、物流仓储、展览展示、交易洽谈、评估鉴定、艺术品金融、商务咨询等高效、专业、个性化、全流程、专人的服务，更是将文化贸易拓展到文创贸易，从传统意义上的文化艺术品"中转站"，升级成为文化产业的"进修班"。

---

① 《中国（上海）自由贸易试验区文化市场开放项目实施细则》（沪府办发［2014］18 号），http：//wgj. sh. gov. cn/node2/n2029/n2031/n2088/u1ai108277. html。

3. 发挥本地配套政策针对性优势，促进对外文化贸易发展

一直以来上海市在扶持文化产品和服务出口方面的力度都比较大。为了营造上海对外文化贸易良好发展环境，集聚国内外优秀文化企业，进一步扩大文化产品和服务出口，加快推进国际文化大都市建设，在国家"一带一路"倡议和推动中华文化"走出去"战略中发挥了突出的作用。上海市 2009 年即颁布了《上海市文化"走出去"专项扶持资金管理办法（试行）》及《上海市文化"走出去"专项扶持资金实施细则（试行)》。上海自贸试验区成立后，2017 年又对该办法和实施细则再次进行了修订，按年度开展项目支持，支持力度最高可达 100 万元。此外，还有风险引导基金、创业扶持资金、企业融资担保、贷款贴息、房租补贴等多种补贴形式和渠道。

4. 发挥功能性平台的引领优势，不断推进文化服务对外开放

社会功能交由社会完成，上海自贸试验区的文化产业和文化服务的功能完善还源于各类功能性平台的建立。坐落于中国（上海）自由贸易试验区内的国家对外文化贸易基地（上海）是全国第一个国家级对外文化贸易基地。该基地以文化贸易为核心，围绕文化要素、文化企业、文创活动、文化交流、文化人才等内容开展了形式多样的业务，并细分出各类功能子平台。分别通过上海自贸区国际文化投资发展有限公司、上海国际高科技文化装备产业园有限责任公司、上海文化产权交易所、上海东方惠金文化产业创业投资有限公司和上海东方惠金融资担保有限公司等企业实现了国际文化贸易服务创新平台、国际文化贸易信息咨询平台、国际文化贸易展示推介平台、国际文化贸易人才培训平台、国际文化贸易政策试验平台等五大平台功能。有效地将文化贸易以文化产业的运作推向了规范化和现代化，促进了文化交流和文化交易的高水平开展。

（二）开封以高水平开放通道建设塑造城市国际人文交往能力的经验

与洛阳类似，作为国内"四大古都"之一，开封在文化开放领域的探

索起步并不算早。但秉承有特色发展的思路，2016 年国家（河南）自由贸易试验区（开封片区）（以下简称开封片区）自设立以来，就为开封的文化开放注入了强劲活力。开封片区发展思路清晰，目标明确，在制度创新、产业发展方面始终紧紧围绕文化做文章，主动作为，从引进经验到改进流程工作均紧扣文化产业发展方向，大力促进国际文化交流和文旅融合的发展，阶段性成果显著。区内仅文化类企业数量就已达 2446 家。作为省内兄弟城市，开封文化开放的诸多经验都值得我们学习借鉴。

1. 顶层设计，重点发力

开封片区以文化开放为突破口，在功能定位上十分突出文旅特色，9 大定位中有 7 项围绕现代服务业，而这其中更有 4 项都主题鲜明地瞄准了文化产业，力图打造成为全国 18 个自贸试验区、58 个片区中特色鲜明的文旅型自贸片区。从片区规划编制之初，文化开放的定位就十分鲜明。在《中国（河南）自由贸易试验区开封片区产业发展规划》的设计中，就设计了特色鲜明的"文创艺谷"，并将其作为文化产业活动的主要核心区。

2. 运用政策，积极探索

为大力促进在文化开放领域的工作开展，2020 年开封片区出台《关于加快中国（河南）自由贸易试验区开封片区建设推进文化产业国际化发展的若干意见》（以下简称《若干意见》）等系列政策措施，紧紧围绕文化产业国际化目标，坚持"改革创新、开放带动、聚焦突破、融合发展"的基本原则，整合黄河文化和中原地区文化资源，打造宋文化高地，加快构建国际文化贸易和人文旅游合作平台，打造服务贸易创新发展区和文创产业对外开放先行区。[①] 瞄准文化贸易、文化开放、文创产业等内容开展高水平、深层次合作，促进文化产业国际化。

3. 引进资源，搭建平台

"他山之石，可以攻玉"，中部地区崛起要积极向沿海开放先行区汲取经验。开封片区在文化开放上积极引入外脑，与深圳文化产权交易所形成战

---

① 王寅龙：《自贸区开封片区迎来发展新契机》，《开封日报》2020 年 3 月 3 日。

略合作。成立于 2009 年的深圳文化产权交易所，秉着"文化对接资本、交易创造价值"的经营理念，在金融支持文化产业振兴和发展繁荣方面有着丰富的经验。开封片区管委会积极推进与深圳文化产权交易所的战略合作，不仅是一次内陆地区向沿海开放先行区的学习，也是沿海开放经验在内陆落地的一项积极尝试。在战略合作框架内，开封片区不仅承接了一系列大型艺术展览，推动了中原文化的全球巡展，而且先后成立深圳文交所文化产业板河南自贸区（开封）专区、艺术品资产托管平台河南自贸区专区、深圳文交所河南自贸区运营中心、河南自贸区文产国际发展有限公司等来开展文化贸易和文化产业服务工作。使开封片区的文化开放在制度支撑下，形成了持久发展的基本产业框架。

4. 围绕文化主题，打造高品质平台

开封片区的开放起点并不高，长期以来一直没有海关特殊监管区和场所。为了适应文化开放的要求和对外文化贸易及文化产业的发展，开封片区从筹建河南自贸区国际艺术品保税仓入手，建设以文化艺术品贸易为主的保税区。目前河南自贸区国际艺术品保税仓已完成建设，并正式开始封关运营。区内支持文化艺术品的仓储、物流、展示、交易等活动，并设立了省内第一家离境退税文创商店。为了提供高品质服务，保税仓的运营还引入河南大学等科研单位以及文物鉴定机构和服务机构，引导产业健康发展。开封片区在文化开放领域做出的积极努力和重大突破得到了各方的认可，省海关正在积极支持开封片区在保税仓的基础上建设开封艺术品综保区，推动开封在文化开放领域向更高水平、更高质量方向发展。

上海和开封的文化开放各有其特殊的开放背景，更有值得关注的共同点，那就是它们都极为关注文化开放领域，并做出了积极的探索。在学习国内自贸区可复制可推广经验的过程中，洛阳应顺势而上，立足华夏历史文明重要传承区的自贸区定位，大力推动文化开放的设施和平台建设，提升洛阳国际人文交往能力，为打造国际人文交往中心奠定扎实的基础。

四 提升洛阳开放通道文化功能的建议

作为中华文明的发源地，洛阳有着五千多年的文明史、四千多年的建城史和一千五百多年的建都史，素有"若问古今兴废事，请君只看洛阳城"的说法，在整个人类文明进程中也具有举足轻重的地位。洛阳高水平的开放通道建设需要补齐洛阳各开放平台的文化功能短板，提升各开放平台的文化功能。这不仅有利于洛阳以高水平开放推动高质量发展，更能够有效地为洛阳建设国际人文交往中心提供高水平的软硬件基础。当前国际人文交往中心建设这个任务给了洛阳一个十分难得的重要机遇，从开放的需求出发，建设高水平开放的基础通道，将有助于洛阳因势利导地将短板补齐。

（一）做好提升洛阳开放通道文化功能顶层设计

洛阳是个文化大市，在国际领域的文化交流方面有着十分丰富的资源。但洛阳的开放却鲜有涉及文化领域的内容，整体一直处于一个较为初级的水平，主要原因还在于顶层设计的欠缺。提升开放平台的文化功能不是一两个部门的事情，高水平的对外开放必须使各部门在运作机制和运作理念上形成共识，对洛阳现有的文化资源进行梳理，对主要的交往区域及交往领域加以明确，形成有针对性的文化品牌和传播渠道。在建设国际人文交往中心这个大背景下，把洛阳的文化资源和开放资源完美匹配，达到使其最大限度发挥作用的目的。

（二）提升洛阳开放设施的文化开放配套水平

1. 争取过境免签政策

目前我国可办理过境免签的城市已有 21 个。其中北京、天津、石家庄、秦皇岛、上海、杭州、南京、宁波、沈阳、大连、成都、昆明、青岛、厦门、武汉、广州、重庆、西安可办理 144 小时免签，桂林、哈尔滨、长沙可办理 72 小时免签，政策涉及四大洲 53 个国家的公民。洛阳市乃至整个河南省都不在过境免签的办理范围内，也不在过境免签的活动范围内。

从现有经验来看，过境免签对短时入境交流活动有较大的促进作用，符合现代人快节奏生活背景下对商务旅游乃至观光旅游的需求，能有效带动旅游综合消费，是推动口岸高水平发展必备的重要政策要素。国际人文交往中心的建设需要大量国际会议、学术交流、经济交流、文化交流等官方及民间交流的开展，过境免签将为国际人文交往中心的建设提供巨大的便利。

2. 争取航空口岸建设的政策突破

洛阳航空口岸的软硬件均不足以支撑洛阳打造国际人文交往中心的目标。从硬件来说，洛阳机场三期规划迟迟不能落地，使洛阳机场改造升级工作一直无法开展。即便是三期规划落地，从目前已知的消息来看，洛阳北郊机场的设计标准仍然不高，运载能力依旧不足。考虑到洛阳北郊机场归属问题的特殊情况，洛阳机场的发展可考虑另建新机场的方式，高标准高规格直接对接国际人文交往中心的建设需求。

从软件上来说，目前洛阳航空口岸不对外籍飞机开放，大大限制了洛阳国际航线的开通，成为制约洛阳旅游业发展的一个政策堵点。应积极争取洛阳航空口岸对外籍飞机开放的政策，使洛阳一类航空口岸早日做到实至名归。

（三）丰富洛阳开放载体平台的文化开放功能

1. 重新梳理洛阳片区的文化定位

洛阳片区发展成就斐然，然而作为"华夏历史文明传承创新区"的相关工作开展却十分欠缺。文旅领域的拓展不仅有利于建设国际人文交往中心的城市定位，更有利于促进洛阳产业机构转型升级，为第三产业发展提供更广阔的空间。自贸区是洛阳拥有的最高水平的开放载体平台，对于国家给予的政策定位不应"留白"。应抓住建设国际人文交往中心的有利时机，对"华夏历史文明传承创新区"的相关工作重新进行规划梳理。可参考外地经验设置对外旅游服务贸易平台、文化旅游产品国际品牌塑造与传播平台、文化旅游产品国际保税仓储交易平台、文化旅游产品国际保税物流平台和文化旅游产业保税国际会展平台等针对性平台，从架构上促进洛阳片区的文化开放工作。

2. 增加综保区、跨境电商综试区的文化贸易功能

文化贸易是文化交流的一个重要载体，也是国际人文交往中心的重要功能组成，而洛阳现有开放载体平台在文化开放方面都涉及不足，使文化交流较多停留在"形而上"的阶段，缺少对经济的拉动和渗透作用。综保区和跨境电商综试区这样的高水平开放平台在文化贸易方面有得天独厚的优势，应当充分利用。文化艺术品鉴赏、交易是促进国际人文交流的重要途径。在洛阳综保区和跨境电商综试区设置文化贸易专项基地，将有利于在洛阳开展国际文化产品的仓储物流、展览展示、鉴赏拍卖等贸易活动，以及由此衍生的文化创新和文化金融活动。为文化艺术品在洛阳的"引进来""走出去"打开一扇全新的大门。

3. 引入外资和外商运营经验推动洛阳文化产业国际化

一直以来洛阳文化产业的发展重点都在于对内的经营。2016 年洛阳成为第二批国家公共文化服务体系示范区，形成了一批独具特色的"洛阳经验"。但是对于面向国际的文化产业经营，洛阳却显得经验不足。文化产业想要形成足够的影响力，必须有足够的规模和档次，如果眼光只往内看，将会错失很多机会。利用自贸区的政策优势，洛阳可考虑适时引入外资和具有成熟运营经验的国外文化企业，有效推动洛阳高水平的文化开放，使洛阳的文化产业发展快速向国际化转型。可重点引入的领域包括国际会展、国际演艺、国际文化艺术品服务、国际文化创意等。

参考文献

[1] 聂娜：《中国文化开放体制的研究脉络与进展》，《山西农业大学学报》（社会科学版）2017 年第 8 期。

[2] 田纪鹏、刘少湃、蔡萌、姚昆遗：《自贸区与文化产业发展：上海问题与国际经验》，《上海对外经贸大学学报》2015 年第 3 期。

［3］洛阳市人民政府口岸办公室（洛阳市综合交通建设协调办公室）：《创新体制机制　打造洛阳口岸经济增长极》，《河南日报》2015 年 4 月 21 日。

［4］河南省统计局：《河南统计年鉴》，中国统计出版社，2011～2019。

［5］曾志兰、卢庆垣：《上海自贸区文化开放经验在福建的复制与创新》，《福建论坛》（人文社会科学版）2017 年第 4 期。

B.6
以生态文明建设塑造国际人文城市形象品牌研究

陈琪　秦华*

摘　要：　国际人文交往中心是文化城市国际化发展的高级形态，是具有国际影响力的各类文化资源集聚整合的中心，它要求中心城市在某一地区乃至全球范围内具有强大的整合各类文化资源的能力以及配置文化要素的能力，是参与管理文化事务、促进文化学术交流以及融合文化产业的发展中心。基于近年来洛阳对文化事业和文化产业的传承创新、对社会经济发展的贡献，以及国际文化资源和各类文化生产要素等的集合，洛阳建设国际人文交往中心城市的定位十分明晰，其终极目标就是持续推动洛阳的可持续发展。针对生态环境因素在城市形象品牌建设中所起到的重要作用，洛阳要建设成为国际人文交往中心，实现未来的可持续发展，就要正视现阶段存在的各类环境污染问题，打造生态文明建设样板区的绿色招牌，不断提高城市在人居、旅游以及文化方面的影响力。初步目标以重点改善生态环境为切入点，将生态环境与建设国际人文交往中心的关系协调好，通过城市规划、理念引领、生态宣传、项目运作等手段持续改善城市环境，提升国际人文交往中心城市形象品牌的环境价值。

---

* 陈琪，中共洛阳市委党校讲师，研究方向为文化产业、生态建设；秦华，中共洛阳市委党校副教授，研究方向为公共文化、文化产业。

关键词: 国际人文交往中心 形象品牌 生态城市 环境价值

一 洛阳生态文明建设与国际人文交往中心建设

洛阳境内水资源十分丰沛,加之土壤肥沃、山水林田湖草资源丰富,生态多样性显著。近年来,依托自身得天独厚的生态环境资源,洛阳市高标准严要求全力打好"蓝天、碧水、净土"三大攻坚战,大气污染防治成效明显,水生态环境治理得到提升,国土绿化提质增速,生态都市圈战略为生态城市的建设、为打造国际人文交往中心提供了十分重要的保障。

(一)洛阳生态文明建设情况

1. 洛阳生态资源概况

洛阳市位于豫西地区与东秦岭褶皱系,地形复杂,地势西高东低,其中山区占45.51%,丘陵占40.73%,平原占13.8%。境内山川丘陵交错,有伏牛、外方、熊耳及崤山四大山脉。伏牛山自西南横贯南部,海拔1500~2200米;外方山为伏牛山分支,是洛阳的东南屏障,海拔600~1000米;熊耳山海拔1500~2000米,自西南斜贯中部伸向东北,为伊洛河分水岭;崤山位于西部,海拔1200~1800米,洛阳境内最高点为海拔2212.5米的伏牛山主峰老君山。

(1)水资源

洛阳市境内的主要河流有黄河、伊河、洛河、涧河、汝河等。黄河为北部界河,过境长97公里;洛河过境长200公里;伊河发源于栾川县南境伏牛山区,在偃师汇入洛河,过境长175.3公里。境内河流主要属黄河流域,发源于伏牛山的老灌河、白河属长江水系。洛阳市大小河流中分别建有特大型、大型、中型、小型不同类型的水库。洛阳市多年(1980~1999年)平均水资源总量为28.1亿立方米,其中地表水资源量26.27亿立方米,地下水资源量16.79亿立方米,重复计算量14.96亿立方米。洛阳市平均产水规模为 18.53 万立方米/平方公里，其中孟津县产水模数最小，只有 10.61 万立方米/平方公里，栾川县产水模数最大，为 26.07 万立方米/平方公里。

（2）土壤资源

洛阳地区的土壤存在较大差异，主要是受地理因素以及长期的人类活动的影响。按地带性土壤划分，洛阳市土壤属褐土地带，分布较为广阔的还有棕壤土，水稻土、砂姜黑土等分布偏僻且仅有零星分布。棕壤土分布于海拔800~1000 米以上的山地，以生长落叶林为主；水稻土分布于河滩地带；砂姜黑土在汝阳县东北，面积小；风沙土在黄河岸风口处，面积极小。褐土面积 815.15 万亩，占总土壤面积的 39.6%，分布面积最大，全市各县区均有分布，成土母质为黄土，其次为各类岩石风化物；褐土主要为农业用地，其次为林业用地、牧业用地及果木用地。

（3）林地资源

洛阳市保有林地 437.38 万亩，木本植物有 85 科 252 属 831 种，占河南省的 69.3%。其中，国家、河南省保护植物 64 种，占河南省的 70%。从各县区的资源分布来看，林地资源最为丰富的是栾川县和嵩县，这两县的林地资源是洛阳市林业资源的中流砥柱，占有重要地位。栾川县林地面积为 20.5 万公顷，占全市林地总面积的 35%，嵩县林地面积居第二位，为 18.3 万公顷，占全市总林地面积的 31.3%。洛宁县、宜阳县和汝阳县居后，这三县的林地面积之和占全市林地面积的 1/3 左右。而其余四个县区的林地面积只占全市林地总面积的 5% 左右。洛阳的森林资源主要以化工原料植物、药用植物、油料植物、淀粉植物和野生果品植物为主。洛阳的古树名目繁多，据统计百年以上树龄的有 49 种，2000 余株，其中古树群 12 处，2 万多株，散生近千株。

（4）动物资源

洛阳市辖区地跨世界动物地理区划中的古北界和东洋界的分界线——伏牛山主脉。动物资源分布以分界线以北面积最大，分界线以南鸟类资源多。青羊、苏门羚、金雕、红腹锦鸡、大鵟、狐、獾、貂、狸、豹猫、麝等鸟兽多在分界线以北。洛阳市拥有的国家一级野生保护动物和二级野生保护动物种类占全国野生保护动物种类的 78.65%；省级重点野生保护动物 30 余种，占河南省重点野生保护动物种类的 83.33%。

2. 洛阳生态文明建设现状

（1）大气污染防治成效明显

据统计，自 2019 年以来，洛阳市采取了积极的结构调整政策，持续深化调整产业结构、能源结构、交通运输结构以及用地结构，2020 年上半年，空气质量综合指数同比下降 16.9%，实现了洛阳市环境空气质量的重大改善，在汾渭平原 11 个城市中，同比改善率位于第一位，在河南 18 个省辖市中也荣登榜首。2019 年，减煤 550 万吨的目标已经完成，截至 2020 年 6 月，洛阳市规模以上工业煤耗占比是全年煤炭消费控制总量的 48.2%，达到 955 万吨，由此可见，要从源头上解决污染问题，必须大力推进产业结构优化升级。同时，洛阳市对城市建成区 77 家企业实施搬迁改造，涉及铸造、耐火材料等行业，在搬迁改造的过程中，要求平板玻璃以及铸造类企业退城入园项目在维持原状的基础上停止扩大产能，不允许使用国家明令禁止的工艺设备或淘汰类的技术或设备，同时鼓励搬迁企业建设智能化生产车间、绿色工厂等环保智能项目。洛阳市重污染企业搬迁实现了有"退"有"接"，从另一方面来讲，也倒逼企业朝着"绿色"发展前进。与此同时，洛阳市的交通运输结构、用地结构调整也在同步推进，在源头上遏制大气污染，让空气中少了污染、多了洁净。

（2）水生态环境治理提升

近年来，洛阳市把推进黄河流域生态保护和高质量发展与全流域治理统筹起来，统筹推进重点工程 248 个，以综合治理"四河五渠"为重点突破，涉及截污治污、引水补源、河流清洁、湿地游园、路网建设、沿河棚改等一系列举措，治理河道污染 280 公里，作为全国示范河湖首批建设试点的伊洛河也顺利通过验收，引水补源工程全部完工。同时，洛阳持续深化黄河"清四乱"行动，对全市境内的黑臭水体进行整治，建立了"河长＋检察长＋警长"联动新模式以及"民间河长＋媒体＋群众＋志愿者"社会监督机制。通过实行"人防＋技防"模式，实现全天候不间断检测河湖动态，实现反馈信息在第一时间传递。洛阳在严格控制水资源总量上采取了一系列措施，坚持做到精准节水。在节约水资源的基础上，采取如推动城镇降低水资源损耗，在农业生产中提升水资源的利用效率以及在工业活动中减少废水污水等有害水体的排放量等。"2019 年洛阳全市万元地区生产总值实际用水量下降至 21.6 立方米，节水灌溉面积稳定在 110 万亩，万元工业增加值用水量降至 27.1 立方米。同时高标准建设 56.8 平方公里海绵城市示范区，使再生水的回用率提高至 30.12%。"① 2020 年洛阳成功创建省级节水型城市，以防治水土流失为重点，水土流失治理度达到 65%，不断改善全流域生态生产生活环境。从 2017 年到 2020 年，洛阳整体水质有较大改善。国控、省控断面水质提前一年全部达标并优于Ⅲ类水质，伊、洛河整体水质由"良"提高到"优"，县级以上集中式饮用水水源地取水水质达标率 100%。2020 年全市 20 个各级地表水考核断面中，按考核因子平均浓度计，Ⅰ～Ⅲ类水质的断面 16 个，占 80%；Ⅳ类水质的断面 4 个，占 20%，无Ⅴ类及劣Ⅴ类水质的断面。洛河洛宁长水、洛河宜阳高崖寨、洛河市区白马寺、伊河栾川潭头、伊河伊川龙门大桥、汝河汝阳紫罗山、偃师伊洛河汇合处 7 个省政府环境责任目标地表水考核断面均达到或优于省定考核目标。

（3）国土绿化提质增速

让洛阳山川绿起来是生态优美最直观的标志。洛阳的生态优势在全省十分突出，但不得不说，洛阳缺林少绿的情况依然十分明显。近年来，洛阳大力实施国土绿化提速提质行动，坚持规划见绿、见缝插绿、提质优绿、协力植绿，把国土绿化纳入"9＋2"工作布局，2020 年，洛阳市实施 13 项绿化工程，从提升改造沿河沿路绿色廊道、美化绿色生态带到营造绿色村庄再到促进绿色产业增质增收，完成造林任务 37.9 万亩，绿化美化村庄 300 余个。洛阳积极弘扬"右玉精神"，加快推进"七绿"工程，"十三五"期间，洛阳市加快推进国土绿化提质增速行动，累计完成造林 195 万亩、森林抚育 376 万亩，森林覆盖率达到 45.5%。2020 年洛宁县和新安县获评省级森林

---

① 《"十三五"期间，洛阳生态优势更加彰显》，《洛阳日报》2021 年 1 月 6 日。

城市，洛宁县森林覆盖率达 53.7%，县城建成区绿化覆盖率为 43.48%，乡镇建成区绿化覆盖率 46%，村庄绿化覆盖率 55%；新安县森林覆盖率为 38.53%，县城建成区绿化覆盖率为 44.97%，村镇绿化率达到 39.88%。同时，洛阳牢牢把握都市圈建设的重大机遇，在人文城市建设全过程中，以绿色发展战略为基，不断夯实绿色生态基础，规划建设了以"300 米见绿、500 米见园"为标准的城市游园体系，因地制宜留白增绿，加大城市生态空间的建设规模，高标准规划建设沿黄生态廊道 13 万亩。截至目前，洛阳市已完成造林 31.6 万亩，绿化村庄 330 个，已建成小游园 200 余处，真正实现了生态惠民。改善人民群众的生产生活环境必须坚持以绿色为底色的高质量发展，开展大规模国土绿化行动是洛阳贯彻党中央重大战略决策的重要抓手，洛阳积极践行"两山"理论，把国土绿化作为事关长远的大事要事。建设的国家级、省级森林康养基地数量居全省首位，达到了 15 个。洛阳的湿地规划保护问题也较为突出，在不破坏原有生态环境的基础上，一批湿地公园、湿地自然保护区以及城市湿地正在高标准严要求的指导下进行规划建设，截至 2020 年 12 月，洛阳湿地面积已达到 4.97 万公顷，湿地保护率达到 52%。

（二）洛阳生态文明建设与国际人文交往中心建设融合情况

国际人文交往中心是文化城市国际化发展的高级形态，是具有国际影响力的各类文化资源集聚整合的中心，它要求中心城市在某一地区乃至全球范围内具有强大的整合各类文化资源的能力以及配置文化要素的能力，是参与管理文化事务、促进文化学术交流以及融合文化产业的发展中心。洛阳建设国际人文交往中心体现了洛阳的文化软实力和硬实力，也是洛阳在文化强国建设中的使命与担当。结合河南省委省政府《关于支持洛阳以开放为引领加快建设中原城市群副中心城市的若干意见》与《洛阳都市圈发展规划》的要求，国际人文交往中心的建设将融入洛阳都市圈发展规划，形成优势互补高质量发展的区域经济布局，提升洛阳都市圈辐射带动作用。洛阳将加强国际交往设施及重要功能区建设，坚定文化保护传承和弘扬信心，发挥文化资源富集优势，深入挖掘黄河文明的精神内核和时代价值，传承弘扬大运河文化，统筹推进文化遗产连片整体性保护展示和传承利用，推动国家文物保护利用示范区建设；坚持以黄河流域生态保护和高质量发展为战略定位，大力推进洛阳生态都市圈发展，建设生态宜居的绿色城市，坚持山水林田湖草沙系统保护与协同治理，发挥水沙调节关键枢纽作用，保障黄河长久安澜，实现生态保护与生态旅游、新型城镇化、乡村振兴相得益彰；创新城乡融合、区域联动、绿色发展新模式，提升黄河沿线生态环境品质，把生态保护作为重中之重，打造黄河历史文化地标城市；发挥"一河两山"等丰富多样的山水资源优势，形成人水相依、城水相融的生态绿色样板区；树立地区文化自信，提高本土文化的国际知名度和影响力，促进文化旅游融合发展，增强传统文化的可感知性；加强区域联动，扎实推进洛济深度融合发展和洛平、洛三、洛焦联动发展，积极融入郑洛西高质量发展合作带，形成"两山四河三片区"文旅融合新格局，"预计2025年都市圈接待游客数量将达到2.7亿人次"。[1] 洛阳还将拓展全球化视野，加快空中、陆上、海上、网上丝绸之路建设，提升国际化互联互通水平，重点加强与"一带一路"共建国家的文化交流和经贸往来，推动跨（国）区域全方位合作交流和交往平台建设，以建成特色鲜明、品牌彰显的国际人文交往中心。

二 洛阳生态文明建设对塑造国际人文交往中心形象品牌的重要性

城市是人类十分重要且必需的生产生活居住场所，打造宜居宜游的生态环境，对塑造国际人文交往中心形象品牌具有十分重要的意义。良好的城市生态环境不仅是人类生存繁衍的基本保障，也是社会经济发展的基础。

---

[1] 《到2023年，洛阳将创建国家级河洛文化生态保护区》，《洛阳晚报》2021年2月27日。

（一）城市生态环境是衡量人居生活质量的重要指标

在生态环境当中，人居环境具有十分活跃的特性，它是与人类生活质量密切相关的生态环境，是生态环境中最重要的组成部分。对城市人居环境的改善是塑造人文城市品牌形象的基础，生态宜居的城市环境可以提高人们对城市品牌的认同和满意度，从而进一步提升洛阳作为国际人文交流中心的知名度和美誉度，更好地塑造国际人文形象品牌。

在2020年印发的《2020年洛阳市重点民生实事工作方案》中，洛阳市实施的重点民生实事之一就是改善生态环境。这主要包含持续改善大气环境质量，投用新能源公交车，实施"百村示范、千村整治"工程等多项具体工作。以改善大气环境质量为例，洛阳市依法科学治理大气污染。2020年，洛阳市以持续深化"四大结构"调整为重点，加大力度对能源结构、产业结构、运输业结构、用地结构进行规范化调整，同时强化工业深度治理、柴油车污染防治、"三散"污染治理、油品质量监管、面源污染治理等"十大专项行动"。全市年均细颗粒物浓度下降6.5%，至此，洛阳全面完成河南省下达的大气污染防治工作任务。

洛阳将继续采取综合手段，从行政、法律、经济、科技入手，使监测、执法等基础能力建设得到强化，更加高效地应对重污染天气，不断减少污染物排放总量，确保重污染天数持续减少，PM2.5（细颗粒物）浓度明显降低，使环境空气质量显著改善，让人民群众的生活幸福感更加强烈。

绿色交通是生态城市不可或缺的一部分，在公交车、网约车、出租车市场等领域加大新能源汽车推广力度，提升新能源车在公共交通市场上的占有率，具有良好的生态改善作用。为此，洛阳市政府按照"政府引导、政策支持、鼓励更新"的原则，研究制定了《洛阳市出租汽车新能源车辆更新实施方案》以及《洛阳市进入中心城区班线客车新能源车辆更新实施方案》，通过财政资金补贴、加强基础设施建设、营造良好的用车环境等一系列措施，不断推广新能源车辆的应用，充分发挥新能源汽车应用对发展绿色交通、促进节能减排、打赢蓝天保卫战的重要作用。2020年，洛阳新投用新能源公交车 123 辆，城市区出租车 1000 辆、进入中心城区的燃油班线客运车 137 辆、4.5 吨以下燃油物流车已更换为新能源车。目前洛阳城市区新增网络预约出租车以及出租车全部更新为新能源车。

此外，大力推广垃圾分类新风尚也是树立生态城市品牌形象的重要一环。2020 年，洛阳市建立"分类投放、分类收集、分类运输、分类处理"的城市生活垃圾处理系统，洛阳中心城区生活垃圾分类覆盖率已达到 50% 以上；生活垃圾回收利用率在 20% 以上；生活垃圾无害化处理率达到 100%；建筑垃圾资源化利用 400 万吨，利用率超过 50%。①

（二）城市生态环境保护滞后于洛阳旅游品牌建设

洛阳是一座拥有丰富资源的国家优秀旅游名城。现有"北方千岛湖"之称的黄河小浪底风景旅游区、世界地质公园黛眉山、国家森林公园白云山、"北国第一溶洞"鸡冠洞、"山岳经典·十里画屏"老君山、"北国水乡"重渡沟，以及龙峪湾、天池山、西泰山、神灵寨等风景名胜，兼具南北风光之神韵。② 伊、洛、瀍、涧四条河流纵横其间，长达 20 余公里的洛浦公园临河而建。洛阳牡丹始植于隋，盛于唐，甲天下于宋，雍容华贵，国色天香，有近 1500 年的栽培史，现已形成 9 大色系、10 种花型、1200 多个品种。洛阳被授予"中国牡丹花都"的称号，中国洛阳牡丹文化节已经成为蜚声中外的国家级文化盛会，并作为扩大对外开放、展示城市形象的重要平台入选国家非物质文化遗产名录。

从某种意义上讲，洛阳城市旅游品牌是以历史文化遗存为特殊载体的人文城市品牌形象。旅游业的发展关系到洛阳国际人文交往中心形象的定位，是洛阳推进文旅融合价值的展现。后期洛阳城市化建设的快速发展，在洛阳旅游产业的壮大过程中引发了许多城市生态环境问题。最大的一个问题就是没有制定切实可行的发展规划，导致城市旅游空间发展呈现混乱无序的状

---

① 《2020 年洛阳市重点民生实事工作方案》，《洛阳日报》2020 年 2 月 24 日。
② 王晓辉：《抢抓机遇，深挖潜力 努力把洛阳建设成国际文化旅游名城》，《中国旅游报》2017 年 2 月 13 日。

况，在城市生产、生活以及生态这"三生"空间规划布局中也存在边界模糊、规划职能不清晰等各种规划不合理情况，从而导致如城市生活污水的排放总量急剧扩大、水污染严重的状况。随着城市化进程的加快，机动车的不断增加造成了城市道路的交通拥挤，大量排放的汽车尾气导致大气污染加重，城市生活垃圾加重了清运处理困难等，这使城市旅游环境承载力（UTECC）逐年下降。这些生态无序问题对洛阳旅游产业产生着不可估量的影响，定会导致洛阳城市竞争力的削弱，古都洛阳异彩纷呈的自然历史文化遗存、广为人知的旅游品牌形象也难以凸显。

（三）城市生态文化环境影响洛阳文化品牌形象塑造

在中国的传统文化中，主张人与自然和谐相处的"天人合一"思想一直占据主流地位。作为人化自然的产物，良好的生态环境和丰富的自然资源是支撑城市生存和发展的两大重要因素。经济进步是城市发展能力的重要指标之一，但城市生态环境的优劣对一个城市发展的意义和作用是更为鲜明厚重的。

洛阳地处黄河中游的伊洛平原，自古群山环绕，水草丰茂。古时黄河中下游地区气候宜人、雨水充盈，自然资源的富饶优越，使之成为人类最早开发的区域。黄河中下游地区殷墟出土的大量野牛、竹鼠和大象的遗骨以及先秦典籍记载中的许多沼泽和森林表明，这里的生态环境为古代农业经济和城市发展提供了有利条件。唐代是空前繁荣的时期，城市建设规模也空前巨大。在唐朝政府为掌管东西两京采伐工作而设置的六监中，洛阳占据其三，即就谷、太阴、伊阳三监，分别设在王屋（今济源市西）、陆浑（今嵩县东北）、伊阳（今嵩县西南），负责采伐王屋山和熊耳山的林木。木材的大量采伐使森林受到严重的破坏，洛阳周围的生态环境日趋恶化，水面缩减、黄河泥沙含量增多、土地肥力骤降，旱、涝、虫等自然灾害日益加剧，农业生产水平大幅下降。"安史之乱"后，唐中央逐渐失去对北方的控制，但依赖运河漕运尚可以苟延。到了唐末，由于农民起义军切断了以洛阳为中心的大运河，运河被淤塞，洛阳便完全失去了水运中心的作用，丧失了作为首都的重要条件。所以在五代十国时期，除后梁、后唐短期以洛阳为国都外，其余各朝均不在此建都，北宋的统一也未能改变上述局面，尤其是金灭北宋后，将自己的国都迁至开封，洛阳只作为它的陪都，称中京金昌府，其实也只是徒有其名罢了。至此，洛阳这座繁华的都市逐渐衰落下去。①

洛阳作为承载华夏文明的国家首批历史文化名城，社会经济发展自然会受到多种因素的影响。保持和发扬历史文化内涵必须以人与自然和谐相处的可持续发展理念为根本，既要注重经济建设在城市发展过程中的重要作用，也要从生态的角度建设城市河湖水系，营造城市的生态环境和绿色空间，促进城市的可持续发展，满足人们的生活需求。

三　洛阳现存城市生态环境问题

洛阳作为国家的重工业基地，在快速发展的同时，也造成生态环境欠账较多，环境问题凸显。目前洛阳正面临加快经济发展和环境保护治理的双重任务，生态文明建设正处于压力叠加、负重前行的关键期，生态环境保护工作面临许多新的问题。

（一）大气环境方面

一是能源结构偏煤。2018 年，洛阳市煤炭消耗总量为 2570 万吨，在城区及周边共有 13 家燃煤电厂，由于调整能源结构工作量大、环节多、周期长，能源结构调整的成效难以迅速显现。二是产业结构偏重。洛阳作为老工业基地，产业结构过重状况尚未改变，六大高耗能行业占规模以上工业比重达 40.3％；水泥、玻璃、电解铝等高排放企业大多分布在城市周边县（市）；耐材、铸造、砖瓦等行业亟待转型提升，这些都严重制约着

---

① 王军、李捍无：《面对古都与自然的失衡——论生态环境与长安、洛阳的衰落》，《城市规划汇刊》2002 年第 3 期。

城市空气质量的持续改善。三是洛阳市机动车保有量大（120 万辆）、增幅快，火电、焦化、钢铁等大型企业铁路货运比例偏低，21 条国省道、4 条高速公路过境柴油货车数量多，机动车尾气污染日益突出，据专家测算，机动车对 PM2.5 的贡献已达 29%。四是扬尘问题较为突出。近年来，洛阳市大批补短板、强基础项目集中开工建设，全市在建施工工地 836个，仅市区就达 489 个，由此带来的扬尘管控压力较大。

（二）水环境方面

1. 洛阳水资源供需矛盾突出

洛阳地区的黄河干流引水指标为 2.55 亿立方米，与沿黄其他地市指标相比总体较少，但多年来总指标利用率不足 65%，水指标利用率较低。洛阳地区属于工程性缺水地区，一方面是部分引黄供水工程建设缓慢，无法及时发挥效益；另一方面已建工程引水量偏少，且缺少配套工程建设，欠缺一定的调蓄能力，以至于在黄河汛期受洪水和水位影响有些工程无法引水。黄河属于资源性缺水河流，黄河水资源总量不到长江的 7%，人均占有量仅为全国平均水平的 27%，且近几十年天然来水量呈递减趋势。① 洛阳缺水情况更为严重，以 2017 年为例，全市水资源总量为 22.72 亿立方米，人均水资源占有量不足 400 立方米，不足全国平均水平的 1/5，根据联合国的标准（人均水资源占有量低于 500 立方米为极度缺水），洛阳市属于极度缺水地区。洛阳市工农业生产和居民生活用水量大，洛阳地区的经济社会发展需求过大，黄河干支流自然水量已无法满足需求，洛阳总体缺水局面短期内难以根本改善。另外，洛阳生态环境保护形势严峻。虽然近年来经过努力洛阳境内黄河干支流生态系统逐步得到修复，水环境恶化的趋势得到了遏制，但是，黄河流域仍有洪水风险，小浪底水库调水调沙后续动力趋紧，"地上悬河"形势严峻，下游地上悬河长达 800 公里。

---

① 姜迎春：《习近平生态文明思想的方法论特点——习近平总书记关于黄河治理的若干重要论述研习》，《人民论坛》2020 年第 25 期。

2. 黄河流域水污染问题仍然突出

一直以来，黄河流域地区的经济发展模式相对粗放，企业排放污水不达标、化肥农药在农业生产中使用量偏多，而清洁生产和污染治理的能力在黄河流域内总体偏低，水体稀释能力和污染物的降解能力下降，使整个黄河流域的水质面临严峻考验。同时，污水排放量也超出黄河自身承载能力，黄河水资源仅占全国2%，却承纳了全国约6%的废污水和7%的COD排放量。黄河流域城市河段入河污染物超载情况严重，并造成了典型的河流跨界污染问题。尤其是河南省洛阳、焦作、新乡等黄河沿线城市，产业结构偏重，能源结构偏煤，环境承载能力不足，环境治理压力较大，水污染防治和生态环境保护形势严峻。

（三）农村环境方面

一是农村生活污水、垃圾未得到有效处理、处置。农村特别是偏远村庄，环境污染治理基础设施投入不足，建设滞后，管理缺失，生活污染物直接进入环境产生污染。例如，农村聚居点周围的环境质量恶化，就是生活垃圾乱堆乱放、生活污水乱流乱排等问题导致的。同时农村污染治理设施投入不足，部分乡镇、村庄污水处理设施还未建成，已建成的农村污水处理设施由于管网不配套、运营经费保障不到位等，运营效率还不是很高。二是农业生产活动中产生的面源污染未得到根本控制。由于农药、塑料大棚薄膜无法得到有效降解，农作物无法完全吸收化肥中的营养物质，在土壤中仍然有所残余，不仅破坏土壤性能，挥发后还污染大气环境。同时，残留在土壤中的化肥和农药还会通过农田径流造成对水体的污染。三是工业企业污染。由于产业结构调整以及城市环境污染治理力度不断加大，工业生产排放污染逐步由中心城市向周边乡村转移，一些工业园区迁至农村，污染"下乡"现象给农村生态环境带来的压力明显增大。四是畜禽养殖污染严重。畜禽养殖粪便还田的比例较低，散养随处乱排，规模养殖偷排、直排现象仍十分普遍，导致水体的富营养化，不仅污染地表水，还对大气造成严重污染。

（四）智慧环保方面

一是大数据平台建设滞后，目前利用互联网、大数据等现代信息技术不够，沿河检测平台建设还须有效升级，环保应急管控信息互联互通水平不高。二是专业技术人才匮乏。全市生态环境系统专业技术人才占比仅为19%。由于资金、研究机构、人才等多方面缺乏，流域保护的科技支撑力量薄弱，特别缺乏国家层次的重大研究课题和研究成果，生态保护技术科技含量较低，还须进一步创新保护管理工作。没有真正建立人才智库，无法充分发挥洛阳人才优势，科学监测力度不够。

四　国际人文交往中心对城市生态文明建设的要求

"历史文化名城，十三朝古都"一直以来都是洛阳的人文城市品牌，随着社会的发展、时代的进步，在我国城市更新迭代观念中，对自然生态环境有了更多的要求。因此，洛阳的城市形象品牌提升应有新的发展规划，不仅要体现出创新性和时代感，还要展现出洛阳除历史文化资源以外的环境资源优势。

（一）将创建生态城市作为国际人文交往中心建设的重要内容

生态城市是城市发展的最优模式与最新趋势，是当今世界所公认的城市可持续发展战略指导下的产物，其基本目标在于实现城市发展与自然的和谐统一。洛阳市制定的城市总体规划高度重视城市生态环境，将生态建设、环境保护与绿地系统作为一个独立部分，在此基础上，努力把洛阳建设成为自然生态环境优美、人与自然和谐的生态化城市，把自然山水景观与历史人文景观等地域特色融入国际人文交往中心建设的全过程，以优化环境因素为契机，使生态文明成为洛阳城市具有辨识度的标签，这是推动洛阳国际人文交往中心建设的重要内涵。同时，进一步丰富和提升洛阳的人文城市品牌形象，既是作为中部地区副中心城市未来发展的宏观战略，也是解决洛阳所面临的严峻生态环境问题的必然选择。

（二）打造生态都市圈，规划引导城市各功能区环境品牌建设

当前在我国区域经济发展中，都市圈在各地普遍兴起。从历史经验来看，都市圈的发展绝不能走先污染再治理的老路，必须在建设伊始就牢固树立生态都市圈理念，走可持续发展之路，因此生态都市圈的建设是十分重要且必要的。

洛阳城市整体生态格局主要是洛阳南侧的龙门山—香山和北侧的邙山、黄河构成城市的南北自然生态屏障，周山—洛河—伊河间的大型生态绿色开敞空间自西向东贯穿城市中部，涧河、瀍河等南北向绿色通廊将东西向带形绿色空间串接，形成网络状的城市山水格局，中心城区、孟津、偃师等城镇组团分布于其中。"城市空间结构主要是红山、涧西、高新、洛龙、伊南五处产业区沿交通走廊环绕城市西南外围布局，生活区围绕在伊洛河和隋唐城遗址生态绿核周围，形成由内向外'绿心—生活—生产—绿环'层状分布的城市功能结构。洛阳各片区、组团的功能结构相对完整，组团与片区之间通过快速交通走廊连接；规划'一主两副'的复合型城市中心；以线性、枝状绿地为主的网络化绿地系统，形成分片组团式的用地布局结构。由洛河北岸的涧东分区、道北分区、涧西—高新分区、洛南分区、伊南分区组成'五区'；黄河沿岸的吉利组团为'一团'，形成'五区一团'的城市分区结构。五个分区之间由河流水系与基础设施走廊分隔，形成分区间隔离带。"①

"洛阳都市圈建设是未来洛阳发展的主战场主平台，打造独具特色的洛阳都市圈，良好的生态环境是其内在要求。要牢固树立生态都市圈理念，打造'一河两山'生态圈，充分发挥黄河流域生态特色优势，抓好场域载体高质量发展这个'强磁场'，推动流域资金、人才、技术等各类要素加快汇聚，加强推动黄河流域生态空间一体化保护和环境协同化治理是洛阳都市圈

---

① 《洛阳市城市总体规划（2008~2020）》。

未来永续发展的重要保障。"①

提升环境治理能力，需要科技支撑，洛阳都市圈生态环境大数据综合指挥平台已经在洛阳大数据产业园建成并投入使用。整合了全市重点监管平台和系统，是一个"数据生态、智慧环保"综合智能管理平台，整合数据纳入统一监管。目前平台已初步实现数据共享、联动联治，平台对接了济源、巩义、渑池、汝州相关平台的数据，正逐步形成覆盖洛阳都市圈、全天候、全类别的智能环境管理体系。

国际康养中心是洛阳建设国际人文交流中心的最好推手，要高起点建设国际康养中心。洛阳作为历史文化名城、中部重要旅游城市，旅游者众多，喜爱文化交流者众多，其中多以老年人为主。建设洛阳国际康养中心，可以以洛阳优越的自然环境为依托，以先进的中西医治疗技术为支撑，以现代化的家政服务业为保障，构建集养老、疗养、休闲、医疗等为一体的综合性服务区。洛阳可以以万安山风景区和小浪底度假区为依托，率先打造洛阳国际康养中心示范区，加快周边配套设施建设，形成康养产业集聚。从而提升洛阳的宜居性，改善洛阳的生态环境，加快黄河湿地建设，促进洛阳构建国际生态宜居城市。

（三）加大宜居环境品牌建设力度，助力国际人文交往中心建设发展

1. 实施污染防治重点工程，集中治理城市环境污染

从顶层设计方面看，洛阳市委市政府始终高度重视生态环境保护工作，把生态环境建设纳入"9 + 2"工作布局和"四高一强一率先"奋斗目标，努力构建符合洛阳实际的生态环境建设体系。同时，坚持高位推进，成立由市委书记任第一组长、常务副市长任组长、10 名市级领导为副组长、25 个市直部门主要负责同志为成员的污染防治攻坚战领导小组。

扎实推进生态示范创建。栾川县荣获两山实践创新基地和国家生态文明

---

① 陈琪：《黄河流域高质量发展　助力打造生态都市圈》，《洛阳日报》2021 年 1 月 8 日。

建设示范县。同时，洛阳市共创建国家级生态乡镇 17 个、国家级生态村 1 个、省级生态县 3 个，以及 53 个省级生态乡镇、320 个省级生态村及 478 个市级生态村。生态创建工作处于全省领先地位。洛阳绿化生态建设的重中之重不仅要增量而且要提质，中心城区一大批小游园、高铁绿廊、环城绿廊、主次干道绿化等项目接续推进，不断提升市区绿化品位。①

打好打赢"蓝天、碧水、净土"三大保卫战。市委市政府研究制定了《洛阳市污染防治攻坚战三年行动计划（2018～2020 年）》，实施了蓝天、碧水、净土、国土绿化、生态修复"五大行动计划"和"七个重大专项"522 个具体项目，形成了打好污染防治攻坚战、加强生态文明建设的清晰路径，以确保中央和省的决策部署在洛阳落地生根。首先持续打好蓝天保卫战。经过治理，2019 年全市 PM2.5、PM10 年均浓度分别达到 62μg/立方米和 107μg/立方米，与三年攻坚战行动前的 2017 年相比，分别下降 15.1% 和 13%。治理成效明显。

全面实施净土保卫战。土壤污染防治"洛阳模式"已见雏形。2019 年度 254 项整治任务已全部完成。治理水土流失 120 平方公里，在全省 2019 年度土壤污染攻坚成效考核中排名第一。"2019 年，按照居民出行'300 米见绿、500 米见园'的标准，我市完成中心城区小游园建设 50 处，新增绿地面积 256.12 公顷，建成区绿化覆盖率达到 44.15%，建成区绿地率达到 37.02%，人均公园绿地面积达到 12.20 平方米。"②

同时深入开展碧水保卫战。实施"四河同治、三渠联动"综合治理，统筹推进水、岸、园、居、路等治理提升。伊河、洛河、瀍河、涧河 227 个排污口实现截流，城市建成区基本消除黑臭水体。截至 2019 年，全市新建 20 个各级各类污水处理厂，治理河道 270 余公里，整治 28 个饮用水源地，完成 3 个生态湿地建设，整治 6 个黑水体，荣膺全国水生态文明试点城市荣誉称号。

我国将地表水质分为六类，前三类水质经过处理是可供饮用的，后三类

---

① 李东慧、赵佳：《绿满洛城惠民生》，《资源导刊》2018 年第 5 期。
② 白云飞、李三旺：《2019 年我市生态环境质量持续改善》，《洛阳日报》2020 年 1 月 6 日。

水质恶劣，不能作为饮用水源。洛阳有 7 个国（省）控监测断面，这 7 个监测断面年均值都达到规划标准断面的目标要求，水质总达标率为 100%（见表 1～表 3）。

表 1　2017 年洛阳地表水国、省控监测断面水质评价结果

河流名称	断面名称	规划功能	综合类别	水质状况	达标情况
伊河	潭头（上游）	Ⅱ	Ⅱ	优	达标
	陆浑（中游）	Ⅱ	Ⅱ	优	达标
	龙门（下游）	Ⅲ	Ⅱ	优	达标
洛河	长水（上游）	Ⅱ	Ⅱ	优	达标
	高崖寨（中游）	Ⅲ	Ⅱ	优	达标
	白马寺（下游）	Ⅳ	Ⅳ	轻度污染	达标
汝河	紫罗山	Ⅲ	Ⅱ	优	达标

表 2　2018 年洛阳地表水国、省控监测断面水质评价结果

河流名称	断面名称	规划功能	综合类别	水质状况	达标情况
伊河	潭头（上游）	Ⅱ	Ⅱ	优	达标
	陆浑（中游）	Ⅱ	Ⅱ	优	达标
	龙门（下游）	Ⅲ	Ⅱ	优	达标
洛河	长水（上游）	Ⅱ	Ⅱ	优	达标
	高崖寨（中游）	Ⅲ	Ⅱ	优	达标
	白马寺（下游）	Ⅳ	Ⅲ	良好	达标
汝河	紫罗山	Ⅲ	Ⅱ	优	达标

表 3　2019 年洛阳地表水国、省控监测断面水质评价结果

河流名称	断面名称	规划功能	综合类别	水质状况	达标情况
伊河	潭头（上游）	Ⅱ	Ⅱ	优	达标
	陆浑（中游）	Ⅱ	Ⅱ	优	达标
	龙门（下游）	Ⅲ	Ⅱ	优	达标
洛河	长水（上游）	Ⅱ	Ⅱ	优	达标
	高崖寨（中游）	Ⅲ	Ⅱ	优	达标
	白马寺（下游）	Ⅳ	Ⅲ	良好	达标
汝河	紫罗山	Ⅲ	Ⅱ	优	达标

资料来源：以上表格数据均根据洛阳市政府数据整理。

这是洛阳近三年地表水质情况的变化。从表中可以看出，伊河龙门、洛河高崖寨以及汝河紫罗山断面水体水质这三年来均优于规划功能水质类别，2017 年洛河白马寺水体水质虽然符合规划功能水质类别，但是它处于一个轻度污染的状况，从 2018 年开始，我们可以看到洛河白马寺断面水体水质已经由Ⅳ类好转为Ⅲ类，优于规划功能水质。水质达标率为百分之百。截至 2019 年，洛阳市的 7 个监测断面水质类别均达到Ⅲ类及以上，地表水整体水质级别为优。

按照习近平总书记对黄河流域生态保护和高质量发展的指导精神，2020 年 1 月，《洛阳市新时代大保护大治理大提升治水兴水行动方案》出台，将系统谋划实施"一四三，双百千，全覆盖"行动方案。将以黄河干流、四河三渠、百河百库、千塘千坝为重点，覆盖全市域水环境大保护大治理，促进全市域水生态环境全面改善和持续提升。

2. 加快建设国际生态宜居城市

可以说城市生态环境的保护是洛阳建设生态先行的国际人文交往中心的第一步，洛阳以生态建设塑造国际人文交往中心更为重要的方面就是要营造与城市文化有关的生态环境理念。城市发展和城市品牌建设的主导力量是以政府为代表的国家机关及围绕其形成的政治社会软环境，这基本上可以称为洛阳生态城市系统建设的中枢神经。

作为我国中部地区重要的内陆城市，洛阳悠久的历史与曾经的繁华造就了洛阳人小富即安、易于满足的生活态度。由于观念的陈旧以及相对保守的思想，洛阳人对于新事物、新问题的接受能力和理解能力并不强，在解决和处理诸如城市发展理念、城市建设与生态环境保护、城市更新、品牌建设等新的城市发展问题时过于被动。因此，推动市民观念的更新，倡导个人素质、行为举止、环保态度的转变，树立良好的市民形象任重而道远。

2020 年度，洛阳市环境保护部门开展了一系列卓有成效的环境宣传实践活动，如洛阳生态环境局开展了为期一个月的洛阳市纪念六五环境日主题系列宣传活动，活动以"美丽中国　我是行动者"为主题，旨在引导全社会参与环境保护与生态文明建设，建设青山常在、绿水长流、空气常新的美丽洛阳。在此期间，洛阳市生态环境局联合 FM881 开展宣传活动。"绿色洛阳"微信公众号连续七天推出"洛阳环保零距离　微信答题赢红包"活动，推动群众参与环保活动的积极性与趣味性。同时，环保相关部门积极主动与官方媒体联系，如《洛阳日报》《河南日报》以及洛阳交通广播等媒体，及时公布洛阳环境质量状况和环保工作进展，持续深入推进绿色文明示范工程等，对洛阳市环境的改善和生态城市建设起到了良好的宣传作用。

B.7
打造洛阳教育国际交往通道研究

任程远 刘薇*

摘 要: 教育国际化是国际人文交往的重要载体,是国际人文交往的
重要通道。国际化人才的培养是推动经济、社会和国家发展
的内生动力,是洛阳融入国际发展的必由之路。洛阳应努力
深化与"一带一路"共建国家以及发展中国家教育合作和人
文交往,开展多层次的交往合作,推动洛阳教育高质量发
展,提高洛阳教育国际化水平,为洛阳都市圈建设提供重要
的智力支撑和人才保障。对标国际标准和国际视野,努力把
洛阳打造成国际旅游文化名城、研学目的地、留学目的地,
提升洛阳国际教育质量和教学水平,构建具有河洛文化特色
的国际化课程体系,形成区域性国际教育中心,提高洛阳教
育的国际影响力和吸引力。

关键词: 教育国际化 人文交往 教育合作

2020年12月,《洛阳都市圈发展规划(2020~2035)》印发实施,洛阳
市迎来加快建设现代化强市的重要战略机遇期。在洛阳都市圈发展"三区
一中心一枢纽"的战略定位中,文化保护传承弘扬核心区和国际人文交往
中心的定位具有重要意义。按照这一发展目标,洛阳市必须积极建设区域性

---

* 任程远,中共洛阳市委党校讲师,研究方向为教育管理学、政治学;刘薇,洛阳市第二外国
语学校教师,研究方向为美术教育。

国际教育中心，打造教育对外开放新高地，因为教育国际化是国际人文交往的重要载体，是国际人文交往的重要通道。洛阳应深化与"一带一路"沿线国家以及发展中国家教育合作和人文交往，推动洛阳教育高质量发展，为洛阳都市圈建设提供重要的智力支撑和人才保障。要努力把洛阳建成与副中心城市、国际人文交往中心相匹配的教育强市，实现洛阳教育国际化、特色化、现代化。"十四五"时期，要实现洛阳教育国际化与教育本土化相互对接融合，加深国际化交流合作，优化对外合作伙伴关系，提高校际国际合作质量，提升洛阳教育的国际知名度。

一　洛阳市教育对外交流与合作的现状

"十三五"规划实施以来特别是改革开放以来，洛阳市经过多年的探索和实践，在教育国际化方面取得了一定的成就。在高等教育领域，教育对外交流与合作的环境逐步建立，常态化开展国际间校级交流活动，高校联合办学机制初步构建；在基础教育领域，国际学校数量日趋增多；在职业教育领域，积极开设国际实验班。

截至2020年，洛阳市中小学和职业院校中开设国际教育部的学校有7所，建有国际学校5所，开设国际教育学院的高校有3家。2012年，洛阳市教育局印发的《洛阳市教育局关于提升洛阳教育国际化水平的通知》文件中指出，不断提升教育的国际化水平，是洛阳教育的一项重要任务。要加强全方位、多层次、宽领域的国际教育交流与合作，深化拓展与世界各国在教育领域的互利合作和交流互鉴，提高洛阳教育国际化水平。要吸收借鉴国际上发达国家和国内发达地区先进的国际教育理念、办学经验和课程设计，全方位提升洛阳教育的国际影响力和国际竞争力。努力培养大批具有国际视野、通晓国际规则、具有国际思维、参与国际事务、具有国际竞争力的国际化人才。

具体措施如下。第一，在基础教育领域，引进国际先进的课程与教材，进一步加大外语教学在课程设置中的比重，提高"双语"课程的教学效果，增加小语种课程比例，推动双语教育示范学校建设，推动课程体系国际化、教育教学国际化。第二，努力实现教师队伍国际化、教学理念国际化、学生培养国际化的发展目标。全面加强外语师资队伍建设，建立"双语"师资培训基地和小语种教师人才库。学习国外先进的教学理念，引进国外先进的多元评价方式、社会实践活动方式、信息化建设和国际人才培养模式。第三，在高等教育领域，加大中外合作办学力度，鼓励各类学校与国外学校进行友好缔结，形成固定的交流合作，定期开展国际间的师生交流。以国际友好城市、友好学校为交流平台，鼓励学生出境交流，或吸引境外学生来洛学习或研学，既要"走出去"，也要"引进来"。第四，在基础教育领域，建设高质量的国际学校，引进外籍教师从事教学与课程的开发，促进国际先进教育经验的转化与融合，鼓励有条件的公办学校开办世界名校直通车，开办校级国际部、国际班，拓宽学生海外升学途径。

（一）基础教育领域

1. 洛阳外国语学校

洛阳外国语学校始建于1960年，是国家教育部首批备案的全国22所"合格外国语学校"之一，是洛阳市唯一保留的一所市直外语中学。学校在初高中同步开设英语、日语、俄语、西班牙语、德语五门外语课程。洛阳外国语学校是全国中学日语教学联盟会长单位，全国中学俄语教学理事单位，全国中学西班牙语教学联盟成员学校。洛阳外国语学校作为窗口学校，积极开展对外交流活动，这已成为学校的一大亮点，为莘莘学子提供了拓展国际视野的平台（见表1）。

表1　自2016年以来洛阳外国语学校对外交流统计

单位	对外交流项目名称	外方国家及学校名称	交流师生人数
洛阳外国语学校	2016年加拿大交流学习	加拿大蒙特利尔市North Star	11
洛阳外国语学校	2016年日本修学夏令营	日本冈山外语学院	25
洛阳外国语学校	2017年日本修学夏令营	日本冈山外语学院	25
洛阳外国语学校	2018年日本修学夏令营	日本冈山外语学院	27
洛阳外国语学校	2018年俄罗斯研学夏令营	俄罗斯国立古铂金石油天然气大学	24

续表

单位	对外交流项目名称	外方国家及学校名称	交流师生人数
洛阳外国语学校	2019 年日本修学夏令营	日本冈山外语学院	29
洛阳外国语学校	2019 年俄罗斯研学夏令营	俄罗斯国立古铂金石油天然气大学	17
洛阳外国语学校	2017 年"心连心"日本邀请中国学生长期访日项目	日本北海道江别市永久之森三爱高中	1
洛阳外国语学校	2018 年"心连心"日本邀请中国学生长期访日项目	日本大阪	1
洛阳外国语学校	2019 年"心连心"日本邀请中国学生长期访日项目	日本和歌山县立交桥本高等学校	2

资料来源：笔者调研所得，以下表格均如此，不再标注。

（1）中日国际班及赴日交流活动

洛阳外国语学校的初中和高中均开设有专门学习日语的班级，日语学生参加中招和高考考试，出现了多名中招和高考外语状元。根据中日青年交流计划，2008 年以来洛阳外国语学校共有 20 多名学生被遴选参加日本国际交流基金会日中交流中心举办的"心连心"活动，该基金会还邀请中国高中学生到日本留学。为了给学习日语的学生提供更多就学和留学渠道，2012 年，洛阳外国语学校和日本冈山外语学院合作开办了"中日升学国际班"，为高三日语学生提供留学预科学习。学校每年组织日本修学夏令营，每年暑期洛外师生到日本冈山外语学院进行交流学习。2012 年至今，已有逾百名同学参加此项交流活动。

（2）俄语招生及赴俄交流项目

洛阳外国语学校成立初期，政府批准开设的外语科目有英语、日语和俄语，历史原因俄语班一度停止招生，2018 年恢复在初中和高中招收"零起点"的俄语学生。目前在校学习俄语的学生共有 124 人，学校于 2018 年、2019 年组织俄罗斯研学夏令营，共有 41 名师生赴俄罗斯国立古铂金石油天然气大学参观学习。

（3）西班牙语、德语教育交流项目

2019 年，西班牙语正式列入洛阳外国语学校招生计划，在高中和初中阶段招收"零起点"西班牙语学生 120 余人，招德语学生 28 人。2018 年 6 月，洛阳外国语学校和西班牙国家大学 Idealar 语言学校签约，为学生将来赴西班牙留学创造条件，为学生提供更多感知西班牙文化的机会。

2. 洛阳市第二外国语学校

（1）培养优秀外籍教师团队

洛阳市第二外国语学校成立于 2003 年，学校目前共有外籍教师 40 多名，分别来自美国、加拿大、英国、澳大利亚、菲律宾、南非、白俄罗斯等国家，其中，有长期聘用的外籍教师，也有半年的短期来华交流教师。外籍教师全方位融入教学活动，开设全英课程、英语口语课。除教学活动之外，外籍教师还积极参与学校的各项文体活动，与学生一起开展体育运动、制作美食、过中华文化传统节日，到学生家进行家访等。外籍教师充分展现了自己的才华、智慧，给学生带来了多元文化体验，同时中外教师彼此间的合作意识和默契度也得到提升。

（2）师生多次开展海外研学活动

从 2011 年起，洛阳第二外国语学校每年选派优秀中学生到美国拉克罗斯学区进行海外研学。目前，已经有 11 个团队 230 多名优秀中学生作为交换生赴美国进行交流学习，零距离对话世界顶级名校，感受原汁原味的美国文化，与美国学生同吃同住同学习，让家庭教育和学校教育得到有益的补充，在研学活动中收获了知识和成长。

洛阳第二外国语学校还致力于国际化教师队伍建设，依托教育部中美教师交流项目，先后派出 45 名教师作为访问学者出国交流深造。除了赴美交换生外，每年组织"英国夏令营""加拿大冬令营""澳大利亚夏令营""日本夏令营""德国夏令营"等活动，先后有 200 多名学生和 30 多位教师参与活动，师生们通过海外留学开阔了视野，直观了解各个国家的风土人情、生活习惯和社会文化，受益匪浅。海外研学是为学生提供知识的有效途径，学生们使用英语进行交流沟通，英语口语水平显著提高。除此之外，洛阳第二外国语学校课堂教学始终坚持双语教学和全英小班化教学，引进英国原版教材《典范英语》《朗文环球英语教程》作为重要辅助教材，激发学生学习的积极性。

（3）开办国际高中项目

2015年以来，学校先后与加拿大苏克教育局、上加拿大教育局、甘露教育局、安大略省学区和美国圣玛丽中学强强联合，共同开设了北美"1+2""2+1""3+0"等国际高中项目。北美班学生入学注册美国、加拿大学籍，提前修读美国、加拿大课程，实行学分转换，毕业后获得美、加高中毕业证书，可以直接申请国际知名大学，继续到世界名校深造。目前，已有数十名毕业生被麦吉尔大学、多伦多大学、英属哥伦比亚大学、墨尔本大学、悉尼大学等世界名校录取。

（二）高等教育领域

1. 洛阳师范学院

洛阳师范学院对外合作交流成绩斐然，积极开展国际和地区间的交流与合作，先后与美国、俄罗斯、澳大利亚、新西兰、爱尔兰、德国、加拿大、泰国、白俄罗斯、波兰、马来西亚等国的知名高校建立合作关系，开展学生联合培养和中外合作办学项目。目前，洛阳师范学院中外合作专业在校生共计2800余人。国际合作项目的学生毕业后，既可以选择到国外合作大学继续攻读硕士学位，也可以凭借较好的外语基础及全面的综合素质到中外企业就业或者到国外发展。同时，学院招收了来自美国、俄罗斯、白俄罗斯、日本、意大利、新西兰、泰国、蒙古国、尼泊尔、印度、巴基斯坦和吉尔吉斯斯坦等国家的留学生，从而实现了中外教育资源优势互补、文化融合，逐步形成了高等教育国际化办学特色。

（1）产学研国际合作项目有突破

2016年7月11日，为促进校企合作和科技转换，洛阳师范学院与意大利都灵理工大学和中国江淮汽车有限公司联合进行汽车发动机空调节能系统软件开发项目。该项目填补了洛阳师范学院产学研国际领域合作的空白。

（2）设立洛阳师范学院海外分校——河洛学院

2018 年 3 月，洛阳师范学院获批设立洛阳师范学院马来西亚分校——河洛学院，并于同年 8 月正式招生，首批招收小学教育和汉语国际教育两个专业，共计 75 人。该项目申办历时两年，在与马来西亚城市大学共同努力下，经过材料申报、专家评审、项目答辩、教育厅审核，最终获批。该项目的获批标志着洛阳师范学院设立海外分校的愿望得以实现，国际合作教育交流走上新的台阶（见表 2）。

表 2　洛阳师范学院国际合作办学情况

	合作学校	合作专业
中外合作办学项目	爱尔兰卡罗理工学院	学前教育、会计学、电子商务
	白俄罗斯国立师范大学	音乐学
	美国阿克伦大学	小学教育
	爱尔兰理工学院	会计学、电子商务、学前教育
	马来西亚河洛学院	小学教育、汉语国际教育
产学研国际间合作项目	意大利都灵理工大学	中意智慧城市合作研究项目

（3）学校对外合作交流发展战略

积极推进与世界高水平大学和科研机构的合作交流，联合开展科学技术创新，力争建成国际联合实验室 1～2 个。首先，积极探索与“一带一路”共建国家的交流合作，拓展现有国际交流合作关系，实现全面深度合作交流。其次，借鉴引进国外先进办学理念、优质办学资源、人才培养模式和评价标准，探索建设一批国际化学科专业和特色课程，推进联合培养，开展学生互换、学分互认和学位互授，进一步完善学生的知识结构和能力结构，提升国际化人才培养质量。再次，聘请高水平海外专家来校讲学、任教，加大聘请语言和专业外籍教师力度，支持教师赴国（境）外攻读博士学位、访学研修，鼓励支持教师参与国际合作研究和学术交流。做好赴吉尔吉斯斯坦攻读博士学位和河洛学院项目的协调管理与服务工作，确保现有合作办学项目达到上级质量评测要求。最后，以河南省汉语国际推广河洛文化基地为依托，将留学生教育从汉语言教学向学历教育转变，拓展留学生招收国别，大力吸引国外优秀留学生，不断扩大留学生招生规模。开拓海外实习基地，鼓励和支持学生出国（境）交流学习、实习实训、考研就业，提高学生海外游学、访学的比例。加强对外人文交流，推进汉语国际推广工作，建立 1～2 个国（境）外河洛文化推广交流中心。

2. 河南科技大学

河南科技大学是河南省人民政府与国家国防科工局共建高校，是河南省重点建设的三所综合性大学之一，也是国家中西部高校基础能力建设工程支持高校、教育部本科教学水平评估优秀高校、全国"丝绸之路大学联盟"理事高校。学校定位于"建设有自身特色高水平综合性大学"的发展目标，努力围绕《统筹推进世界一流大学和一流学科建设总体方案》和《推进共建"一带一路"教育行动》的总要求、总布局，结合高等教育国际化发展的新趋势和学校学科建设发展的新需求，积极开展与世界名校的国际交流合作（见表3），引进世界一流的优质教育资源，开展高水平国际合作办学。河南科技大学国际教育学院借鉴合作院校先进的教育理念和教育经验，努力整合校内外和境内外优质教育资源，培养具备良好的专业素养、国际化视野、创新精神和跨文化交流能力的创新型人才。国际教育学院成立以来，已有 3700 名学生从国际教育学院毕业。

表3 河南科技大学国际合作办学情况

	合作学校	合作专业
中外合作办学项目	英国东伦敦大学	信息管理与信息系统 机械设计制造及自动化
	英国赫特福德大学	计算机科学与技术 工商管理
	英国考文垂大学	车辆工程 机械设计制造及自动化
	俄罗斯托木斯克理工大学	自动化
	美国爱达荷州立大学	机电工程
	荷兰泽兰德大学	工业工程

（三）职业教育领域

洛阳科技职业学院认真贯彻落实国家《中外合作办学条例》，牢固树立国际化办学理念，围绕高端引领、对外开放的思路，积极响应国家"一带一路"倡议，集聚国际化优质教学资源，深度对接中外合作办学项目，拓展开放办学和对外交流新渠道，全面培养拥有国际化视野的技术技能人才。为加快推进国际化办学，提升办学国际影响力，洛阳科技职业学院先后到西安航空职业学院、杭州旅游职业学院等院校参观学习，借鉴它们在国际合作办学方面的典型经验和成功做法；成立专门机构负责国际合作办学事宜；投入人力物力财力，提升学校自身软硬件实力，改善国际化办学条件；并先后与西班牙、美国、英国、俄罗斯、泰国、马来西亚、新西兰、加拿大、巴基斯坦等10余个国家和地区的25所高校建立了友好交流与合作关系（见表4）。严格按照国家有关规定，采取内培外引的方式，聘请相关海外归国硕士留学生担任专业课教师。按照双方事先确定的人才培养模式，有针对性地对学生进行培养，进一步开阔学生全球化视野，培养学生跨界技能素养和跨文化沟通能力。

表4　洛阳科技职业学院国际合作办学情况

	合作学校	合作专业
中外合作办学项目	英国北安普顿大学	数控技术、机电技术应用、会计
	俄罗斯阿穆尔共青城国立大学	数控技术、机电技术应用、计算机应用、建筑工程施工
	韩国蔚山大学	韩语
中外合作国际班	中俄国际实验班	
	中英会计学国际实验班	
	中韩韩语国际实验班	

（四）民办教育领域

洛阳华洋国际学校位于伊滨区，是一所集幼儿园、小学、初中、高中和国际交换生于一体的高标准、高品质、全封闭寄宿制民办国际学校。学校在抓好基础知识和基本技能教育的同时，一手抓特色教育，一手抓国际化教育，在多年的办学探索实践中，形成了鲜明的外语教学特色、多元的国际合作、广泛的国际交流活动等国际化办学特点。

1. 鲜明的外语教学特色

学校聘请多名外籍教师参与教学活动，为学生创设良好的外语学习环境；每年举办外语文化艺术节，每周组织一次英语角活动；开设有日语、韩语、俄语等小语种选修课程，提高学生外语竞争力，为学生未来发展提供多种选择。在抓好英语教学的基础上，学生可选修第二外语；实行小班化双教材教学，其中《典范英语》教学培养了学生英语自主阅读的习惯。学校被教育部人文社科重点研究基地、北京外国语大学中国外语教育研究中心课题组确定为"中国基础英语素质教育实验基地"。

2. 多元的国际合作项目

学校坚持开放化、多元化的办学理念，谋求师生个性及能力的共同发展，先后开设中日、中加、中韩、中英、中美等国际合作办学项目和国际交换生项目，让学生畅享中西方教育思想精髓，开阔国际化视野。2013年以来，日本冈山外语学院片山浩子院长先后6次来学校访问交流，双方建立了友好学校，开展深度办学合作；上海韩国学校先后3次来学校访问交流，签订合作办学项目；英国拉夫堡学院、美国北松国际学校、新西兰蒙洛斯基文法学校、俄罗斯莫斯科公立英才学校、美国加州校长代表团、加拿大蒙特利尔西岛市教育局官员等来学校访问，交流双方办学理念和办学成果。

3. 广泛的国际交流活动

学校先后与加拿大、日本等国家互派40余名师生交流学习，不断拓宽师生出国学习交流的平台。通过互派师生交流活动，使华洋国际的学生走进加拿大、日本等国外课堂，了解外国的文化和习俗，开阔国际化视野；同时，加拿大、日本、韩国、美国学生也走进华洋国际的校园，充分感受中华民族博大精深的优秀传统文化和河洛文化的精华，促进中外师生间的深度交流和双方的文化交流。

二　洛阳市建设区域性国际教育中心存在的问题

随着洛阳都市圈建设的快速发展，建设国际人文交往中心的目标日渐清晰，洛阳教育国际化进程加快，经济社会发展对教育国际交流与合作的需求日渐增多，但同时，洛阳教育国际化发展受制于经济水平不发达、整体教育水平不高、基础教育领域薄弱、高等学校数量较少等客观因素，洛阳市教育国际化还存在一定的困难和挑战。

（一）国际交流规模小，水平不高

洛阳市各层级学校国际教育交流合作的规模不大，整体交流水平不高。高等学校领域，短期交流项目多，长期交流项目少；自费交流的项目多，公费委派交流的项目少；以政府推动的交流项目多，民间交流与合作的项目较少；特别是与国外优质教育资源的长期合作较少。基础教育领域，部分中小学迫于教学任务重、升学压力大、学生安全等因素，对开展国际教育有畏难情绪。社会力量参与教育国际化积极性不高，缺乏民间资本进入教育对外交流合作领域。

（二）国际交流缺乏统一规划

高等教育领域，参与国际交流的学校数量不多，只集中于 3 所高校国际教育学院，每年开展的交流活动次数不多。2020 年新冠肺炎疫情流行，给各国教育交流往来造成了不同程度的冲击和影响。此外，洛阳教育领域的国际交流活动缺乏统一的规划和指导，开展的国际交流项目较为单一，同质化现象严重。基础教育领域，洛阳市现有的 5 所国际学校均为民办学校，在生源招生、教学管理、培养模式、课程设置、教学质量监测、学历认证管理等方面各自为政，缺乏教育部门统一监管和教学安排。高等学校领域对"一带一路"共建国家、东南亚国家吸引力不强，特色课程不明显，针对周边国家同层次留学生的课程体系吸引力不强，难以吸引国外留学生来洛学习。

（三）国际教育学校办学模式单一

洛阳市有多所民办国际学校，实际上是用欧美式应试教育取代中国式应试教育，重视对英语学科应试技巧的训练，沿用中国式的教育教学模式，学生学习是为出国留学做准备，大部分年纪尚小的留学生对于出国留学的目标不明确，规划不清晰，学科的选择存在很大的盲目性，对于留学机构的资质认识不清，对于留学学校和留学专业了解不足。

（四）缺乏国际化的课程体系和教师

洛阳市民办国际学校和国际班大多数没有引进国际认定的正规课程体系，教学内容缺乏系统性、科学性，无法达到国际化教育水准。在课程的设置方面，与国外经济、政治、文化、社会相关的课程开设较少，国际课程的开设采用原版英语教材的比例较低，教师对国际课程的理解力不够，缺乏有效指导。洛阳目前开设小语种教学的学校数量不多，对外籍教师的吸引力不强，外籍教师和小语种教师数量十分有限，外籍教师流动性强，对他们的教学效果缺乏有效评价。

三 洛阳建设区域性国际教育中心的对策与建议

2020 年 6 月，教育部等八部门发布《关于加快和扩大新时代教育对外开放的意见》。该意见对新时代教育对外开放进行了重要部署，中国已成为世界最大的国际学生生源国和亚洲最大的留学目的国。与此同时，国际在线教育、国际中文教育、中外合作办学、孔子学院（孔子课堂）、"中国教育云"平台等教育平台蓬勃发展，有力促进了在线国际教育的开展。洛阳建设区域性国际教育中心应努力引进优质教育资源、加快国际学校建设、强化国际人才培养、强化品牌学科建设、提高国际交流合作水平，提高洛阳教育的国际吸引力，打造洛阳教育国际化特色与品牌，共同推动国际交流合作向深层次、宽领域发展，加快推进教育现代化的步伐，培养更具全球竞争力的人才，以教育国际化打造洛阳国际人文交往的活力通道。

（一）提高洛阳教育国际吸引力

洛阳是国务院首批公布的历史文化名城，黄河流域的重要节点城市，是"华夏之源、河洛之根、丝路起点、运河中枢"，以黄河文化、河洛文化为代表的中华优秀传统文化在河洛大地烨烨生辉，历史文化积淀深厚，早在唐朝时期洛阳就是闻名于世的国际化大都市，历史上洛阳在教育领域创造了许多灿烂的文化成果。深厚历史文化的积淀滋润着洛阳教育的发展。洛阳曾多次走在全国教育的前列，早在 1988 年洛阳市就被国家教委确定为"全国城市教育综合改革试点城市"，并陆续推行了一系列教育改革措施，取得了明显成效。

社会资源方面，洛阳近几年积极融入国家对外开放的大局，先后举办了世界古都论坛、中国—中东欧国家文化遗产论坛、牡丹之约全球跨境产业融合论坛、中原国际文化旅游产业博览会、大黄河研（游）学旅行等活动，提升了洛阳城市的软实力、国际知名度和国际影响力。洛阳市目前致力于打造"东方博物馆之都"，拥有各类博物馆 77 家、各类中小学社会实践教育基地 33 个、科技馆 1 个、城市规划馆 1 家，研学教育资源十分丰富，为国际教育交流合作奠定了良好的基础。

洛阳市委市政府对标国际标准，力争把洛阳打造成国际旅游文化名城、研学目的地、留学目的地，提升国际教育质量和教学水平，深化各层次交流与合作，构建国际化课程的开发能力，构建具有河洛文化特色的课程体系，形成辐射中原的区域性国际教育中心，提高洛阳国际教育的影响力和吸引力。

（二）健全洛阳教育国际交流与合作体制机制

围绕建设区域性国际教育中心的目标，洛阳应努力抓住国际国内双循环的契机，发挥历史文化名城、工业文化名城的显著优势，积极引进国内外优质教育资源，以本地大学作为开展教育国际化交流的主体，以欧盟国家、美国、澳大利亚、加拿大、俄罗斯、乌克兰等为主要合作国，未来几年高校国际交流合作的努力方向是联合培养高层次的硕、博人才。首先，要不断完善国际来华留学生的规章制度，建立规范的留学生管理体系、管理办法和工作流程；不断加强对来华留学生法律法规、国情市情校情和河洛文化习俗等方面的教育，增进中外留学生的情感交流和文化认同。

其次，积极与教育部、国外驻华使馆及国内外教育资源丰富的省、市政府教育主管部门对接，依托教育部已签订学历学位互认协议的国家和地区，开展对外交流合作项目。要努力引进国外高水平大学机构，举办独立法人的中外合作办学机构，合作模式和思路可借鉴江浙、海南等对外合作办学先进地区的经验，开展多层次、多方位、多渠道的交流合作，并可采取集中式办学模式，建设高校的国际化校区。抓住当前国内优质教育资源重新规划布局这一历史契机，发挥"一带一路"建设的平台优势，利用好洛阳深厚的历史文化资源及国际人文交往中心的定位，吸引优质教育资源在洛阳蓬勃发展，打造高质量的国际教育品牌。

最后，深化基础教育领域中小学国际合作，鼓励开展中外学分互认、升学直通车等；扩大在线教育的使用范围。同时，通过"互联网＋"、"智能＋"、孔子学院在线平台等新媒体，扩大在线高等教育国际辐射力，支持各类高等学校开发具有洛阳本土特色和国际竞争力的优势专业课程，借助"中国教育云"平台，建设富有洛阳特色的国际课程推广平台。

（三）以市场为补充，助推洛阳教育国际化发展

第一，引入市场资本，助推教育国际化发展。驻洛各大高校可以利用自身资源优势，例如特色品牌优势，或知名研究员、学者、教师，或重点实验室、研发中心等，通过项目合作等方式与国内外知名企业加强合作，一方面为企业提供可供借鉴的研究成果，并将研究成果转化为企业生产力，从而获得企业的投资和报酬；另一方面，在校企合作过程中，也能进一步提升高校的科研能力和科研水平，致力于打造有特色的品牌和专业，培养科研团队，提升团队的影响力和科研能力。此外，驻洛各大高校还可通过打造品牌国际化交流与合作项目，设立国际教育专项奖学金，利用校友资源，吸引校友企

业、华侨同胞等回校投资和捐赠；开发利用市场资源，筹集专项国际化教育资金，助推高校教育国际化发展。通过多方引入市场资金，多渠道筹集教育国际化发展经费，支持各大高校、职业院校、民办学校之间开展丰富多彩的国际化交流与合作项目，共同把洛阳打造成一个合作共享、开放包容和创新驱动联动发展的国际教育高地。

第二，牵手国际知名企业，加强校企研发合作。众所周知，科技创新是引领社会经济发展的主要动力，一个国家、一个地区要实现社会经济的繁荣昌盛，离不开改革和创新。洛阳入选国家创新型试点城市以来，大力实施创新驱动发展战略，通过创新主体、创新平台"双倍增"行动，洛阳市创新主体、创新平台分别增至 3293 家和 2332 个。洛阳凭借"一五"计划期间奠定的重工业基础优势，在国家农机装备制造业发展中名列前茅，洛阳国家农机装备创新中心成为全国第 12 家国家级制造业创新中心。洛阳努力打造具有国际竞争力的装备制造产业集群以及具有国际影响力的新型材料产业基地，这些产业的发展都离不开高精尖人才以及高水平的科研团队。驻洛各大高校对创新型人才和科研团队的培养在产业科技创新中发挥着至关重要的作用。高校是培养创新型人才的重要场所，尤其是河南科技大学，发展目标是建设全国"双一流"高水平大学，更是需要深化校企合作、科研创新合作，尤其是与国际知名制造业企业的深入研发合作，推进产学研融合发展，促进科技成果的现实转化。

（四）打造洛阳教育国际化特色与品牌

努力打造洛阳教育国际化特色与品牌，扩大新时代洛阳教育对外开放的空间，鼓励驻洛高校充分挖掘利用洛阳历史文化特色、工业产业集群优势，开展全方位、高水平的国际教育交流合作项目。

第一，鼓励洛阳市属的洛阳职业技术学院、洛阳科技职业学院等积极与国外大学开展项目合作。在职业教育领域，借鉴德国"双元制"办学模式，一方面，积极引进国外优质职业教育资源，鼓励有条件的职业院校与企业携手共同参与"一带一路"共建国家国际产能合作，参与"一带一路"共建国家产业工人国际技能大赛。定期组织选派职业教育学校"双师型"骨干教师、教学管理人员、学生等赴合作企业研修访学，开阔视野，提高教学技能、操作技能。另一方面，努力实施"留学洛阳"计划，吸引"一带一路"共建国家、非洲等国留学生等来洛阳留学，加大中外合作办学力度。

第二，积极拓展海内外教育研学项目。作为河南省首批中小学生研学旅行实验城市，2019年，洛阳市共开展各类研学实践活动2000余场，接待研学学生人数达32.8万余人次。洛阳市通过发展海内外研学旅行项目，积极吸引国内外学生来洛阳参观学习，为教育国际化发展开辟新路径。洛阳市积极整合相关历史文化资源，深入挖掘、整理、开发研学旅游资源，以河洛文化、黄河文化、根文化、牡丹文化、工业遗产文化为新亮点。洛阳市已于2019年7月授牌首批17家"洛阳市研学旅行基地"以及33家"洛阳市中小学社会实践教育基地"，合法合规开展研学旅行活动。打造一批既能体现洛阳历史文化特色，又有教育价值，融教育性、趣味性、体验性为一体的教学实践活动。在研学课程研发中，将黄河历史文化传承、科学发明实践、考古体验、河洛客家文化相融互通，使研学活动教学类型多样、教学目标明确、教学主题鲜明、教学内容丰富，在游中教、在游中学，使学生增长见识、收获知识。例如洛邑古城开设的精品课程有洛绣体验课、扎染非遗体验课、毛笔制作体验课等研学项目；隋唐遗址公园、明堂天堂景区内开设有小小考古学家、"数说"明堂等研学项目。努力打造"研学洛阳，读懂中国"系列研学旅行品牌项目，打造洛阳研学教育国际化特色和品牌。

（五）强化洛阳国际教育专业人才培养

第一，教育国际化关键是教师国际化，教师在整个教育国际化过程中发挥着至关重要的作用。教师国际化应主要从教师海外研修、国际教师结构比例、教师国际素养提升等多方面入手。有条件的学校应鼓励教师多到国外学校访学、出席国际学术会议、参加国际学术论坛、长短期国外进修。师资队伍是促进国际合作办学模式发展的主要力量，教师应紧跟时代发展，不断更新教育思想、教学模式，与国际化教育接轨。积极参与国家、河南省中外高级别人文交流和项目合作，引导和鼓励大中小学生、教师参与各领域的中外教育研学交流活动。

第二，提高外籍教师和留学归国人员在教师总量中所占的比重，各高校、民办教育机构应根据实际需要，积极邀请国外知名学者、各领域权威人士来校交流访问、开设专题讲座，为学校学术发展、国际文化氛围的营建注入国际血液，提升高校的知名度和影响力。

第三，高校国际教育学院应根据洛阳建设国际人文交往中心的发展需要，在专业课程设置方面设置国际化的培养目标，开设与之相关的小语种、国际政治、人文地理、国际贸易等课程，针对相关学科建立合作办学项目，找准本校的特色优势学科，对标国际水平。努力引进优秀国际师资，带动学科发展，除了要"引进来"，更要"走出去"，通过与世界各国的孔子学院建立交流与合作，推广河洛文化等本土特色课程。

（六）全面提升洛阳教育国际化水平

教育国际化目标的实现首先要做到办学理念的国际化、教育目标的国际化、教育过程的国际化，以期培养具有国际视野、通晓国际规则的公民。

第一，学校管理层面要提高对于教育国际化理念的认识，积极研究国内外发达地区成功的国际化办学模式和办学理念，以此来规划设计洛阳国际学校的规模和档次，以全新的国际视野来指导学校教学、科研、国际交流活动的开展。

第二，提升学生结构中的国际化比例，学生国际化包括本校学生参与国际交流项目的人数比例，以及来自世界各地来洛交流的留学生人数比例。学生的交流是国际教育合作交流中最重要的部分，洛阳应努力吸引更多的海外留学生来洛学习和交流，使留学生教育成为洛阳市教育新的经济增长点。

第三，努力提高洛阳高等教育人才培养的国际竞争力，培养具有国际视野、国际眼光的高层次国际化人才。在各院校开办各类国际合作办学项目、学分互认、短期研学交流、夏令营、冬令营等学生交流活动。与此同时，努力提高教育对外开放水平，培养全方面发展、外语流利且具有国际视野的新时代青少年。

第四，积极鼓励和引导有条件的公办学校开办国际班，拓宽学生海外就学途径。同时，也要广泛地将优质教育资源"引进来"，以国际友好城市为依托，鼓励洛阳国际学校开展与国外学校的交流、合作，并缔结为友好学校，定期开展双方师生的交流活动。国际教育本土化，基础教育国际化，让真正国际化的教育根植河洛大地，形成更加全方位、宽领域、多层次和更加主动进取的国际教育对外开放新格局，为积极推动构建人类命运共同体贡献洛阳力量。

四　教育国际化对洛阳建设国际人文交往中心的推动作用

通过对洛阳市基础教育领域、职业教育领域以及高校国际化现状的分析，不难看出，教育国际化对于洛阳都市圈国际化建设、建设区域性副中心城市、建设国际人文交往中心能够发挥以下几方面的推动作用。

（一）扩大城市国际影响力

从城市发展角度来看，国际化城市往往是世界政治、经济和文化的综合性中心（区域性中心），是一个地区文化、经济、政治、人文交往最频繁的地方。国际往来过程中，教育扮演着至关重要的角色，教育能够促进科技、文化、政治、人文往来。各大教育机构通过学术交流活动参加国际组织和国际机构举办的各类国际会议、国际赛事、国际竞技、研学互访等活动，增进双方国家的交流互信，从而提升国际影响力和国际知名度，为洛阳建设国际人文交往中心提供新的路径。

（二）提供国际化人才保障

在经济全球化和信息技术革命日新月异的时代背景下，人才流动打破国界，呈现出国际化发展的新态势。洛阳建设国际人文交往中心的目标定位正是要汇聚、吸引、挖掘、培养、壮大高精尖创新型人才和创新型团队。近几年来，国内许多大中城市制定了多种政策，积极吸引海外高层次人才落户，吸引海外人才归国创业。尤其在高等教育领域，职业院校、科研院所等作为培养人才和吸引人才的重要基地，努力以国际化的人才培养模式吸引和培养国际人才，以健全的人事机制、优质的科研条件招揽海内外优秀人才回洛创业，并为高精尖人才提供和营造良好的科研条件、工作条件和生活条件，努力为洛阳成为全国制造业高地、创新型城市贡献智慧和力量，为洛阳市建设国际人文交往中心提供更多的人才支撑。

（三）教育为洛阳城市创新发展提供动能

根据 2021 年科技部和中国科学技术信息研究所分别公布的《国际创新型城市创新能力监测报告（2020）》和《国际创新型城市创新能力评价报告（2020）》显示，洛阳市居创新型城市第 37 位。近几年，洛阳不断加快创新型城市建设，创新创业孵化载体数量达 79 家，在推动产业转型升级，培育壮大新兴产业方面有了很大的进步。但要再上层楼就必须培养一大批高层次创新型人才，教育国际化战略的实施，正是要引进国际一流的科研团队，建设一流的国家、省级重点实验室，以及工程技术研发中心和创新型人才培养中心。

未来，洛阳应依托目前已成熟的洛阳国家大学科技园、洛阳留学人员创业园等平台，进一步深化拓展，努力引进具有国际先进技术水平，以及具有前沿科技转化成果的创新型领军人才（团队）来洛创业，带动洛阳新型制造业转型升级实现新突破。"十四五"期间，围绕洛阳市战略新兴产业发展与传统产业转型升级的发展目标，支持有相关专业背景的高校、职业院校等广泛开展与海内外企业、高校、科研院所合作，打造海外人才离岸创新创业基地、国际科技合作基地等创新合作平台，为洛阳城市创新发展提供人才支撑。

（四）教育国际化推动城市文化建设

国际人文交往中心是文化城市国际化发展的高级形态，因城市具有强大的综合实力和人文魅力，在区域性乃至全球范围内具有较强的文化资源集聚能力，是具有国际影响力的各类文化资源及其相关资源的集聚中心、文化事务的参与管理中心、文化产业的发展中心、文化学术交流中心。国际人文交往中心的定位既要立足于自身的服务经济和文化产业的发展，更要立足于国际文化资源和文化资本要素的集聚。而教育领域的国际化发展必然会推动城市的文化发展和文化繁荣。洛阳建设国际人文交往中心是对国际文化旅游名城的深化与提升，使其成为新时代河洛文化国际表达的新载体。历史的经验表明，国际化大都市既要有发达的经济、灿烂的文化，又应有高水平的教育。洛阳是黄河历史文化的主地标城市，是丝绸之路和大运河世界文化遗产唯一交会的城市，世界上最早的大学太学诞生在洛阳，丰厚的历史文化资源是洛阳吸引海内外学者的一张靓丽的名片。教育是传承中华文脉的最好载体，通过开展广泛、多层次的国际教育交流与合作，扩大洛阳的知名度和影响力，吸引全世界的优秀人才汇聚洛阳、研究洛阳、发展洛阳。通过吸引国际知名文化企业、国际文化组织及分支机构落户洛阳，建立国际人才交流平台和机制，多渠道吸引外籍优秀杰出人才建设洛阳。坚定文化自信，重塑国际视野，弘扬优秀河洛文化，营造国际化氛围，共同推动洛阳文化大繁荣大发展。

参考文献

［1］熊芬：《教育国际化：昆明教育发展的必由之路》，《教育教学论坛》2020 年第 38 期。

［2］张媛：《城市国际化背景下高等教育国际化指标》，《中外企业家》2014 年第 9 期。

［3］《洛阳加快副中心城市建设：着力打造国际人文交往中心》，《河南日报》2020年 6 月 2 日。

B.8
党校培训品牌化助推洛阳人文交往
区域化研究

高萍萍*

摘　要：　党校不同于一般学校，其主要是对党员和党员干部进行培
训、教育的学校，通过培训党员干部，提高其政治思想观念
和科学人文水平。对于洛阳市委党校来说，以品牌化建设为
目标，不断提高党校培训水平，不仅可以提高党校本身的知
名度和影响力，还可以为洛阳建设国际人文交往中心提供场
域载体，助推洛阳国际人文交往中心的区域化发展。本文对
比了五个不同水平的干部教育培训学校，总结和分析了洛阳
市委党校在助推洛阳国际人文交往中心建设中所做的成绩和
差距，并以建成具有一定国际影响力的全国一流党校为目
标，提出党校品牌化建设的路径选择。

关键词：　洛阳党校　培训品牌化　干部教育

　　国际人文交往中心是文化城市国际化发展的高级形态，因其强大的综合
实力和人文魅力，在地区乃至全球范围内具有较强的文化资源集聚和配置能
力，是具有国际影响力的各类文化资源及其相关资源的集聚中心、文化事务
的参与管理中心、文化产业的发展中心、文化学术交流中心。洛阳致力于打

＊　高萍萍，中共洛阳市委党校马克思主义基础理论教研部讲师，研究方向为哲学、政治学。

造国际人文交往中心的条件是得天独厚的。首先，洛阳历史悠久，是十三朝古都，是华夏文明的发祥地；其次，洛阳文化资源厚重，市区有五大都城遗址、六处世界文化遗产；最后，打造国际人文交往中心，也是省委省政府对洛阳发展提出的一个新要求。洛阳要成为国际人文交往中心，推进人文交往区域化是一种有效的方法。人文交往区域化是指在一定的区域范围内，即在地理相邻的地区、人文文化相通的地区，通过契约或协定，促使文化、教育、资源的交流和配置，促进共同的经济和人文发展。而党校干部培训品牌化则是实现洛阳人文交往区域化的一种有效途径，可以助力提升城市吸引力和影响力，为文化、教育、资源的交流和配置提供交流平台。

一　党校培训品牌化在洛阳国际人文交往中心发展中的作用

"党校是干部培训的主渠道、主阵地，是干部党性锻炼的大熔炉，在干部教育培训体系中具有不可替代的作用。"① 打造干部教育培训的品牌，不仅为洛阳人文中心提供场域载体，而且党校培训工作更关乎党的干部队伍建设和事业发展大局。

（一）搭建洛阳国际人文交往中心的场域载体

什么是场域？一个场域可以被定义为在各种位置之间存在的客观关系的一个网络，或一个构型。进一步说，场域是一种具有相对独立性的社会空间，相对独立性既是不同场域相互区别的标志，也是不同场域得以存在的依据。在这个社会空间内，可以是一个行业，也可以是一个区域，而这个区域也可以小到一个学校。比如像清华大学这种名牌大学，虽然是一所学校，却能成为吸引人才、资金等各方面资源的强烈磁场。同样，党校如果能不断提升自身的培训水平，通过党校的品牌化建设也可以成为吸引外来资源的场域

---

① 李宽松：《论基层党校干部培训的品牌化道路》，《探求》2012年第1期。

载体。洛阳市委党校应该在这一理念下创造自己的培训品牌，通过干部教育培训的品牌化产生虹吸效应，为洛阳国际人文交往中心的发展搭建平台。

（二）为洛阳国际人文交往中心建设提供智力支持

要有一批想干事、能干事、干成事的高素质干部队伍，干部教育培训是必不可少的关键环节。干部能搬石头，群众就能搬石头；干部能流汗水，群众就能流血水。有了肯干、能干、会干、干得好的干部队伍，洛阳国际人文交往中心的建设才有了主心骨和智力支持。这些干部队伍分布在我们党建设事业的各个部位，践行着党的各项方针政策。领导干部通过党校的学习，可以更好地理解马克思主义理论和党的政策法规，并以此指导自己的工作实践，在洛阳打造国际人文交往中心的过程中发挥关键作用。

领导干部在党校学习除要掌握马克思主义理论、党的政策法规外，还要学习相应的人文知识，比如经济学、历史、哲学、文学等，提高领导干部对人文科学的认知能力，从而提高人文素养。人文素养表现为一个人在外界交往中处理各种人际关系，以及做人的基本态度和看法，而这些都影响着领导干部在工作中的成绩和效率。因此全面提升各级党政领导干部的人文素养，对于贯彻洛阳副中心城市建设，打造国际人文交往中心，促进洛阳人文交往区域化发展有着极其重要的现实意义。

（三）提升洛阳人文交往区域化整体品质

伴随着品牌建设向干部教育培训领域延伸，实施干部教育培训品牌化战略是新时期地级党校在干部教育培训工作中提升科学化水平的必然选择。党中央对干部教育培训工作始终非常重视，要求不断增加干部教育培训的规模，提高干部教育培训水平，这也是对每个党校提出的要求。

要提高党校干部教育培训水平，就必须从教学质量上下功夫、从教学管理上下功夫、从科研能力上下功夫、从创新上下功夫、从特色上下功夫，从而打造党校干部教育培训的品牌。而优质的干部教育培训品牌又会产生强大的影响力，这种影响力是难以精确估量的。一旦形成品牌效应，就会受到培训人员的关注，拥有可持续发展的内驱动力。创建培训品牌既是干部教育培训事业发展的客观需要，也是培训机构在激烈的市场竞争中突出重围、生存发展的保证，同时更是培训机构提高管理水平和社会经济效益的重要举措。为此，党校品牌不仅要做大，而且要做强，努力打造竞争力强、影响力大、叫得出名的一流培训品牌。

二 党校在培训品牌化过程中做出的成效

（一）洛阳市委党校基本情况介绍

中共洛阳市委党校创建于1955年，后来为了工作需要，在1997年又兼办了洛阳行政学院，2004年又挂牌洛阳市社会主义学院，目前形成了洛阳市委党校、洛阳行政学院、洛阳社会主义学院"一校两院"的办学体制。2003年，洛阳市委党校被省委批准升格为大专体制，是河南省省辖市党校中首批被升格为大专体制的党校。2009年在各县（市）委党校加挂分校牌子，2013年1月加挂吉利区分校，2015年12月，又成立了市直机关分校，目前有11个分校。党校实行校务委员会负责制，现有校委委员6人。人员编制165人，现在编在岗139人，其中专职教师50人，教授1人，副教授22人。

洛阳市委党校新校区位于洛阳市伊洛路100号，建设用地289亩。项目共有两期工程，设计理念是以"两轴"（党校研修主轴和生态绿轴），"两带"（伊洛东路景观带和伊河生态观光带），"六片区"（学研区、教学区、图书信息综合区、生活服务区、文体活动区和配套辅助区）为空间布局。目前，项目（一期）已完成主体工程，项目（二期）正在规划设计。建成后的市委党校新校区，教学设施齐全，服务体系完备，校园环境优美，能够满足大规模培训轮训干部的需要。

（二）做出的成绩

1. 主体班办班质量逐年提高

洛阳市委党校聚焦主业主课，坚持党校姓党原则，发挥党校特色和优势，在教学、科研、管理上从严管理，教学科研管理水平在全省地市级党校中排名靠前。目前，开设的主体班次包括：习近平新时代中国特色社会主义思想县处级干部研修班，县处级领导干部进修班，中青年干部培训班，青年干部培训班，乡镇（街道）领导干部进修班，县（市、区）委局长进修班和市直机关科级公务员培训班、选调生班、军转干部培训班等。自2009年秋季学期开始，洛阳市委党校系统在全省率先实施教学业务"六统筹"，即统筹班次学制、统筹教学计划、统筹教学内容、统筹教学研讨、统筹师资调配、统筹教学评估，有效提高了各分校的办学质量。在教学方式方法上，通过情景模拟式教学、研讨式教学、互动式教学、案例式教学、体验式教学、现场教学、专家领导讲堂、学员讲堂等教学形式，增强教学的灵活性、针对性和实效性。在体系支撑上，加强专题库、案例库、外聘专家库和现场教学基地建设。

2. 社会宣讲培训的影响力逐年扩大

2010年以来，洛阳市委党校发挥师资优势，深入机关、企业、农村、社区开展"送党课进基层"活动，在全国创新开展面向基层干部进行培训的"流动课堂"，累计在全市各县（市）区180个乡镇（办事处）办班540余期，培训基层党员干部55000人次，实现了全市乡镇（办事处）基层干部学习培训全覆盖。中组部《全国干部教育通讯》、中央党校《学习时报》相继刊发了洛阳市委党校的工作经验。学校还被市委宣传部表彰为全市"党的创新理论万场宣讲进基层"活动先进集体。洛阳电视台、《洛阳日报》和"学习强国"平台陆续报道了洛阳市委党校"流动课堂"打通理论走向基层"最后一公里"的经验做法。

3. 党校的资政智库职能逐年提升

洛阳市委党校坚持教学、科研、资政"三位一体"，紧紧围绕全市中心工作开展学术研究和决策咨询，将新型智库建设作为彰显党校作为、体现党校担当的突破点。2015年以来，累计立项省级课题20项，市级课题103项，公开发表论文112篇，向市委、市政府报送的以《送阅件》为主要形式的资政报告达到18期，均得到相关市领导的肯定性批示。自2015

年起，党校主持编写《洛阳文化发展报告》蓝皮书，并于当年成功入选国家"皮书"方阵，是全国地市级党校少有的公开出版并且每年连续发布的智库报告。2017年6月，党校法学与科技文化教研部被聘为市委法律咨询机构。2018年4月，党校成功主办河洛区域（豫西北）发展论坛第一届年会，牵头平顶山、焦作、三门峡、济源等地（市）党校，初步搭建起推动河洛区域（豫西北）各地（市）融合发展、联动发展的科研平台。2019年在《光明日报》《学习时报》《洛阳日报》发表理论研究文章29篇。编辑了由中央党校出版社出版的《自贸区干部读本》《洛阳工业创业创新精神》《焦裕禄精神在洛阳》《生活中的焦裕禄》《新时代焦裕禄精神干部读本》等特色教材。作为市委市政府的重要智库部门，先后参与第二届中国—中东欧国家文化遗产论坛和"推动洛济一体化发展、建设现代化都市圈示范区"协商座谈会等重要活动，为洛阳高质量发展建言献策。

4. 获得的荣誉称号

洛阳市委党校坚持以党的最新理论成果为指导，全面贯彻全国、全省和全市党校工作会议的部署要求，严格依据《中国共产党党校（行政学院）工作条例》和《中共中央关于加强和改进新形势下党校工作的意见》以及省委、市委关于加强和改进党校工作的"实施意见"，着力突出主业主课，推进教学改革创新，发挥科研支撑作用，加强新型智库建设，以教学科研资政为中心的各项工作有了长足进步，先后获得"全国党校系统科研工作组织奖""全省先进基层党组织""全市宣传思想文化工作先进单位"等荣誉称号。自2015年以来，连续三届被河南省委省政府命名为"省级文明单位"。2019年，被河南省委省政府命名为"省级文明单位标兵"。

三 外地干部培训先进经验及我校存在的差距

洛阳市委党校曾派人赴清华大学继续教育学院、浙江大学干部教育培训基地、上海市委党校、成都市委党校、红旗渠干部学院进行异地教学，这些学校的干部教育培训都各有特点，有很多值得学习的地方。

（一）院校基本情况

1985 年，清华大学继续教育学院经教育部批准正式成立，是全国高校第一所继续教育学院。联合国教科文组织继续工程教育教席也设在该学院。学院专设教学委员会，下设北方培训中心、中部培训中心、东南培训中心、远程教育中心、长三角培训中心、中央企业培训中心、公开招生项目中心、国际教育中心、教育培训中心、西部培训中心、军地两用人才培训中心等11 个业务部门，并特设终身学习和终身教育研究院、公益事业部、校内服务和培训办公室、教学基地建设办公室。学院目标愿景是成为中国特色、世界一流的继续教育学院。

浙江大学干部教育培训基地成立于 2009 年，当时中组部、教育部经过考察研究，在全国范围内遴选浙江大学等 13 所著名高校建立了首批全国干部教育培训高校基地。浙江是中国革命红船的起航地、改革开放的先行地、习近平新时代中国特色社会主义思想的重要萌发地和实践地，浙江大学干训基地充分发挥浙江"三个地"和"重要窗口"的优势以及浙江大学的学科、人才等综合优势，在教育培训的针对性、实效性上下功夫，力争把浙江大学干部教育培训基地创建成一流的教育培训基地，以高质量教育培训干部，高水平服务党和国家事业发展。华家池校区占地 1257 亩，校区内有自管培训教室 75 间，座位数 5465 个，且可同时容纳住宿 1100 余人、就餐 3000 余人；图书馆拥有藏书百余万册；田径场、篮球场、排球场、网球场等设施齐全，为教育培训提供了完善的教学和生活保障。

上海市委党校与上海行政学院实行"两块牌子、一套机构"的办学体制。校院设校本部和两个校区。校本部位于上海市徐汇区虹漕南路 200 号、123 号，占地面积 225 亩，建筑面积约 16 万平方米；淀山湖校区位于青浦区朱家角镇绿湖路 301 弄 18 号，占地面积 165 亩，建筑面积约 1.3 万平方米；梅陇校区位于徐汇区梅陇路 161 号，占地面积 37 亩，建筑面积约 4.4 万平方米。校院可同时容纳 1500 余名学员住校学习。学院坚持党校姓党，体现行政学院特色，使办学水准处于全国前列，其目标是建成"具有国际水平"的"亚洲一流行政学院"。

成都市委党校（成都行政学院、成都市社会主义学院、成都市团校）是成都市委直属事业单位，实行"一套机构、四块牌子"的管理体制，是市委市政府负责培训和轮训党政领导干部、国家公务员、统一战线人才、团干部和青年，并进行理论研究的重要部门，是推进全市党的思想理论建设的重要阵地，是市委哲学社会科学研究机构和新型智库。校（院）实行校（院）务委员会领导体制，共有 29 个内设机构，另设置机关党委。校（院）主校区位于成都市龙泉驿区驿都西路 1492 号，占地面积 207 亩、总建筑面积近 10 万平方米，教学楼、图书馆、会议中心、文体馆、学员宿舍楼、行政办公楼、餐厅等办学保障设施一应俱全，可同时容纳 2600 余人在校学习生活。在建的草堂校区（成都市青少年培训基地）位于成都市青羊区青华路 49 号，计划 2021 年竣工，该项目占地面积 9 亩，总建筑面积 8000 余平方米。

红旗渠干部学院位于红旗渠精神的发祥地——河南省林州市，2013 年 8 月建成并投入使用。学院系安阳市委直属事业单位、河南省党性教育"三学院三基地"重要组成部分，是一所集精神传承、党性教育、宗旨践行为一体的党性教育特色基地。学院占地面积 1200 亩，建筑面积 13 万平方米，可同时容纳 1200 人学习培训，并逐渐形成了以红旗渠精神教育为主题的品牌效应，努力打造全国一流的党性教育培训学院。

（二）院校数据对比情况

1. 师资力量对比

清华大学继续教育学院和浙江大学干部教育培训基地的师资力量依托的都是中国名校清华大学和浙江大学的师资力量，高级职称，院士，享受国务院特殊津贴专家、各领域的带头人以及国家级的名师众多。红旗渠干部学院多数是以现场教学为主，所以对老师的要求有所不同，学院教师也是以外聘和兼职教师为主（详见表 1）。

表1 各院校师资力量

学院	教职工人数	教师构成
清华大学继续教育学院*	12934	教师中具有正高级职务的1400人,具有副高级职务的1703人;现有教师中有诺贝尔奖获得者1名,图灵奖获得者1名,中国科学院院士53名,中国工程院院士40名,16名教授荣获国家级"高等学校教学名师奖"
浙江大学干部教育培训基地*	9377	中国科学院院士、中国工程院院士(含双聘)50人,文科资深教授13人,教育部"长江学者奖励计划"特聘教授96人,国家杰出青年科学基金获得者145人
上海市委党校	510	国家级"百千万人才工程"第一、二层次人才1人,国家"万人计划"领军人才1人,文化名家暨"四个一批"人才1人,享受国务院特殊津贴专家(在岗)5人,上海领军人才3人,上海市青年拔尖人才1人,另聘请100余位专家学者担任兼职教授和客座教授
成都市委党校	232	博士学位教师30余名,高级职称教师80余人;拥有二级教授2人,四川省首批"四个一批"理论人才1人,四川省"天府万人计划"社科精英1人,成都市有突出贡献专家1人,市政府特殊津贴专家2人
红旗渠干部学院		学院建设了专兼结合、以兼为主的师资队伍。建立了党校、高校、干部学院等多个单位,多名专家组成的外聘师资库

* 该数据为大学数据。

资料来源:笔者调查所得,其后表格均如此,不再标注。

通过上面的表格可以看出,清华大学继续教育学院和浙江大学干部教育培训基地目前应该是我们国家一流的干部教育培训基地,拥有的国家级名师是以百来计数的;专职教师和高级职称人数都是千量级的。上海市委党校依托其优越的地理位置,目前是全国一流的省(区、市)级党校,国家级名师以个位数来计,专职教师和高级职称则是以百位数来计。成都市委党校则是西部地区一流党校,拥有高级职称的人数比较多,达到了80余位。红旗渠干部学院是河南省一流的干部培训基地,在全国也有一定的知名度,教师构成是专职加兼职,且以兼职为主,兼职教师中有很多名师。

2. 科研产出对比

从科研产出来看，全国一流的干部教育培训基地中，清华大学继续教育学院和浙江大学干部教育培训基地科研成果数量多、质量高，基本都是国家级水平，上海市委党校在全国权威核心期刊发表论文篇数较多，成都市委党校近两年完成国家社科基金项目3项（见表2）。

表2　各院校科研产出

学院	科研成果
清华大学继续教育学院	2019年出版理工农医类学术著作85部，人文社会科学类学术著作261部；以第一作者单位发表NS论文20篇；共获得国家科学技术奖20项，其中，国家自然科学奖5项，国家技术发明奖4项，国家科学技术进步奖11项
浙江大学干部教育培训基地	获得国家科技进步特等奖1项、一等奖7项、二等奖46项，科研创新指标在高校中位于前列
上海市委党校	2017年共获得9项国家社科基金项目立项，其中重点项目1项，连续六年在全国省级党校、行政学院位列第一；共获得各类省部级课题38项，其中上海市社科规划各类课题21项；在人大报刊复印资料学术论文转载排行榜中，校院继续位列全国党校、行政学院系统前三名（仅次于中央党校、国家行政学院），连续八年在综合指数排名中位列全国省级党校、行政学院第一；2020年在权威期刊发表论文18篇，在C刊发表论文93篇
成都市委党校	校（院）连续多届荣获中央党校颁发的优秀科研工作组织奖；近两年来，完成国家社科基金项目3项，立项中央党校（国家行政学院）、中央社会主义学院重点和高端智库课题19项，四川省社科规划项目与省软科学科研课题16项，四川省党校（行政学院）、社会主义学院系统课题40余项，成都市社科规划研究与市软科学课题60余项；决策咨询成果获得市委主要领导肯定性批示8篇，市级以上领导肯定性批示和被相关部门采纳应用的80余篇；在《人民日报》《学习时报》等中央媒体上发表理论文章近20篇；公开发表学术论文500余篇；主办全国性理论研讨会多次，多位教研人员先后受邀在国际行政科学学会年会上做交流
红旗渠干部学院	在《人民日报》《光明日报》《河南日报》《中国纪检监察报》上发表多篇关于红旗渠精神的文章

3. 培训规模对比

从培训规模可以看出，干部教育培训的水平和级别也是与培训的规模相关的，水平和级别越高，品牌知名度越大，参训人员就越多，规模就越大，涉及范围也越广。清华大学继续教育学院和浙江大学继续教育学院的培训人次累计达到百万人次，与上百个国家有交流。上海市委党校、成都市委党校和红旗渠干部学院的培训人次也达到了万人次，涉外培训班也有十个左右（见表3）。

表3　各院校培训规模

学院	所在地	培训人数	对外交流
清华大学继续教育学院	北京	累计110万人次	联合国教科文组织在中国的继续工程教育教席设在清华大学,举办高水平国际合作继续教育项目
浙江大学干部教育培训基地	杭州	年均培训逾10万人次	15个部委班次,厅处级干部班1800余个,重点企业负责人培训班、世界500强企业培训班若干
上海市委党校	上海	年均2万人次	14个国家20多个境外公务员培训院校和培训机构
成都市委党校	成都	年均1万人次	10多个国家
红旗渠干部学院	林州	年均4万人次	6个国家

（三）经验和存在的差距

根据上面的表格，可以看出，全国一流的干部教育培训学院和河南省一流的培训学院都非常重视学校品牌软硬件的建设，比如，师资力量的建设、科研成果的输出、课程体系的完整度和科学性、完善的科研管理体系等。对比洛阳市委党校干部培训的现状，洛阳市委党校与全国一流的干部教育培训学院和河南省一流的干部培训学院存在明显的差距。

首先是培训规模不大。不管是主体班次还是对外培训班次，洛阳市委党校的受训人数都远远少于上面的几个培训学院。尤其在涉外培训上还是空白，这与洛阳市建立国际人文交往中心的定位是不匹配的。其次是师资力量薄弱。洛阳市委党校从师资人数和水平上都与国家一流党校存在差距，尤其是科研水平比较低。再次是高层次的文化交流比较少。目前洛阳市委党校的文化交流主要在洛阳市范围，最多扩大到河南省，没有全国水平的更别提与国外高层次的文化会议交流。最后是硬件设施不完善。新校区正在建设，目前，项目（一期）已完成主体工程，只能同时容纳 300 人在校住宿学习，项目（二期）完成之后才能同时容纳 1500 人在校学习，与国家一流党校水平所要具备的硬件设施相比还是不够的。

四 远景规划和目标以及路径选择

（一）远景规划和目标

为了创建具有一定国际影响力的全国一流党校，需要不断使洛阳市委党校干部教育品牌化，助力洛阳国际人文交往中心的建设与发展。

第一阶段：2021～2025 年，建设成为河南省一流的党校，专职教师人数达到 70 人，高级职称比例达到最佳，年培训人次争取达到万人次，国家级课题、涉外培训方面力争实现零的突破。

第二阶段：2026～2035 年，建设成为中西部一流市级党校，办学规模进一步扩大，高层次会议和人才进一步增加，涉外培训突破 10 个班次。

第三阶段：2036～2050 年，具有一定国际影响力的全国一流市级党校。对外培训涉及全国各个省市，境外培训国家和地区超过 20 个。具有举办国际文化交流会议的能力和水平。

（二）路径选择

要使洛阳市委党校培训教育品牌化，需要从品牌课程、品牌师资、品牌方法、品牌管理、品牌特色五个方面来提升，打造具有一定国际影响力的全国一流特色党校。

1. 提高课程的针对性，打造品牌课程

党校培训针对的是各级领导干部，一定要坚持讲政治、讲党性，坚持党校姓党的原则。设置课程的时候一定要按照培训目的和培训对象进行深入广泛的调研，有针对性地设置，所授培训课程既要有对理论的深度解读，也要有联系实际的经验分析，对领导干部的工作要有启发指导作用。

一是理论与实际相结合。要紧跟中央最新理论成果设置相关课程，比如党和国家召开的重大会议宣讲和会议精神的解读，及时准确地向基层传达、宣传、讲解会议精神；要紧跟河南省、洛阳市的决策部署设置相关课程，宣传省市会议精神，结合洛阳市工作实际设置相关课程，比如黄河流域高质量发展系列课程、洛阳副中心城市建设和洛阳都市圈建设的系列课程；要紧密联系学员工作实际，有针对性地对不同班次开设不同的课程，做到课程设置理论联系实际，既要讲清楚为什么，还要讲明白怎么办，做到上能接天，下能接地。

二是自由式选课和固定式模块相结合。自由式选课的选择权在学员自身，学员根据学校给出的课程清单，结合自己的学习需求和爱好来选择。而课程清单就需要洛阳市委党校通过一系列方式，比如调查问卷等来摸清培训对象的学习需求，再结合基层领导干部的工作性质和特点，设置不同的专题课。在自由式选择课程的基础上，还可以此为依据设置一系列的固定式教学模块，相对来说，固定式教学模块课程具有一定的完整性和连续性，对象性也比较明确。模块设置的过程中，要做到既有理论、热点分析，又有实践操作课程，教学方式也不局限于课堂教学，还应该有现场教学、异地教学等。通过这两种方式的互补，既能调动受训人员的积极性和主动性，还能保证党校培训的系统性和完整性，从而取得良好的培训效果。

三是主课程和能力提升相结合。洛阳市委党校的课程设置首先要凸显主课主业，主课程一般包括习近平新时代中国特色社会主义思想，经典理论类学习，党性修养类（党章、党的宗旨、党的优良传统、党规党纪与党风廉政、党性强化教育），会议精神解读类等专题，这些主课主业应该不低于课程的70%。其次就是其他课程，比如业务知识与核心能力相关知识、科学人文素养知识等，这类课程不超过30%。最后，设置课程要有针对性。在不同班次应该要有差别化设置，比如在选调生班、县（市区）委局长班、城市区科级干部班、中青年干部班、县处级干部进修班、乡镇长班等不同班次，应该根据不同的级别、不同的地区，设置不同的有针对性的课程，从而满足各层次学员的学习要求；另外，在不同时期还要针对当下的难点、热点问题进行相关专题的培训。

2. 加强师资队伍建设，打造品牌师资

一是建立具有专业能力的师资库。党校的师资力量不仅仅是由党校的教师组成，而且应该由党校专职教师、领导干部、外聘专家、某方面突出的先进模范，以及有丰富实践经验的优秀学员组成。师资库的老师要具有正确的理论方向、深厚的理论功底、丰富的知识储备、良好的科研资政能力等。

二是不断提升师资水平。引进和培养具有博士学历的高层次人才，一方面通过优厚的条件，以公开招聘的方式吸纳博士学历的教师，另一方面创造良好条件培养本校的硕士研究生继续深造；加大高级职称人员的比例，鼓励和创造机会让各级职称专业人员向更高级的职称晋升；建立党校教师外出进修制度，保证每一位教师一年能外出进修一次，不断提升理论水平；选派老师到基层锻炼，不断提高教师的实践经验；建立教师教学大赛长效机制，通过不定期的教师教学大赛，不断督促教师提高理论水平和教学水平，形成良性竞争氛围。

三是建立科学的师资评价体系。科学有效的师资评价体系不仅可以提高教师的积极主动性，而且能形成奋勇争先的良好局面。建立以"德、能、勤、绩"为主线的评价体系。"德"，主要从师德表现、道德修养方面来评价，师德师风作为教职工评优、评模以及晋升职称、职务晋级的依据，实行师德师风一票否决制；"能"，主要从知识水平，能力素质，从教学方法等方面来评价；"勤"，主要从教学态度、出勤率来评价；"绩"，主要从教学工作业绩、课堂教学质量和教学效果来评价。

3. 创新教学方法，打造品牌方法

一堂课的成功与否不仅与这堂课的教学内容息息相关，也与教学方法有紧密关系，只有开拓思维，在教学内容和方法上不断创新，才能使课堂生动活泼，受到学员欢迎。

一是推行教学方法改革与创新。我们既要创新传统讲授式教学，又要使讲授式教学和其他教学方式相辅相成。传统讲授式教学是党校课堂最常用的一种方式，在宣讲党的基本理论过程中发挥着重大的作用，但是，传统式教学也存在弊端，就是理论多，实践少，所以洛阳市委党校要求学员在入学时就要提交"两带来"，即学员把在实际工作中所遇到的一些问题和困惑带来，老师在收集这些问题的时候，也会把相应的对策加入课堂讲授中，这样就做到了既有理论，又有实践；既有广泛性，又有针对性。讲授式教学作为一种传统的教学方式，其作用不言而喻。我们不仅要发挥讲授式教学的优势，还要辅助其他一些教学方式来增强课堂的灵活性，比如研讨式教学、互动式教学，通过学员的研讨和互动，增强学员的参与度和积极性；体验式教学和情景式教学则是让学员置身一种场景或到实地感受，增强学员对所学内容的认同感和体验感。

二是拓宽培训渠道，开创异地教学。洛阳市委党校与焦裕禄干部学院、大别山干部学院、愚公移山干部学院等省内三学院三基地建立了培训合作关系，先后组织县处级干部培训班、中青年干部培训班、乡镇长干部培训班学员到这三个学院异地教学。通过异地教学，拓宽了知识涵养，增强了党性修养。如在焦裕禄干部学院异地教学过程中，一方面，我们邀请焦裕禄干部学院的专家为学员讲授"焦裕禄在兰考的475天""学习焦裕禄精神，不忘初心，永在路上""深入学习理解习近平总书记关于焦裕禄精神的论述"等专题课，让学员从理论角度加深理解焦裕禄精神；另一方面，我们也组织学员实地考察焦裕禄同志在兰考治理风沙时走过的每寸土地，通过翻沙填淤、运送泥沙等体验式劳动，让学员感受到当年焦裕禄书记在兰考防沙治沙的艰辛和不易，从而在心灵上受到震撼和冲击，更深入地理解和学习焦裕禄精神。

4. 推进精细化管理，打造品牌管理

良好的教学管理可以使教学培训工作有序进行，推进干部培训质量的良性发展。教学管理越精细化，教学任务就能越顺利推进。

一是积极推动建立和完善干部培训的管理机制。为适应新时代洛阳市干部教育培训事业发展要求，突出洛阳市委党校以高质量教学为中心、以高质量教学管理为抓手的教学理念，提高新时代教学工作科学化、制度化、规范化水平，依据相关文件和精神，在原有教学管理制度的基础上，按照党校制度建设年的要求，结合新时代干部教育培训的实际需要，洛阳市委党校修订了一系列教学管理制度，包括师资培养、教学科研、主体班学员管理等方面的规章制度。

二是建立有效的教学优质课评估办法。坚持党校姓党、用学术讲政治、公开公平公正、学员满意标准的原则，对主体班所有授课专题进行优质课测评，全员参与，主体班学员打分。学员对教师授课的打分依据分为五项内容，即教学态度、教学内容、教学方法、教学效果和课件制作，总分为100分。优质课评估只在学制一个月以上的主体班中进行，每月进行一次，根据打分结果，每班分数高的前三分之一课程为本班优质课，并由教务处进行公示。凡获得优质课的教师，在评优评先、外出培训、异地教学考察等方面予以优先安排。

三是规范学员管理工作制度。每个班级配备一名班主任和一名辅导员，班主任由学员工作处的老师担任，负责学员的全面管理，包括考勤、生活等。辅导员由专职教师担任，主要负责学员的学习情况，包括组织学员论坛、学员研讨、学员党性分析报告的撰写等。班主任和辅导员都要全程跟班听课，以便及时掌握学员的生活和学习情况。同时还要建立健全学员自我管理机制。各主体班次应当及时建立支委和班委，实行一套人马、两套班子。让学员民主选出来的支委、班委成员发挥核心作用。日常活动就可以由支委、班委成员来组织负责，更利于调动学员的积极性。

四是严格执行制度规定，加强对学员的量化考核管理。为进一步加强主体班学员日常综合考评，加强主体班学员组织和管理，促进学员自觉加强理论学习，增强党性修养，实现培养目标，应该将考核更具体化和量化。对学员在校期间的党性教育（25分，包括党性修养、遵纪守法、廉洁自律、党性分析报告），学习管理（35分，包括学习表现、研讨活动、理论知识掌握程度），组织管理（20分，包括组织生活、考勤纪律），生活管理（20分，包括就餐管理、住宿管理、文体活动）进行量化打分，作为平时考核的主要依据。最终学员的考核要实行平时考核和期末考核相结合、个人总结与小组评议相结合、定性与定量相结合的办法，把学员在校培训期间的综合表现分类归档，作为组织人事部门任用干部的重要依据。

5. 发挥文化区域优势，打造品牌特色

品牌化的根本是创造特色，使自己与众不同。怎样打造自己的品牌特色呢？可以依托特有资源建立对外培训学院，扩大影响力，增强场域吸引力。比如，依托红色资源建立的大别山干部学院、井冈山干部学院就是以中国革命发源地和主要活动区域为基本特色的干部培训学院；依托某种精神而成立的焦裕禄干部学院、红旗渠干部学院则分别是以焦裕禄精神和红旗渠精神为特色建立的干部培训学院。如红旗渠干部学院在 2019 年前八个月就承接班次 716 期，累计培训学员 38015 人次，班次来源于全国各个省（自治区、直辖市），还有数个涉外培训，如老挝班次、欧洲班次、美国班次、摩尔多瓦班次、突尼斯班次、乌干达班次等；还有依托地域优势的昆明市委党校，因为地处中国的边境，其境外培训就有了便利条件。昆明市委党校共举办过 5 期涉外培训班次，包括老挝、缅甸、尼泊尔和莫桑比克等国家，共计培训 135 人次。通过这种涉外培训班，以昆明市委党校为平台，让外国学员领略到了昆明四季如春的美丽风光和欣欣向荣的发展景象。通过学院的特色条件，扩大了对外培训的力度和规模，也增强了学院所在地的知名度和影响力。党校要成为洛阳国际人文交往中心的强磁场，就要发挥干部培训的作用，成立对外培训学院，增强影响力。

一是挂牌成立"洛阳工业干部学院"。洛阳不仅历史悠久，而且在经济发展领域同样留下了历史印记。在隋、唐等多个朝代，洛阳都是国际化大都市，经济处于世界领先地位；到了清末、民国时期，虽然在全国并不突出，但是在河南仍然是位于前列，资本主义性质的近现代工业、商业在这座历史文化名城开始发芽结果。新中国成立后，全国多项重点工程落户洛阳，使洛阳一度成为门类较为齐全的全国重要的工业基地。改革开放以来，一些新兴的城市迎头赶上并超过了洛阳，但是这个老工业基地正在进行一场艰难的转型攻坚战，奋力建设特色明显的新型工业化城市。这段经济发展史中所蕴含的工业文化也是洛阳作为国际人文交往中心对外宣传的一个亮点，是洛阳与国外交往的一个重要途径。自 2015 年底起，洛阳市委党校就开始挖掘这段工业历史文化资源，以焦裕禄在洛矿的这段历史为契机，建立了"以焦裕禄精神为代表的洛阳工业创业创新"教学基地，并以此为蓝本，开发了一系列相关课程，并且已在洛阳市本地的主体教学班次中进行教学活动，教学效果反馈良好。另外，还以此为契机，接待了来自广东、新疆、江西等10多个省内外领导干部的异地培训班，也同样得到了热烈反响。通过这个课程平台，不仅让外地学员来到洛阳，了解洛阳的历史文化，还让他们感受到了洛阳工业文化带来的强烈震撼和冲击。目前洛阳市委党校正在筹划对外培训的学院——洛阳工业干部学院，预计2021年5月正式挂牌成立，目的就是要依托洛阳的工业文化，加上新校区的硬件设施，扩大洛阳市委党校对外宣传的力度，同时，对外培训的过程也是洛阳文化对外展示和输出的过程。

二是挂牌成立"洛阳中华文化学院"。1997年，经中央有关部门批准，中央社会主义学院加挂"中华文化学院"牌子，成为我国唯一一所以"中华文化"命名的中央级教育机构。旨在向港澳台胞和海外侨胞传播中华文化。成立20年来，中华文化学院坚持不懈扩大与港澳台青年精英、海外华人华侨、国际友人的交流，逐渐打造出"台湾大学生中华文化研习营""国情研修班"等一批教学品牌，以及"中华文化论坛"等学术交流品牌，初步形成文化研修和文化交流相结合的教学模式。迄今为止，已成功组织了1.7万名台湾学生到大陆研习考察。在香港开办大讲堂等学术活动，定期到港澳台地区以及海外进行学术访问，完成一批中华文化类的科研成果，在海内外形成了较大影响，为团结、凝聚港澳台同胞和海外华侨、华人，落实"一国两制"和促进祖国统一做出了应有贡献。目前，已形成《传统文化与马克思主义中国化》《中华文明通论》等一批高质量、有分量的资政建言成果，举办了"构建中华民族共同体""丝路文明与互鉴互融""汉藏佛教交流交融与中华文化""中华文明与人类共同价值"等国际学术研讨会和高端论坛，努力探索提升中华文化软实力、促进中华文明与世界文明互鉴互融的路径和方式。

目前全国很多省市社会主义学院都依照中央有关精神，为适应中国特色社会主义现代化建设和统一战线工作的需要挂牌成立了中华文化学院，比如北京文化学院、浙江文化学院、湖北省文化学院、福建省文化学院、广州文化学院、宁波文化学院等。依托文化学院的成立，搭建了对外文化交流的平台，促进了学院的发展。

洛阳市委党校目前是"一校两院"的办学体制，为进一步发挥洛阳社会主义学院在统一战线工作和弘扬河洛文化中的作用，依据中央有关精神，拟挂牌"洛阳中华文化学院"，实行"一套机构、四块牌子"的办学体制。届时，通过这一平台，逐步形成一批具有河洛文化、黄河文化、优秀传统文化特色的培训班次。通过丰富的教学形式，讲好黄河故事、河洛故事，并且以黄河文化和河洛文化为载体创建高峰论坛，定期与相关的社科单位、专业文化研究机构联合举办活动。比如客家文化，因为客家人虽然分布全球各地，但都认可洛阳是他们的精神故乡。这些客家人就像一条条纽带，把洛阳与全世界连接在一起，不断扩大洛阳在海内外的"朋友圈"。

参考文献

［1］刘振华：《论干部教育培训新格局下党校的干部教育品牌与创新》，《中国浦东干部学院学报》2009 年第 1 期。

［2］吴辉国：《浅析县（市）党校办好党政培训班的主要对策》，《延边党校学报》2011 年第 1 期。

［3］沈力群等：《深化改革 突出创新 强化管理 开创党校教学工作新局面》，《中共南京市委党校学报》2011 年第 1 期。

［4］涂平：《提高县（区）党校教学质量的几点思考》，《达州新论》2010 年第 4 期。

［5］朱亮高：《高深度开掘党校教学课程，不断提高干部教育培训质量》，《党政论坛》2011 年第 1 期。

［6］《在全国党校工作会议上的讲话（2015 年 12 月 11 日）》，引自《习近平关于总体国家安全观论述摘编》，中央文献出版社，2018。

［7］《习近平谈治国理政》第 3 卷，外文出版社，2020。

［8］《习近平在指导兰考县委常委班子专题民主生活会时强调作风建设要经常抓深入抓持久抓 不断巩固扩大教育实践活动成果》，《党建》2014 年第 6 期。

B.9
通过地标性建筑增强洛阳国际人文交往中心辨识度研究

刘凡进*

摘　要： 洛阳，居天下之中、九州之腹，是十三朝古都，也是世界公
认的四大圣城之一，有构建国际人文交往中心的文化、历
史、区位优势，有许多引以为傲的地标性建筑，但在具体打
造地标性建筑时，也需要警惕类似奇观化、怪诞化、雷同化
的问题。在打造地标性建筑、助力洛阳国际人文交往中心辨
识度提升的过程中，洛阳应发挥历史文化名城的优势，厚植
洛阳历史文化元素，打造黄河文化、河洛文化、丝路文化、
隋唐大运河文化、牡丹文化的地标，而且需要彰显国际范，
打造国际康养中心、构建高端教育平台、完善国际大通道
等，为洛阳国际影响力的彰显赋能，让世界目光聚焦中国
洛阳。

关键词： 地标性建筑　人文交往　奇观化

美国建筑学家沙里宁曾讲过："城市是一本打开的书，从中可以看到它
的抱负。而地标性建筑，当之无愧是城市这本书的封面。"[1] 洛阳有4000多
年的建城史和1500多年的建都史，拥有丰富的地标建筑资源。每一个地标

＊　刘凡进，洛阳师范学院新闻与传播学院讲师，研究方向为文化传播与城建研究。
①　邓诗琪：《万家丽国际MALL即将惊艳登场》，《湖南日报》2015年9月30日。

建筑都是展示洛阳风采的名片，寄托着河洛儿女浓厚的情感。2020 年对于古都洛阳来说，是振奋人心的一年，是展翅腾飞的一年。2020 年 3 月，河南省委省政府通过《关于支持洛阳以开放引领加快建设中原城市群副中心城市的若干意见》；2020 年 10 月，通过《洛阳都市圈发展规划（2020 ~ 2035 年)》。2020 年 12 月，文化和旅游部公布了第一批国家义化和旅游消费示范城市，洛阳是河南省唯一标记在册的城市，彰显了从国家到河南省委省政府对于洛阳副中心城市建设、都市圈建设、国际人文交往中心建设的重视与期望。面对新的机遇，千年古都必须抓住契机，焕发活力。为了更好地诠释洛阳的风采，打造一些地标性建筑显然是非常重要的环节之一。

一　地标性建筑在增强洛阳国际人文
交往中心辨识度中的作用

地标性建筑是能充分体现该城市风貌的地域标签，是地域文化的具体表征。地标性建筑不仅承载了公众的生活记忆，见证了岁月光阴，而且是城市的靓丽名片，聚合了城市的各种元素，更是彰显城市个性、展现城市特色魅力的重要形式。像济南的泉标、郑州的国际会展中心、巴黎的埃菲尔铁塔、伦敦的大本钟等，都具有极高的辨识度，是城市形象的"代言人"。因此，地标性建筑之于洛阳有着重要的作用，在构建国际人文交往中心背景下，地标性建筑不仅是洛阳构建国际人文交往中心的重要抓手，而且是提升洛阳国际人文交往中心辨识度的重要途径，洛阳有必要构建一些能够展示洛阳特色、彰显影响力的地标性建筑。

（一）地标性建筑是增强洛阳国际人文交往中心辨识度的重要载体

一些令人印象深刻的地标性建筑，往往会成为辨识城市的重要符号之一，久而久之，这些地标性建筑便可成为城市形象的"代言人"。像 1916 年建成的赫尔辛基火车站，是赫尔辛基誉满全球的标志物之一；1973 年完工的悉尼歌剧院，是悉尼扬名于世的标志物之一。此外，依托于完善的服务设施，一些精致的地标性建筑还可以延长游客们的驻留时间，提升游客们的消费力，带动区域旅游经济的发展，像西班牙的毕尔巴鄂古根海姆博物馆，据统计，1997～2014年，各国来此游览的游人达700万人次，且每年的游人数量还在呈现递升趋势，为区域经济的发展做出了贡献，可见地标性建筑有着非常重要的作用。在构建国际人文交往中心背景下，地标性建筑显然可以为洛阳增靓提质，成为增强洛阳国际人文交往中心辨识度的重要抓手。因此，为了增强洛阳国际人文交往中心的辨识度，洛阳可合理规划若干地标性建筑工程，充分考究地标性建筑融入城市的方式，建造出既能表征城市形象，增强大众凝聚力，又能兼顾大众生活需求，彰显洛阳精神内涵的地标性建筑，让更多的人体会到"古今辉映、诗和远方"的洛阳。

（二）地标性建筑是增强洛阳国际人文交往中心辨识度的重要途径

对于一个城市来讲，文化是城市的底蕴内核，地标性建筑正是城市文化的聚合平台，它诠释了一个城市的特色文化。像北京的四合院就是北京的特色历史文化建筑符号之一，是京味文化的重要组成部分。北京四合院形制规整，从面积上来看，有大、中、小三种类型，北京四合院彰显了对称之美、规整之美，将传统文化与住宅功能相互辉映，不仅有四季之说（四个方向对应四个季节），东代表春，南代表夏，西代表秋，北代表冬，而且院中的土方与天空遥相呼应，是为天作之合之意。此外，北京四合院更有金木水火土之讲，西为金，西厢房为女儿起居地，千金是女儿的代名词；东为木，是为儿子的起居地，栋梁与少东家便是儿子的代名词；北屋属水，正房，有财源滚滚而来之说，是院子主人的居住地；南方属火，是客房，有常来常旺之说，含义深广。北京四合院有着深厚的京味历史文化积淀，见证了北京城市的发展。由此可见，地标性建筑既是生活印记，也是城市记忆，更是地域历史文化的承载者。

构建地标性建筑，不仅是活化传承洛阳历史文脉的具体体现，更是提升洛阳国际人文交往中心辨识度的重要途径。自21世纪伊始，伴随着全球经济的快速发展，全球城市数量不断增加，规模愈来愈大，城市特色逐渐消失，同质化现象愈加明显，千城一面，让公众难以辨认。在当今的城市比拼中，单纯比拼经济的时代早已过去，当下最具核心竞争力的应该是城市所特有的文化底蕴，具有特色的城市地标性建筑就是其中很重要的一个构成部分，许多国际性大都会都有自己特色的城市符号，像伦敦的大本钟、巴黎的埃菲尔铁塔、纽约的自由女神像等。综上所述，为了能在全球化背景下脱颖而出，洛阳显然需要一些"抢眼"的标识，助力增强洛阳国际人文交往中心的辨识度，洛阳应该充分利用自己的文化资源，活化传承洛阳的历史文脉，构建洛阳特色的文化地标，同时，借鉴国际大都会的优势地标建设经验，构建具有国际范的地标性建筑，让更多的国际友人注目河洛文化，让洛阳在构建国际人文交往中心进程中迈出新的步伐。

二 洛阳构建国际人文交往中心的优势

国际人文交往中心城市，应拥有强大的国际要素吸纳能力和较高的影响力，是一个城市发展到高级水平的鲜明表征。对于一个具有国际影响力的大都市来说，显然需要有一定数量的国际组织、跨国商业机构常驻，如联合国教科文组织总部、国际刑警组织总部、国际汽车联合会等200多家国际机构常驻法国巴黎，力拓集团、联合利华集团、英美资源集团等700多家跨国商业机构常驻伦敦。国际人口流动的规模是衡量一个城市国际交流水平的重要指标之一，主要体现在国际游客来去频率及外籍常住人口的数量等方面。交通枢纽设施建设在国际交往中也发挥着不可小觑的作用，是构建国际人文交往中心的重要抓手，交通的便利程度可以体现国际交往服务的保障水平，像国际航线、货物运输点、火车站、地铁线等数量的多寡，都是衡量一座城市国际交往设施建设水准的指标。信息设施建设是实现国际交往能力的保障。随着全球一体化的进程，各国之间的交流日益加深，国际通信设施的建设，像5G网络的覆盖、光纤宽带升级、数据中心打造等，已成为各国城市竞争力的具体体现。洛阳在构建国际人文交往中心方面，具有文化、区位、历史方面的优势。

（一）文化优势

国学大师季羡林先生曾说："世界历史悠久、地域广阔、自成体系、影响深远的文化体系只有四个：中国、印度、希腊、伊斯兰，再没有第五个。"① 而洛阳在中国灿烂的文化长河里，占据着非常重要的位置，洛阳居天下之中、九州之腹，是十三朝古都、世界公认的四大圣城之一，亦是我国儒家、释家、道家的核心渊源地，在广袤的河洛大地上，孕育了许多深厚灿烂的文化，这是洛阳的独特禀赋，亦是洛阳的优势，更是洛阳构建国际人文交往中心城市的宝贵资源。

1. 丝路文化

"驼铃古道丝绸路，胡马犹闻唐汉风。"丝绸之路是中国与欧亚各国进行政治、经济、文化交流的纽带，西汉时期，张骞奉汉武帝刘彻之命出使西域，开拓了以洛阳为起点，联通西域各国的基本干道，张骞的壮举被司马迁在《史记》中誉为"张骞凿空"。丝绸之路的开辟，开启了中外交往的新纪元，加速了华夏大地与西域各国及欧洲诸地的文化、经济交流。由于战乱、朝代更迭，丝路曾经一度中断，东汉时期，班超又一次恢复了这条国际大通道，驼铃、胡马、商队绵延千里，丝路又一次繁盛起来，丝路文化底蕴深厚，不仅体现在文学、艺术、绘画等方面，更有丰富的历史文化遗存，从汉魏洛阳故城的双翼天使，到北魏大墓的东罗马金币，再到邙山唐墓的波斯银币，等等，这些都是古代中国与世界各国在丝路纽带下互相交流的显证。洛阳以开放包容的胸襟迎来万国商旅，不同肤色、不同着装的商人们在国际商贸城（洛阳）互通有无。在当时，作为国际交往的重要平台，洛阳不仅促进了八方经济的发展，更促进了世界文化的大交流，和而不同，兼收并蓄，互鉴互荣，彰显了洛阳开放包容的文化气度。

2. 佛教文化

佛教源于古印度，历经岁月，传播到洛阳。东汉年间，汉明帝遣蔡谙、

转引自郭志山《从敦煌壁画看西域乐舞"中原化"的两个阶段》，《艺术评鉴》2019 年第 3 期。

秦景等赴天竺求佛法，这些人沿着丝绸之路西行，最终带着佛经和两位高僧回洛，之后，就在河洛大地上诞生了中国第一古刹——白马寺，洛阳亦成为佛教文化的圣城，在洛阳也诞生了家喻户晓的佛学高僧——玄奘，玄奘历经千难万险西行取经。星云流转，随着时间的推移，佛教文化从洛阳逐渐流传四方，传播到其他国家和地区，极大地促进了佛教文化的发展。

3. 黄河文化

黄河是华夏文明的摇篮，她不仅滋润了华夏儿女，而且孕育出了底蕴深厚的黄河文化，黄河文化名重古今，以包容的胸襟，让河洛文化、齐鲁文化、燕赵文化等荟萃其中。洛阳处于黄河中游末端，黄河经渑池县（三门峡市）流入洛阳的新安、孟津、吉利3个县区7个乡镇，洛阳境内的河流——伊、洛、瀍、涧，皆汇聚于黄河，流域面积12446平方公里，中州渠、大明渠交织其中，共同聚合成了以黄河为主体的洛阳城市水系。黄河见证了在洛建都的十三个朝代。洛阳境内的黄河文化资源丰富，除了可移动和不可移动的文物之外，还有众多的民俗民风、民间手工艺、民间音乐等非物质文化遗产，这些都是黄河给予洛阳的，如洛阳的唐三彩，足迹遍布北非、朝鲜、伊朗、印度等地区和国家，洛阳宫灯远销海内外，平乐郭氏正骨法不仅享誉国内，更是在国际上有着非常重要的影响等，这些资源都是黄河文化的重要构成部分，是活化传承黄河文化的重要本体资源，黄河之于洛阳意义重大。

4. 隋唐大运河文化

隋唐大运河是一条历史悠久的人工运河，它是中国古代劳动人民智慧的结晶。7世纪初，隋朝统治者炀帝下令开凿运河，经过无数民工、工匠的艰苦努力，最终大运河开通，这条水运大动脉将天然河道与人工运河交织，将谷、洛二水引至黄河，又引黄河水与泗水、卡水勾连，最终达淮水，修勘治勤，疏通旧邗沟，将淮水与长江水相联系。至此，大运河以洛阳为核心，沿着大动脉将沿线各大城邑联通，水韵脉脉，绵延1000多公里，在当时，不仅有效地促进了国内南北经济文化的交流，更是将运河与丝路相连，洛阳成为运河与丝路连接的纽带，亦成为实力雄厚的国际货物集散地，加强了古都洛阳与世界各国的联系。"穿三百窖"的回洛仓、德猷门内的含嘉仓、潞泽会馆、山陕会馆等，这些都是与洛阳隋唐大运文化密切相关的历史遗迹，此外还有盈千累万的非遗文化资源，滋润了一代又一代的河洛儿女。

5. 牡丹文化

牡丹，雍容华贵、姹紫嫣红、艳冠群芳，象征着华夏民族的繁荣昌盛、幸福吉祥，牡丹亦是洛阳的象征，牡丹与洛阳渊源已久，作为牡丹的核心渊源地，洛阳牡丹的种植史可追溯到隋代，在李唐时期达到鼎盛，宋时名闻天下，欧阳修曾在《洛阳牡丹记》中美誉洛阳牡丹"是洛阳者天下第一也"。历经千年孕育，时至今日，已有1000多种牡丹品种。牡丹文化底蕴深厚，涉及书画、文学、音乐、雕刻、牡丹瓷等方面，表现牡丹的文化艺术形式多样，琳琅满目，寄托着人们对于美好生活的向往。1983年创办的中国洛阳牡丹文化节，将赏花游览、经贸合作、文化交流聚合在一起，在国际上知名度高，洛阳牡丹花会美誉远播，牡丹牌产品畅销欧美，依托牡丹文化节，洛阳的朋友圈越来越大，与许多国际城市保持着友好城市的关系，洛阳牡丹花会已是宣传洛阳城市形象的一个靓丽名片。

6. 河洛文化

《易·系辞上》有云："河出图，洛出书，圣人则之。"以"河图""洛书"为标志的河洛文化，在璀璨的华夏文明长河里占有非常重要的位置，河洛文化起源于"天下之中"的河洛地区，河洛地区以洛阳为中心，西至潼关、华阴，东至荥阳，南至汝颖，北跨黄河至晋南、济源一带。偃师市翟镇镇的二里头遗址、西工区的史家湾遗址、新安县高平寨遗址、伊川县土门遗址等，这些都是早期先民在河洛大地上活动的地方，河洛文化涉及姓氏文化、河图洛书传说、史官文化等，河洛文化影响深远，连绵不断。2020年6月3日，文化和旅游部批复同意在洛阳市设立"河洛文化生态保护实验区"。让河洛文化走向公众，走向世界，挖掘河洛文化精髓的现代价值，让河洛文化惊艳世界，这对提升洛阳的影响力具有非常重要的意义。

（二）区位优势

"九州腹地、十省通衢"，洛阳位于邙山之南，洛水之北，沃野千里，水系丰富，地理位置险要，是承接东西、联通南北的重要纽带，区位优势明显，自古就是重要的交通枢纽。今日之洛阳仍是全国重要的交通枢纽，是联通欧亚的重要平台，洛阳与众多国家和地区有着紧密的经贸、人文往来，2018 年，《国家物流枢纽布局和建设规划》印发，洛阳入选生产服务型国家物流枢纽承载城市，这对洛阳辐射影响力，提升洛阳的资源集聚力，具有非常重要的意义。对于洛阳来说，2020 年是振奋人心的一年，是展翅腾飞的一年。中共河南省委河南省人民政府通过了《关于支持洛阳以开放引领加快建设中原城市群副中心城市的若干意见》（2020 年 3 月）、《洛阳都市圈发展规划（2020~2035 年）》（2020 年 10 月）、《关于制定河南省国民经济和社会发展第十四个五年规划和二〇三五年远景目标的建议》（2020 年 12 月）。2020 年 12 月 29 日，文化和旅游部公布了第一批国家文化和旅游消费示范城市，洛阳是河南省唯一标记在册的城市，彰显了从国家到河南省委省政府对于洛阳的重视，对于洛阳副中心城市建设、洛阳都市圈建设、洛阳国际人文交往中心城市建设的期望与期盼，这些都是洛阳的优势，洛阳必须抓住机遇，让洛阳再次靓丽崛起。

（三）历史优势

在漫长的历史岁月中，洛阳曾经数次成为影响力非常大的国际大都会，诞生了许多地标性建筑，这些地标性建筑见证了洛阳的辉煌，也是洛阳再次成为国际人文交往中心的优势。

1. 东汉洛阳城：东汉与罗马初始交往，洛阳逐渐彰显国际人文交往能力

东汉时期，汉明帝刘庄在位期间，班超出使西域，修勘治勤，再次让丝绸之路闻名遐迩，让洛阳再次成为中外交流的纽带，《后汉书》中曾经记载，在公元166 年，大秦使团（罗马使团）顺着丝绸之路首次来到了中土，到达东汉首都洛阳，觐见了大汉皇帝——刘志。这是有史料记载的洛阳首次与大秦（罗马）

的交往，大秦见识了东土文化的魅力，中土亦领略了大秦的瑰丽，洛阳的国际人文交往功能逐渐发挥出来，后世曾有"东洛阳、西罗马"的说法。到了北魏时期，洛阳与西域诸国交往更加频繁，洛阳逐渐成为国际性大都会。洛阳与各国互通有无、互鉴互荣，中国的桑蚕技术传到西域诸国，西域的玻璃制造术亦来到了中土。

2. 白马寺：东汉时期佛教文化交流让洛阳发挥了国际人文交往功能

白马寺创建于东汉永平十一年（公元 68 年），有中国佛教"释源"和"祖庭"之称，距今约 2000 年的历史，白马寺见证了佛教文化在中国的传播与繁盛。佛教源于古印度，由乔达摩－悉达多创建，在西汉末年，佛教文化传到东方。《魏略·西戎传》曾有记载："昔汉哀帝元寿元年（公元前二年），博士弟子景卢受大月氏王使伊存口授浮屠经。"①"浮屠"也就是"佛陀"的意思，这表明当时佛教已慢慢来到中土，人们已经接触到了佛教文化，在东汉明帝时期，佛教文化得到了发展，公元 64 年，汉明帝夜梦金人，派使者寻访佛法，使者们跋山涉水，终于在公元 67 年，带着两位法师（竺法兰与摄摩腾）和众多佛经回洛，公元 68 年，汉明帝下令在北邻邙山，南临洛水的地方，修建了白马寺，白马寺也是中国官方主持建设的第一个寺院，两位天竺高僧博闻强识、不负众望，在白马寺期间翻译了《四十二章经》《佛本生经》《佛本行经》等，自此，佛教文化在中土逐渐兴盛起来，许多外国人纷纷来到洛阳学习佛教文化，以白马寺为平台，佛教文化逐渐传播到朝鲜、日本等国家，洛阳的国际人文交往功能日渐提升，洛阳国际性大都会的知名度亦逐渐提升。

3. 洛阳三市：北魏洛阳再次成为国际文化交往中心

汉朝末期，由于战火频频，洛阳的地位逐渐没落，魏晋时期，洛阳的人文交往功能有一定的恢复，公元 494 年，孝文帝元宏率群臣正式由金镛城迁都洛阳，洛阳再一次辉煌起来，北魏经贸活动繁盛，"洛阳三市"（四通市、大市、小市）是当时著名的经贸活动地点，开市、散市皆以鼓声为号，四通市

---

① 许序雅：《世界文明简史》，华东师范大学出版社，2013。

水运、陆运条件较好，是展开国际贸易的窗口，以外国货物居多，大市主要销售水产品，小市以粮食、牲畜经营为主，固定商业区的设置不仅促进了国内经贸活动，也吸引了万国商旅纷至沓来，城内有专门为外籍访者设置的"四夷里"（慕化、慕义、归德、归正）与"四夷馆"，"尤以高昌、龟兹、疏勒、乌孙、都善、焉耆、粟特等西域国家交往更为频繁。从孝文帝迁洛到宣武帝时期对外交往最为兴盛"①。在繁华的国际商贸城（洛阳）里，帆影幢幢、车马喧嚣，不同肤色、不同服饰的人们皆聚集于此，互通有无，展开国际商贸活动。据《洛阳珈蓝记》记载，"自葱岭以西，至于大秦，百国千城，莫不欢附。胡商贩客，日奔塞下，所谓尽天地之区也"②。此外，北魏时期佛教文化的发展，也在一定程度上促进了洛阳国际文化交往能力的发挥，此时许多西域僧人来洛传播佛教文化，"太和二十年（公元496年），西域沙门跋陀首创少林寺，传播禅宗小乘佛教"③，中土僧人也在赴天竺取经的过程中传播华夏文化，北魏时期洛阳已然成为国际人文交往的重要平台。

4. 大周万国颂德天枢：唐朝洛阳已然成为国际人文交往的大都会

自公元618年唐高祖李渊即位，历经数年，唐朝在经济、文化、军事等方面处于高峰时代，繁华至极，吸引了许多外籍人士频繁往来中土。像日本，东南亚的临邑、真腊，印度半岛的天竺，西亚地区的波斯、大秦（东罗马地区）、大食，等等，各国纷纷派遣使者来华学习，一时间洛阳万国来朝，唐朝与周边各国保持着密切、友好的交往。公元694年（武周时期），当时的世界各国集资在神都洛阳为武周帝国修建象征万国中心的"大周万国颂德天枢"即"天枢"，"四夷酋长请铸铜铁为天枢，立于端门之外，铭记功德，黜唐颂周：诸胡聚钱百万亿"④，公元695年，"天枢成，高一百五尺，径十二尺，八面，各径五尺"⑤。天枢高大雄伟，通体篆刻着文武百官

---

① 吴少珉：《北魏对外交往的国际大都会——洛阳》，《史学月刊》1996年第3期。
② （北魏）杨衒之：《洛阳伽蓝记》，尚荣译注，中华书局，2012。
③ 吴少珉：《北魏对外交往的国际大都会——洛阳》，《史学月刊》1996年第3期。
④ （宋）司马光编著《资治通鉴》，中华书局，2009。
⑤ （宋）司马光编著《资治通鉴》，中华书局，2009。

与外籍首领的名字，成为万国来贺、万国敬仰的鲜明标志，大周万国颂德天枢亦是世界上著名的三大纪功柱之一，此时洛阳的国际交往能力达到了其巅峰状态。唐朝时期洛阳不仅是寰宇之内物质财富的汇聚地，更是文化艺术的交流地，西域龟兹乐舞曾经风靡洛阳，为中原音乐艺术注入了鲜活的动力，唐朝诗人王建曾在《凉州行》写道"城头山鸡鸣角角，洛阳家家学胡乐"，便是对当时龟兹乐舞风靡洛阳的真实写照。

三 国内地标性建筑存在的常规问题

近些年，随着我国经济的飞速腾飞，城市建设的体量越来越大，城市建筑也日新月异，在这个过程中，一些造型怪异的地标建筑不断映入大众眼帘，并为大众所诟病。地标性建筑代表了一个城市的精气神，是城市辨识度的核心要素之一，如果脱离了精气神，那地标建筑的魅力将不复存在。近些年，洛阳建设了许多令人引以为傲的地标性建筑，但是在规划设计地标性建筑时，一些常见的问题也需要预警，这样才能建造出令人印象深刻的地标性建筑，提升洛阳的魅力。

（一）奇观化、怪诞化

城市的美是从总体的和谐中映衬出来的，而伴随全球一体化潮流的强势来袭，一些风格怪诞、造型奇异的地标建筑像雨后春笋般在全世界范围内强势崛起，我国许多城市也有数量众多造型奇特、怪诞的地标性建筑。这其中很重要的原因在于追求视觉刺激，以吸引大众眼球。这些奇观化、夸张化、怪诞化的地标性建筑与周边环境产生尖锐的反差，让整体建筑风格失衡，常常被公众所诟病，最终成为大众话语狂欢之中的文化消费品。像沈阳方圆大厦（铜钱）、苏州东方之门（秋裤）、河北天子酒店（福禄寿酒店）、上海尚嘉中心（马靴楼）、广州融创大剧院（棉被）等，这些地标建筑与周围环境不搭调，和谐的空间搭配效果被打破，给人以不适之感，因此，鉴于以上案例，设计师在设计地标性建筑时，要多维思考，多方面考究，切不可盲目跟风。

（二）缺乏创新，样式趋同

伴随全球一体化的强劲趋势，不同城市之间的交流越来越多，在城建过程中，城市之间互相模仿，一批批效仿的标志性建筑拔地而起，建筑风格趋同，消解了自身的特色，从南到北，格子式的、样板化的建筑空间成为常态，从东到西，欧式"穹顶石柱+广场"、美式"建筑高度+玻璃外衣"，频频冲击公众视野，引起大众的审美疲劳。"千城一面"是国内各城市遇到的常见问题，也是世界城市建设中急需解决的问题。近几年来，洛阳在地标建筑打造方面，取得很大的成就，但是以上两方面问题，也需要深度预警，在彰显历史文化魅力的同时，积极创新，紧跟时代节奏，彰显洛阳特色，最终提升洛阳地标性建筑的魅力特色，提升洛阳国际人文交往中心的辨识度。

四 通过地标性建筑增强洛阳国际人文交往中心辨识度的措施

在打造地标性建筑，助力增强洛阳国际人文交流中心辨识度的过程中，需要深度结合洛阳的发展实际，找到契合点，既要重视国际标准，彰显国际范，扩大国际朋友圈，又要发挥洛阳特色，依托洛阳历史文化名城的优势，充分发挥历史文化资源的富集优势，传承历史文脉，合理布局，打造一批兼具国际影响力与洛阳特色的地标性建筑，助力洛阳国际人文交往中心辨识度的提升，让洛阳再一次靓丽崛起。

（一）洛阳风格：厚植洛阳文化元素，打造特色文化地标

文化是现在城市竞争的核心元素之一，是一个城市的精神所在，洛阳有上千年的文明史，是华夏文明的发祥地之一，名人璀璨。文化是洛阳的独特禀赋和竞争资本，洛阳在构建国际人文交往中心时，不仅要积极利用千年的文化底蕴，将黄河文化、河洛文化、客家文化、牡丹文化、丝路文化等优秀传统文化深度糅合进洛阳地标性建筑设计中，而且要注意各文化之间的协

调，统筹文化资源，主次分明，发挥和闪耀各文化资源的时代价值与光芒，让这些可视化的、特色的文化地标成为多维展示洛阳特色、增强洛阳国际人文交往中心辨识度的新举措。

1. 完善客家之源纪念馆的建设，构筑全球客家儿女的精神故乡

洛阳历史悠久，既是华夏文明的诞生地之一，亦是全球客家人的溯源地与故乡，魏晋南北朝等时期，战乱不断，为躲避战乱，百姓频频南迁，从以洛阳为中心的河洛地区迁出，"衣冠南渡"的百姓似游子客居他乡，经过数次迁徙，最终形成客家人，并有着河洛郎的称呼。目前，在全球五大洲均有客家人的足迹，人数众多，总数超一亿人。洛阳深深镌刻在客家人内心，亦是客家人的精神故乡，"关公信俗"在中华传统文化中有着非常重要的影响力。在客家人多的地方，关公信俗非常浓厚，客家人崇尚关羽的忠义肝胆，而洛阳不仅是客家人的溯源之地，更有武圣关羽陵寝所在地——关林，洛阳之于客家人意义重大。2020 年 5 月 25 日，客家之源纪念馆、大谷关客家小镇项目正式启动，时至今日，项目已初具规模，为凝聚全球客家儿女的向心力，彰显洛阳客家文化的影响力，洛阳应积极完善客家之源纪念馆、大谷关客家小镇的建设，加大四周基础建设力度，多维架起凝聚海内外客家儿女与洛阳的纽带，为客家儿女举办寻根之旅、恳亲大会，让"根在河洛"的客家祖源地品牌脱颖而出，同时，依托中国洛阳关林国际朝圣大典的国际传播力，打造朝圣大典＋客家根亲地标的组合拳，提升洛阳城市文化形象，举办客家文化国际学术研讨会，加强海内外客家人与洛阳的经济、文化沟通交流，弘扬中华传统优秀文化，增强洛阳国际人文交往中心的辨识度。

2. 以河洛文化为特色，打造河洛文化地标性建筑

地标性建筑，不是钢筋水泥建筑，而是城市文化和城市精神的二元结合体，将历史、科技、人文等和在一起，综合展示城市形象的重要手段。因此，在建造地标建筑时，要因地制宜，充分考虑城市特点、合理规划，充分彰显区域文化魅力，同时，还要借鉴国外优秀案例，多元文化兼容，既彰显"中国风"，又呈现地标建筑的国际范。像哈尔滨的中西文化合璧建筑——防洪胜利纪念塔，就已成为哈尔滨的城市象征，该塔建造于 20 世纪 50 年代

末期，该塔汇聚了多元文化，浓浓的中国风建筑风格中，又显露出欧洲古典建筑的特色，古罗马风格的回廊、水池融合其中，让中西文化在此互鉴互荣，相得益彰。河洛文化以洛阳为中心，这是洛阳特色禀赋与珍贵的文化资源，可是河洛文化具体可视化的地标性建筑数量不多。因此，在地标性建筑构件方面，可以借鉴哈尔滨防洪胜利纪念塔的建造经验，充分利用河洛文化元素，发挥河洛文化的精神内核和时代价值，同时融合多元文化，打造特色的河洛化地标——河图洛书纪念塔，让厚重的河洛文化可视化、物化。河图洛书纪念塔可由塔身和回廊组成，塔身雕刻河图、洛书的标志，音乐喷泉点缀塔身四周，夜间有炫彩的灯光加以装饰，彰显现代科技魅力。

3. 以黄河文化为特色，打造黄河文化地标性建筑

在构建地标性建筑方面，洛阳可以积极利用黄河文化的影响力，挖掘洛阳特色的黄河文化资源，推进系列黄河文化地标的建设，构建黄河历史文化核心地标城市，助力增强洛阳国际人文交往中心的辨识度。

首先，稳步推进黄河流域非物质文化遗产保护展示中心的建设。该项目占地近6.2万平方米，集观光展示、创意产业、酒店、研学交流等为一体，豫西坡顶民居为其造型源泉，青砖黑瓦辅助其中，完工后，它将成为展示洛阳特色黄河文化的重要窗口，可以此为依托，积极利用该平台，举办系列黄河文化主题活动，展开黄河文化的交流论坛，借助黄河文化的国际影响力，助推洛阳知名度的提升，扮靓黄河明珠。

其次，积极参与黄河国家文化公园的建设。为彰显黄河文化的魅力，河南省积极规划建设黄河国家文化公园，该项目的建设对于推动黄河文化的可视化具有非常重要的意义。因此，洛阳要抓住机遇，积极参与其中，重点培育一批龙头景区，丰富洛阳特色黄河文化的可视化。黄河小浪底、函谷关是洛阳黄河流域景区典型的代表，同时，深度挖掘孟津县、新安县的黄河文化资源，提升沿黄区域基础交通设施建设，鼓励企业加入，打造观景点，合理规划民宿、酒店，推进沿黄生态廊道建设，让"黄河明珠"更加靓丽，让更多的中外游客领略华夏母亲河的秀美。

最后，打造精品黄河文化村。乡村是黄河文化的一个重要构成部分，地跨

黄河两岸的洛阳，有许多历史悠久的乡村，这些乡村都有着丰富的民间手工艺、民间音乐、民间文学等，这些是构建精品黄河文化村的资源保障。因此，依托黄河文化的底蕴，可以糅合"黄河＋民宿"的理念，构建一些黄河文化村，让游客长时间驻留黄河民居，这样不仅可以展示黄河文化悠久的历史，更可以展示洛阳的民俗文化、传统手工艺，通过观光游览带动区域经济的发展。

4. 以牡丹文化为亮点，打造牡丹文化地标性建筑

洛阳牡丹有近四千年的栽种历史，名重古今，享誉海内外，因此，在建设地标性建筑时，洛阳可以充分利用牡丹文化的国际影响力，"以花为媒"打造系列牡丹文化地标性建筑，借助牡丹文化雄厚的影响力，提升洛阳国际人文交往中心的辨识度。同时，加快完善洛阳牡丹博物馆项目的建设，牡丹博物馆仿唐式建筑风格建造，是以牡丹为主的专业博物馆，同时可以糅合VR、AR等现代科技，让牡丹文化的可视化更具时尚特色，彰显古都牡丹文化地标的风采，此外，依托该博物馆，可以举办各类国际牡丹艺术展会，加强牡丹文化交流，让牡丹文化地标扮靓"牡丹花城"。

打造一批高端牡丹花园，以国际通用语言标识多维点缀其中，可以方便外国友人了解洛阳牡丹，理解"牡丹花城、山水洛阳"的内涵，同时，还需要有能够熟练运用国际通用语言的导游，阐释牡丹文化，讲述洛阳牡丹的故事，让外国友人更加深入地了解洛阳牡丹文化的底蕴。此外，还可以围绕牡丹文化，构建牡丹重点研究实验室、牡丹产业园、牡丹瓷研发中心、牡丹交易园区等，以牡丹花为媒，把洛阳打造成全球牡丹文化圣地；以牡丹花为媒，广交世界好友；以牡丹花为媒，促进国际文化的交流。

5. 以洛阳隋唐大运河文化为载体，打造洛阳大运河文化地标性建筑

在构建国际人文交往中心的过程中，要持续为隋唐大运河文化博物馆与隋唐大运河国家文化公园的建设赋能，不仅让洛阳居民领略千年运河文化的魅力，还可以提升洛阳居民居住的幸福感，提升凝聚力与文化自信，增强游客的旅游体验感，拓展国内外客流量，彰显洛阳的文化实力，扩大国际朋友圈，提升洛阳国际人文交往中心的辨识度。

6. 以丝路文化为优势，打造系列丝路文化地标性建筑

为了更好地传播丝路文化，提升洛阳丝路文化的国际影响力，应充分利用洛阳丝路文化的优势，打造系列洛阳特色的丝路地标，稳步推进洛阳丝绸之路文化交流中心的建设，构建配套的交流中心、演艺中心，打造集文旅体验、文化交流、科学研究于一体的综合交流平台，同时充分发挥好洛阳丝绸之路博物馆的作用，立体式、全方位呈现洛阳特色丝路文化的魅力，展示中西文化交流的灿烂历史，对于洛阳快速融入"一带一路"建设，打造丝路文化传播的窗口，展开国际文化交流，提升国际人文交往中心辨识度，具有非常重要的意义。

（二）国际范：以人为本，增强洛阳国际吸引力

生活是酝酿文化的母体，有生活气息的文化能使公众感受到安全、实在，因此，在构建地标建筑时要以人为本，从生活中获得灵感，让人感悟生活的真谛。像北京的"北京坊"，中西合璧，将商业活力与文物保护完美糅合在一起，书店、旅店、餐饮店林立，不仅满足了游客的生活所需，而且让游人获得文化享受，彰显城市生活的真谛。因此，打造洛阳国际人文交往中心时，洛阳要以人为本，从生活中汲取养分，不仅满足国内群众的需求，而且要能吸引国际优秀人才，让国际优秀人才愿意留下来。

1. 构建具有影响力的国际高端康养中心

人口老龄化问题是世界各国普遍关心的重点话题。"全球人口结构继续老化，其中，中国当前的老龄化率为 12.0%，在全世界排第 57 位；预计2050 年为 26.1%，排第 33 位。"① 人口老龄化问题既是挑战，也是机遇，更是动力，面对世界人口老龄化趋势，高端康养业逐渐兴起，成为一项新兴产业。2020 年 11 月 26 日，位于青岛的融创美邸国际康养中心正式开业，该品牌与国际康养服务品质接轨，以国际化、高端化服务品质，为老年人提供全方位的康养服务，引领了康养服务的高品质发展趋势。洛阳有构建康养

---

① 《全球人口统计最新报告：世界人口继续老龄化　中国人口将缓慢下降》，http：// health. people. com. cn/n1/2019/0619/c14739 – 31168811. html。

中心的优势，因此，洛阳可以借鉴优秀案例，加快推进盘龙湖农旅康养项目、牡丹康养小镇的建设，集聚康养、美丽乡村、休闲旅游、田园风光于一体，打好组合拳，提升洛阳国际化康养项目的影响力，彰显洛阳国际生态宜居城市的魅力，助力提升洛阳国际人文交往中心的辨识度。

2. 积极推进大学城建设项目，构建具有国际影响力的教育平台

伴随全球一体化的趋势，教育的影响力愈来愈明显，人才日益成为城市竞争的资源要素。因此，洛阳可以通过一些高标准的地标性教育项目，提升洛阳的国际知名度。2021 年 2 月 10 日，洛阳与郑州大学签订郑大洛阳校区驻洛合作协议，开启了国内优质高校落户洛阳的新纪元，同时，积极推进落实在孟津县的洛阳大学城建设项目，提升教育服务水平，培养国家所需的栋梁之材。此外，还要对标国际一流，引进国外优质教育资源，积极支持中外合作办学，为多元文化交流赋能，拓展来洛留学生规模，提升洛阳国际教育服务水平，创新人才培养模式，让世界了解洛阳，使洛阳的高端教育得到世界的认可，助力增强洛阳的国际影响力。

（三）"走出去"：构建国际大通道体系，提升国际要素流动效率

对于一个国际大都市来讲，现代交通设施的意义是不言而喻的。同样，现代交通设施是提升洛阳国际影响力的重要内容，也是衡量城市现代化程度的重要指标之一。因此，洛阳牵住现代交通建设项目的"牛鼻子"，补齐短板，合理规划地标性交通建设项目，以东方红（洛阳）国际陆港和空中窗口建设为抓手，提升运行效率，积极融入国际交往新格局，构建立体化的交通枢纽，让洛阳更好地"走出去"与"引进来"。

1. 积极运营东方红（洛阳）国际陆港，提升洛阳对外影响力

东方红（洛阳）国际陆港不仅与国内沿海港口实现了有效合作，而且开通了中欧班列、中亚班列，提供国际化综合联运服务，加强了洛阳与中亚、中欧国家的文化、经贸交流合作。因此要持续发力东方红（洛阳）国际陆港项目建设，推进编组站的升级，建设集装箱国际堆场，完

善配套设施等，积极运营东方红（洛阳）国际陆港，打造洛阳对外交往新平台，拓展朋友圈，提升东方红（洛阳）国际陆港的服务力与影响力，不仅可以有力地支撑洛阳国际人文交往中心的建设，而且可以为洛阳副中心城市建设注入鲜活的动力。

2. 推进双机场建设，提升对外"空中窗口"的实力

目前，相对于周边城市，洛阳机场体量较小，国际航班也少，严重制约洛阳对外交流的能力，因此，洛阳要积极推进构建双机场的格局，拓展集疏运功能，与周边机场协调合作，提升洛阳在国内空运的能力，同时，增开国际航线，这样不仅可以为国内大众出行提供便利，而且还可以促进洛阳与世界各国的经济、文化交往。积极协调推进洛阳机场三期改扩建工程项目，该项目宏大，涉及面广，2017 年该项目正式启动谋划工作，目前经过深入论证，相关方案已初步完成。预期跑道将会延伸至 3400 米，新航站楼面积达8 万平方米，机坪面积可达 14 万平方米，可以满足 700 多万人次游客流量需求，机场运行效率将会得到很大提高。洛阳万安通用机场是洛阳第一个通用航空机场项目，占地 500 多亩，两期工程，一期建设二类通用机场，二期属于一类通航机场，总投资达 3.14 亿元。双机场的建成，将会扩大洛阳的客流吞吐量，是展示洛阳包容开放、荟萃多元文化的重要形式，也会让洛阳成为国内第一家拥有双机场模式的地级城市。

（四）"引进来"：开放包容，提升洛阳国际影响力

1. 创建国际人才社区

目前，国际优秀人才已是世界各国竞争的重要资源要素，伴随我国综合实力大踏步提升，国际人才愈来愈聚焦我国，许多国际优秀人才流向我国，国际人才对于提升我国创新能力有着非常重要的作用。有别于常规的居住区，国际人才社区糅合了多种要素，能够让更多的国际人才在此互相交流，激发创新力。因此，洛阳可以宜居环境为依托，以基础设施建设为抓手，合理规划、彰显特点、长期发力，构建洛阳特色的国际人才社区。将人员居住、商贸活动、文艺展示、休闲餐饮等功能融合一体，构筑国际

人才创新创业平台，让各项生活服务设施切实落地，切实解决外籍人才子女的教学服务问题，合理布局国际学校，建设高水准的医院，满足外籍人才的就医需要等，打造宜居宜业环境，在洛阳汇聚更多的国际人才，为洛阳国际人文交往中心建设赋能，让国际人才愿意留、留得住，为国际人才提供施展才华的平台，激发国际人才的创新力，不断提升洛阳的国际影响力，让洛阳国际人才社区建设项目成为增强洛阳国际人文交往中心辨识度新的突破口与着力点。

2. 引入国际高端连锁酒店

洛阳地区的酒店以经济型为主，高端的酒店数量少，钼都利豪与东山宾馆是为数不多的正式挂牌的五星级酒店，这显然与洛阳构建国际人文交往中心的目标不匹配，特别是在牡丹节期间，海量的国内外游客慕名而来，高水平的酒店却一房难求。为了增强洛阳国际人文交往中心的辨识度，洛阳需要逐步引进龙头型、旗舰型国际高端酒店，可喜的是最近已引进了希尔顿、洲际、喜来登等酒店，不过目前基本都还处于在建状态，正式营业还要等一段时间，在未来的发展中，还是应结合自身情况，多引进一些国际酒店，提升国际化服务，彰显国际服务的综合实力。

结　语

国际人文交往中心建设背景下，地标性建筑是洛阳增强城市辨识度的重要途径与重要抓手。新形势下，洛阳要紧紧抓住构建国际人文交往中心的机遇，乘势而上，积聚力量，精心打造一些极具洛阳特色的地标性建筑，糅合中外优势元素，让视觉美与文化美相得益彰，让洛阳特色文化更加可视化，为高质量推进洛阳国际人文交往中心的建设提供有力支撑，久久为功，让地标性建筑成为增强洛阳国际人文交往中心辨识度的一道靓丽风景线。

参考文献

［1］梁思成：《中国建筑艺术》，北京出版社，2016。

［2］王昊、余文莉：《地标性建筑对区域经济的经济效益——天津之眼为例》，《现代商业》2015 年第 30 期。

［3］〔美〕乔尔·科特金：《全球城市史》，王旭译，社会科学文献出版社，2010。

［4］刘云：《城市地标保护与城市文脉延续——以美国地标保护为例》，中央美术学院硕士学位论文，2015。

［5］刘辉：《城市国际化的评价指标体系研究——以长沙为例》，中南大学硕士学位论文，2010。

［6］刘玉芳：《国际城市评价指标体系研究与探讨》，《城市发展研究》2017 年第 4 期。

［7］胡梓航、陈旭、李刚：《桂林国际化城市 IP 形象设计研究》，《质量与市场》2020 年第 4 期。

［8］陈智宇：《发挥优势　补足短板　推动洛阳建设国际人文交往中心》，《洛阳日报》2020 年 4 月 17 日。

文 旅 篇

Reports on Culture and Tourism

B.10
洛阳赛事会展业发展报告

李 雁 刘俊月*

摘　要：　洛阳建成国际人文交往中心，实现的前提是人"心"的向往，其中赛事会展业发挥着举足轻重的作用。近年来洛阳赛事会展业取得了很大成就，但同时也必须清醒认识到，由于洛阳赛事会展业起步较晚，洛阳与国际人文交往中心的差距甚远，一时还很难跨入中国会展赛事名城之列。洛阳赛事会展业要想有长足的发展，各级各部门必须充分利用好洛阳独特的文化旅游资源和区位优势，积极引进培育高端品牌赛事展会，努力打造中原赛事会展名城。要实现以"一站式、专业化、人性化"为内涵，以"服务企业、服务产业、服务城

* 李雁，中共洛阳市委党校法学与科技文化教研部讲师，研究方向为法律、心理学；刘俊月，中共洛阳市委党校法学与科技文化教研部副教授，研究方向为领导科学、文化建设与洛阳经济发展。

市"为外延的赛事会展服务模式，进一步提高举办赛事会展的便利性。最终目的是使洛阳成为世界性的"古今辉映、诗和远方"之城。

关键词： 赛事　会展业　国际辐射　国际人文交往中心

随着我国改革开放的深入和社会经济的快速发展，以及人民物质生活水平的显著提高，再加上国家政策的支持，我国的赛事会展业的发展越来越快，无论是赛事会展的数量还是类型都呈迅速上升的趋势。参加赛事会展和观赏赛事会展成为一种文明、科学、健康的现代生活方式。国家一系列利好政策的颁布也显示出我国赛事会展业的黄金时代已经来临。

一　赛事会展业能显著提升城市国际影响力

（一）会展业提升城市国际影响力

早在晚清洋务运动时期，中国人就接触到了现代会展业。1851 年，来自广东的商人徐瑞恒是在英国参加第一届世界博览会的第一个中国人，展品为中国丝绸，品牌为"荣记湖丝"，并荣获了展览奖章。2010 年上海世博会是中国人民与世博会相聚的历史性事件。从出国参加世博会，到引入国内成为东道主，世博会应该是中国会展业国际化的精彩篇章。

满清政府开启了展览这一潮流。在近代中国，是政府官员首先认识到经贸展览的重要性，支持经贸展览的发展。19 世纪末，推动湖北新政的清末重臣张之洞提出了发展商业的十项措施。其中，第十条是"赛工艺"。张之洞指出："天下事有粗观类游戏，而实隐寓富强之意。其西人之赛珍会乎！"赛珍会系当时中国人对于世博会的认知。张之洞认为赛珍会对振兴商务有积极作用。

20世纪50年代初，中国建成的展览馆是在苏联专家指导下设计的。最初的目的是接待苏联社会主义经济文化建设展览。如今的深圳国际会展中心则为广东、香港、澳门大湾区会展业的发展注入更强的推动力，可以举办各类展会和活动。会展业的国际化进程需要政府角色、场馆建设和企业外向型发展齐头并进。展览会即"会"聚全球，"展"领未来。国内国际丰富多彩的会展对城市本身的国际影响力提升发挥着巨大的作用。

（二）赛事业提升城市国际影响力

体育赛事促进了国际交流，举办国际体育赛事也能够有效提升城市的国际影响力。研究发现，近年来在成都举办的国际赛事增加了成都的海外曝光度；大型综合运动会除了带来海外运动员，也会带来更多的游客和商务往来；大型活动的播出必将涉及城市的方方面面，这将大大提高城市在海外的影响力。虽然成都的酒店和餐厅数量没有北京和上海那么多，但海外游客的反馈非常好。如今成都每年都会举办很多国际赛事，还有大运会等国内大型综合性运动会，会带来更多的海外游客。游客们在这里体验了成都的文化特色和舒适生活，形成更多的正面反馈，从而可以进一步提升成都的影响力。

国际赛事带来的海外宣传报道只是一方面，核心是通过这些活动，形成成都与海外的信息流，让更多的人认识成都，提高其知名度和美誉度。2017～2019年，成都先后举办高水平的国际体育赛事53项，包括第十八届世界警察和消防员运动会，还成功申办2021年世界大学生运动会、2022年世乒赛、2023年男足亚洲杯、2025年世界运动会等重大赛事。体育赛事名城建设一直是成都提升其海外影响力的一个重要维度。

洛阳要成为国际人文交往中心，前提是人"心"的向往，必须成为世界文化高地。其中赛事会展业将能发挥重要的作用。

二　洛阳赛事会展业发展现状分析

（一）洛阳赛事业发展现状

赛事是各类竞赛的总称，主要是指以竞赛的形式组织、遵守相同规则、进行竞争的有关形式。如体育赛事、选秀赛事、文化赛事、网络赛事等。主办方要制定公平、公正、公开的竞赛规则，对比赛的评价要权威、合理、合法。

重大事件对扩大一座城市的影响力和辐射力起着巨大的作用，抓住大型赛事契机，借力而为、借势而行，不但能推动城市环境改善和城市综合改造进程，还能挖掘城市潜力，给城市发展点燃引擎。所以要想扩大洛阳的国际影响力和辐射力，大力发展赛事业是最佳路径之一。

1. 洛阳赛事业发展成就

洛阳赛事业主要以体育赛事为主，其他赛事为辅的形式发展。近年来，洛阳市以体育为民、体育惠民和体育便民为宗旨，以培养体育人才为重点，以承办高水平赛事为契机，以发展体育产业为驱动，聚焦洛阳副中心城市建设，积极争取省体育局出台配套政策，努力构建"群众体育、青少年竞技体育、体育产业、体育文化、对外开放"五位一体的体育格局，体育工作取得新进展。

（1）积极承办多场省及省级以上高水平体育赛事

洛阳市先后举办了河南省第三届全国定向运动系列赛（文体公园站）、河南省青少年武术套路锦标赛、河南省青少年篮球（乙组）锦标赛、河南省青少年射击（步手枪）锦标赛、河南省青少年公路自行车锦标赛、全国男子拳击锦标赛、全国三人篮球俱乐部精英赛、第三届"汉酱杯"全国业余围棋大赛等省及省级以上赛事，各项赛事圆满顺利举行。2020年全国青少年校园足球夏令营（小学组）第二营区分营和总营活动落户洛宁，这是洛宁继国际自行车赛事之后承办的一项全国性体育赛事，来自全国各地的

304 名运动员将齐聚洛宁，展示自己的风采。

（2）全民健身活动异彩纷呈，提升群众健康获得感

近年来，洛阳市开展了丰富多彩的全民健身活动，举办洛阳市第二届全民健身大会，开展洛阳自行车邀请赛、全民游泳健身周（洛阳示范站）、全民健身日排球联赛、全民健身篮球赛等系列活动。河南省攀岩公开赛（洛阳站）和第七届轮滑公开赛（洛阳站）共组织群众体育活动和比赛 60余次。

（3）着力提升竞技水平，全面加强青少年体育人才培养

一是竞技体育成绩突出。洛阳参加了省跆拳道、举重、柔道、游泳、射击、武术散打等多个赛事，年度锦标赛共获得 98 枚金牌、101 枚银牌和 103枚铜牌。二是省级培训基地和俱乐部建设进展顺利。现已建成栾川县伏牛山冰雪运动俱乐部等 8 个省级青少年体育俱乐部和 22 个省级儿童体育基地。河南省冬季运动训练基地和河南省学生体育协会冰雪运动训练基地位于栾川。三是体育后备人才培养取得新进展。郑州大学体育学院冰雪运动学院成立于栾川伏牛山，全年新增注册运动员 934 名，为我市备战省运会提供了新鲜血液。在基层健身组织建设方面，洛阳市将力争实现"市、县、乡（办）、村（社区）"四级全民健身组织的全覆盖，培育社会体育指导员总数达 2.9 万人，对 2 万多人进行了体质测试和运动能力评价，为提高健康水平提供指导。组织参与洛阳与韩国济州岛围棋交流赛，继续打造中国围棋圣战等品牌体育赛事，充分发挥体育开放交流功能，推动洛阳体育迈上新台阶。

（4）结合全市"9 + 2"工作布局，积极推进重大体育工程建设

一是积极推动奥林匹克中心建设。先后完成了奥体中心的幕墙施工图、体育工艺和各专项设计，体育场、游泳馆区域土方开挖、回填、强夯和4239 根桩基施工，项目土地报批材料已通过省政府审批，工程进展顺利。二是精心备战第十四届河南省运动会和第十四届市运会。制定了第十四届河南省运动会洛阳市筹备工作总体规划（预案），明确了时间节点和任务目标，成立了第十四届河南省运动会洛阳市筹备工作委员会，并启动市第十四届运动会筹备工作。三是重大体育工程项目进展顺利。体育场馆设施供应继

续增加，新增足球场 43 个，组织市级以上群众体育活动和比赛 60 余场，加快省运会筹办工作。此外，在加快奥林匹克体育中心建设的同时，洛阳市统筹推进文化体育公园二期、洛阳体育博物馆、市体育中心自行车场和体育"乐道"等场馆设施建设，将继续打造"15 分钟健身圈"。在此基础上，进一步延长体育场馆开放时间。

（5）"民族品牌"大赛助推高水平创新创业

2019 年，第八届中国创新创业大赛在中国古都洛阳举行。大赛由河南省科技厅、洛阳市人民政府主办，洛阳市国家高新区管理委员会、洛阳市科技局协办，展示了洛阳作为"中国制造业名城"的独特魅力。中国创新创业大赛由科技部、财政部、教育部联合举办，是中国规模最大、范围最广、层次最高、影响最大的创新创业活动，它已成为广大中小企业和创新者竞争的舞台和追求梦想的荣誉殿堂。在 2020"创客中国"河南区域大赛中，洛阳企业获得冠军和第二名。

2. 洛阳赛事业存在的短板

洛阳市作为副中心城市，在开展赛事业的道路上进行过艰难而富有成效的探索，在激烈的竞争面前，洛阳市一直致力于举办国际性赛事，提升洛阳的国际影响力和辐射力。但是必须引起重视的是，洛阳与北京、上海、郑州这些大中型城市相比，在赛事业的发展中仍存在巨大的差距。随着社会的发展，洛阳赛事业也在发生新的变化，产生了一些压力和挑战以及自身短板，认清并解决这些问题，将会推动洛阳市未来赛事业的发展。

（1）洛阳市体育赛事的统领工作需要提升

体育赛事既是洛阳市政府重大战略实现的平台，也是洛阳市政府决策的一部分，而不能仅仅依靠市体育系统来解决，由于赛事影响范围大，对未来赛事发展的把握一定要站在整个洛阳市经济社会、体育文化等方面协调发展的角度，既要考虑短期效益，又要考虑长远发展，既要考虑经济效益，又要考虑社会效益，仅仅靠市体育系统很难发挥协调各方、统筹全局的统领作用。通过对比发现很多赛事业发展比较好的大城市都是由当地市政府直接进行决策和统领的。

（2）洛阳赛事业规划引领作用有待加强

尽管洛阳赛事业发展迅速，但洛阳赛事业的发展具有一定的盲目性，赛事业发展战略定位研究和规划的制定还有待加强，提前做好战略定位和规划才能确保赛事业朝着正确的方向发展，并对城市发展起到推动作用。拥有一定规模且结构合理，并且在城市间的竞争中具有一定竞争力优势，才能形成和相关赛事产业的集聚效应，形成赛事产权交易的洼地效应和网状结构，从而使洛阳赛事业保持可持续发展的良好态势。

（3）对赛事管理的中心工作还需要准确把握

赛事业的发展需要主动服务洛阳市的发展。决策的重点是选择不同类型的赛事来满足洛阳市发展的需要，而不是被动地接受某个赛事。因此，对赛事管理的中心工作应由原来的执行管理转变为事前决策，而且重大赛事的决策往往是长期决策，分阶段进行。此外，体育赛事还包括事前决策、事中执行和事后评价的环节。当前洛阳市在实际操作这些环节的过程中还存在不少分割和有争议的问题，也有待解决。

（4）洛阳市公共资源对赛事业的支撑作用有待完善

举办一场赛事需要大量的公共资源做后盾，而洛阳市目前的城市规模还不足以支撑大型的赛事举办。洛阳体育发展仍面临诸多矛盾和问题，主要表现在：广大市民的体育需求与供给不足的矛盾还十分突出，特别是老城区、瀍河区，体育场地和体育器材设施与市民需求差距较大；学校及企事业单位所属体育场地设施开放落实落地工作还不甚理想；老旧小区、商场或旧厂房安装改造体育设施工作缺乏政策和资金支持，仍无法有序推进；公共体育供给的社会化、专业化运行机制有待完善，竞技体育核心竞争力不强；体育产业活力水平不高，体育发展水平达不到副中心城市的要求。

（二）洛阳市会展业发展现状

会展业作为现代服务业的重要组成部分，以其综合效应、辐射效应和产业带动效应被誉为城市经济的"助推器"。"一带一路"建设、《中国制造2025》和发展自贸区，是洛阳建设副中心城市的重大机遇，其中积极谋求洛阳市会展业的稳步快速发展显得尤为重要。通过分析洛阳市会展业发展的现状和存在的主要问题，提出促进洛阳市会展业发展的对策和建议。

1. 洛阳市会展业发展成就

（1）会展行业管理体制逐步健全

为促进全市会展业的统筹协调，更好地规范和培育会展市场，洛阳市成立了会展工作领导小组。市政府先后制定出台了《洛阳市人民政府关于促进会展业发展的意见》《洛阳市会展行业管理办法》《洛阳市会展业发展专项资金管理暂行办法》等文件。通过不断完善政策和工作实践，建立了由市展览领导小组协调，市会展办和商务、宣传、公安、消防、卫生、工商等部门密切配合的展览保障协调机制。

（2）会展服务保障体系日益完善

为方便政府与企业、企业与企业之间的沟通，市会展办完善了网站，建立了洛阳会展QQ群和微信群，逐步形成了会展网上宣传的服务保障体系。展会政策、工作问题、微信提醒、相关资料在线提交等均可实现会展资源共享。邀请专业的统计评估公司参与展会的后续评估，为洛阳市会展业的统计分析、政策制定、展会补贴等工作提供了真实可靠的依据。坚持岗位培训与业务培训、自我培训与学院培训、"走出去"与"引进来"等多种形式人才培养相结合，做好会展人才培养工作。

（3）会展综合效益不断提高

一是影响力不断扩大。不久前，首届中国（洛阳）信息技术博览会暨第八届中国（洛阳）互联网大会在洛阳落幕。与此同时，洛阳市另一重点品牌展会——2020年第六届国际牡丹产业博览会也已启动。近年来，中原文化旅游产业博览会、洛阳国际机器人与智能装备博览会、洛阳（国际）创意产业博览会、国际牡丹产业博览会等一系列品牌展会的规模化、专业化、国际化水平大幅提升，其影响也日益扩大。洛阳市会展业在世界上的知名度越来越高，在第四届洛阳国际机械与智能装备展览会上，来自美国、德国、韩国、日本、丹麦等20多个国家和地区的150多家机器人及智能装备企业参展，其中国际知名企业33家，国内知名企业96家，包括世界500强企业9家；在第七届洛阳（国际）创意产业博览会上，来自12个国家及中国30余个省（自治区、直辖市）的210家企业参加了一系列活动。2020年9月12日，作为第三届中原国际文化旅游产业博览会的特色活动之一，外出考察学习旅行社大会在洛阳会展中心开幕。来自北京、上海、安徽、陕西、浙江等省市的近百家旅行社来到洛阳，领略洛阳"古今辉映、诗和远方"的城市魅力。9月14日，该博览会在洛阳会展中心圆满落幕。

二是转型升级步伐加快。会展业作为现代服务业的重要组成部分，以其综合效应、辐射效应和产业带动效应被誉为城市经济的"助推器"。近年来，洛阳市会展业从无到有、由弱到强地快速发展。据市节庆服务中心相关负责人介绍，随着管理体制和服务保障体系的逐步完善和专业化程度的不断提高，节庆服务中心的工作也在不断完善，节庆服务经过快速启动和稳步推进，已进入发展的"快车道"。洛阳市新规划了首届信息技术博览会、首届应急装备产业博览会和军民两用技术装备博览会等展览活动，展览种类繁多，带动效应不断显现，引进专业展览取得新突破。洛阳市成功引进并举办了中国（洛阳）国际房车旅游产业链大会、中国（洛阳）国际老年健康产业博览会、中国红薯产业博览会。专业品牌展会日益增多，洛阳的影响力与日俱增。

2. 洛阳市会展业存在的短板及原因分析

经过多年的不懈努力，洛阳市会展业取得了一定的成绩，但由于起步较晚，特别是与其他先进会展城市相比，仍然存在许多问题和不足。

（1）会展业管理服务体制体系还不够完善

一是县（市、区）行业管理部门不明确，上下联动不够；二是市级行业主管部门行政管理职能未能较好发挥；三是服务保障体系还不够完善，行业诚信体系、监测统计体系还未建立，宣传营销力度不够。

主要原因：一是各县（市、区）均未成立专门的会展管理机构，大部分县（市、区）也未曾明确会展行业主管部门，导致上下衔接不畅，政令不通；二是市级主管部门会展办目前仍是参照公务员管理单位，与发达地区差别较大，如会展经济发展较好的重庆、昆明、南宁、宁波等城市，行业主管部门均为行政单位，成都、南京、贵阳等城市为副厅级参公单位，洛阳会展办职能问题已导致干部晋升渠道受阻，单位人员结构老化，思想波动较大，创新发展动力不足；三是行业协会未成立，行业规范自律不够；四是统计监测体系还未建立，统计分析制度落实不好，实际经济拉动效益无法评估；五是会展业整体宣传营销体系尚未形成，宣传营销形式单一。

（2）会展业整体发展水平有待进一步提高

一是日常消费类展会较多（约占展会活动总量的80%），专业品牌展会较少；二是展览活动多（约占展览活动总量的90%），会议活动少；三是流动展览较多（约占展览活动总量的60%），自组织展览较少。

主要原因：一是展览场馆综合配套能力低，目前，我市会展基础设施建设不完善，特别是洛阳展览中心的展区较少，直接影响了品牌会展的应用和引进；二是"展、节、会"一体化发展不好，多年来，除了中国洛阳牡丹文化节和河洛文化旅游节，政府对其他节庆活动重视不够，各级部门对国际高端会议的申办重视不够，各行业主管部门未与行业协会（商会）、大型企业积极沟通，积极承办或推出各类大型商务会议活动的积极性不足；三是品牌展示培育周期长，专业展会的培育除了需要一个长期的过程外，还需要更多的优势产业作为支撑，需要一定规模的批发市场或专业市场作为支撑，比如义乌商品交易会、成都糖酒交易会等都充分证明了这一点。然而，洛阳只有旅游产业博览会、牡丹产业博览会等少数行业展会。

（3）会展学科的培养有待进一步加强

一是专业展览公司少、实力弱，由于受全球经济形势疲软的影响，目前，洛阳本土专业展览公司发展受挫；二是亏损公司多，盈利公司少，举办展览的积极性不高，据统计，在洛阳市工商行政部门注册登记经营范围中包含"会展"业务的企业有608家，名称中包含"会展"的企业有22家，从2013年至今新注册专业会展公司8家，但至今持续开展会展业务的只有3家，全市实际开展会展业务的企业不到10家。

主要原因：一是老公司多为广告策划、文化传媒公司，参与节庆、文化、会议活动较多，直接参与展览业务较少；二是新注册的专业展览公司缺乏展览经验，客户资源少，竞争策划协调能力和市场运作能力弱；三是企业培育过程长，需要政府给予强有力的支持。

综上所述，洛阳市赛事会展业取得了很大成就，作为中部新兴的赛事会展城市，洛阳正经历着前所未有的发展；但同时也要清醒地认识到，洛阳距离建成国际人文交流中心还有很大差距，洛阳与北京、西安、南京等古都在赛事会展出建设上相距甚远。这些差距主要表现在：国际差距大、文化辐射小、传播跟不上。发挥优势、补齐短板，是洛阳发展赛事会展业的当务之急。

三 推进洛阳赛事会展业发展的建议

展望洛阳成为国际人文交往中心的美好未来，针对洛阳市会展业的现状，建议从以下几个方面进行完善，以达到全面、协调、可持续发展的目标，更好地提升洛阳在国内外的影响力。

（一）推进洛阳赛事业发展的举措

1. 赛事业以市场为导向，以政府为监督

2014 年，国家体育总局取消商业体育赛事审批制度，出台《关于推进商业体育赛事审批制度的意见》。通常来说，它是进步的，能够促进体育的发展和活跃，但取消竞业审批制度后，洛阳市政府必须发挥好监管作用。因此，在精简行政、下放权力方面，要注重后续监督，而不是放任不管。体育赛事的举办要以市场为导向，满足人们多样化的体育需求，合理配置体育资源。同时，洛阳市政府要做好监管工作，维护事件发生过程中的正常社会秩序。

2. 积极推进"国家全民运动健身模范城市"创建，深入开展全民健身工作

一是健全"大群体"工作格局。推进"国家全民运动健身模范城市"创建，深化和巩固政府主导、部门协调、全社会共同参与的"大群体"工作格局，实现县级政府"三纳入"全覆盖。为打造多元化赛事，开展特色

活动，洛阳市要积极发展适合不同群体、不同地域特色的全民健身特色项目，促进各类全民健身项目均衡发展。二是完善群众身边的体育健身设施。免费为100个社区（农村）安装或更换体育健身器材，组织开展50余项市级体育活动和竞赛，支持县（市）"两场三馆"建设，实施农民体育健身工程，社区多功能操场、户外健身活动中心、全民健身路径示范工程。推动栾川县等周边县区发展冬季滑雪。三是丰富群众体育健身活动。广泛组织开展洛阳牡丹杯国际马拉松赛、"龙行中原"河南省第四届全民龙舟大赛、全民健身月（日）系列活动等。积极支持和推广太极拳、健身气功、门球、垒球、排球等反映洛阳传统文化和地域人文特色的民间传统体育项目。四是健全群众性体育健身组织。要引导群众科学健身，建立健全各级体育协会，加强群众体质测定和运动能力评价，为群众健身提供指导。要加快发展社会足球和校园足球，支持多种形式的民间足球活动，举办多层次足球比赛，推动足球产业蓬勃发展，打造洛阳足球名片。

3. 全力备战省十四运会，提升青少年竞技体育水平

一是提前布局下一个训练周期，研究制定新周期青少年竞技体育工作发展规划实施方案，持续做强做大优势项目，发展弥补短板项目。二是加快推进体教结合，选拔优秀体育苗子，畅通体育后备人才选拔渠道。三是加强高水平教练员人才的引进，特别是稀缺项目教练员人才的引进。加快建设国家和省级高层次体育后备人才基地、体育学校等体育后备人才培养机构。四是进一步优化竞技体育结构和布局，扩大队伍规模。五是举办好市第十四届运动会，提高竞技水平，备战第十四届省运会，为在第十四届省运会上争金夺银进行扎实练兵。

第十四届省运会将于2022年在洛阳举行。洛阳应以运动队管理为重点，统筹规划体校建设，引进高水平教练员，依托全市体育后备人才基地、144所传统体校和武术特色学校，进一步推进体教结合，为省运会备战积累力量。建立青少年体育竞赛管理制度，组织开展全市青少年篮球、排球、乒乓球、羽毛球、游泳等单项比赛，组队参加全省青少年锦标赛、学校传统项目比赛，并广泛参加国内国际各级各类体育活动、比赛，选拔后备力量，提升

竞技水平。

4. 举办多样化赛事的同时提升赛事质量

现阶段，单一的竞技赛事已不能满足人们的需求，人们开始追求赛事过程中的娱乐性。在发展优秀体育项目的同时，其他项目也要齐头并进，以满足洛阳市各行各业以赛事业为引擎的发展需求，尤其洛阳市定位为重工业城市，国有企业和民营企业对洛阳市的经济发展起到支撑作用，要充分利用好商业赛事、创业创新赛事推动洛阳经济的发展。

洛阳市积极争取社会力量和社会学校办体育。每个县（市）区每年扶持 2~3 家青少年体育俱乐部。在建立 1 个国家重点高水平体育后备基地、4 个国家单项体育后备基地和 15 个省级单项体育后备基地的基础上，努力打造更多的业余训练基地，推动竞技体育向更高水平发展。

5. 擦亮体育品牌，打造特色名片

"体育赛事是一座城市最好的名片"，人们谈论城市体育时总是这样说。的确如此，通过体育赛事，很多人了解到这些城市和地区的文化、饮食和面貌。此时，体育赛事是一座城市的窗口，让人们看到城市的美，是一座城市的大门，让人们通过体育"走进"城市。

当前洛阳也在大力发展"体育+旅游"模式。利用洛阳这座旅游城市的优势，做"山水文章"，办特色赛事，借融合发展，让"山水生金"。近年来，"陆浑杯"全国马拉松暨万人健步走活动成功举行，"洛阳白云山杯"围棋世界冠军邀请赛、伏牛山登山节、森林穿越马拉松等赛事活动在洛阳成功举办。这些活动成为洛阳大地上的一道亮丽风景线，大大提升了洛阳的人气和形象。通过体育和旅游的融合，力争把这些活动打造成为品牌，借助媒体和参赛选手的广泛传播，使其成为洛阳的另一张崭新名片，这一发展思路的效果正在逐步展现。随着时代的发展和洛阳市各项优惠政策的支持，赛事类型多样化、增加赛事数量势在必行。然而，如何利用现行政策在洛阳建立良好的体育产业，仍然值得深思。挖掘竞争行业的发展潜力，需要时间沉淀。尤其是洛阳的赛事业还处于起步阶段，在看到洛阳的竞争性产业有极大的发展潜力和巨大的创新空间时，也需要认清竞争性会更加激烈的现实。

（二）洛阳市会展业的发展举措

1. 逐步理顺行业管理体制

一是加强统筹协调。洛阳市会展工作领导小组加强全市会展工作的统筹协调，进一步整合会展资源，强化联席会议制度，及时研究协调解决会展业发展中的重大问题。市商务、科技、工信、公安、财政、税务、工商、海关、卫生、食监、质监、统计等领导小组成员单位，要密切配合，各负其责，在职责范围内提供有效监管服务。各县（市、区）要明确行业主管部门或成立专门会展管理机构，加强与省、市会展办的联系，搞好上下衔接，督促工作落实，确保政令畅通，强化行业主管部门行政管理职能，切实履行好行业管理和服务职责。二是转变政府职能。坚持"政府引导、市场运作、产业融合"的原则，加快政府职能转变，发挥好政府在规划引导、政策支持、协调服务和市场监管方面的作用。按照《河南省党政机关境内举办展会活动管理办法》严格规范各级党政机关办展行为，建立政府办展退出机制，鼓励支持市会展企业与国内外知名会展企业合作。通过兼并、控股、联合等形式，加快组建会展集团，并通过购买服务的方式，主动承接政府主导型展会的市场化运营任务，逐步推动政府主导型展会向市场化运作转型。三是优化扶持政策。市财政每年安排会展业发展专项资金，主要用于对符合本市产业发展规划、在本市经济发展中起主导作用的重点展会进行补贴。对于新引进的国内外知名品牌展会采取"一事一议"的办法扶持，各部门要建立预算绩效管理机制，定期对各类展会专项资金进行绩效评价，适时优化调整扶持政策。四是发挥行业协会作用。洛阳市会展业协会的成立是为了充分发挥其桥梁作用和确定行业标准，为行业和企业提供全方位服务。

2. 不断完善行业服务体系

一是建立行业诚信体系。依据《社会信用体系规划纲要》和《洛阳市社会信用体系建设方案》，逐步建立覆盖场馆、办展办会机构等的会展行业诚信体系，提高行业自律水平，打造诚信和谐的会展环境。二是建立会展知识产权保护制度。支持和鼓励展览企业通过专利申请、商标注册等方式开发利用展览名称、标志、商誉等无形资产，提高展览知识产权保护水平。加强部门联动，做好展会现场投诉举报的受理、处置工作，有力打击侵权、假冒、骗展等违法行为，为参展商、采购商提供有力保障。三是构建会展业统计和监测体系。建立数据监测分析系统，完善会展活动评价体系，为政府决策提供及时、准确、真实的依据。建立统一的对外整体联合营销机制，加大城市及品牌展在国内外的宣传推广力度。四是完善行业宣传营销体系。加强展会联合推介，在国内外开展有针对性的主题营销和专项推介活动。借助全市各部门的出国考察活动和接待活动，多层次、立体化地加强我市会展业的市场推广。积极加入 UFI、ICCA、IAEE 等国际展览组织，借助国际展览资源和平台开展国际宣传推广。

3. 大力实施会展品牌战略

加快展会品牌建设，以品牌推动展会质量的优化和提高。加强对县（市、区）重点会展项目的引导，提高活动专业化、国际化水平，逐步形成"一县一节会、一区一品牌"和"展、节、会"一体化发展的洛阳特色会展经济，显著提升洛阳会展的国际国内影响力。一是引进和培育品牌展示活动。进一步推动洛阳国际机器人及智能设备展览会、中原旅游商品博览会、中国（国际）创意产业博览会、中国（洛阳）国际展览老年健康产业博览会、洛阳电动车及新能源汽车展览会等的发展，将它们逐步打造成具有国际影响力的品牌展会。制订会展业精准招商行动计划，积极对接国内外知名会展企业和品牌展示项目，引进一批品牌展示活动落户洛阳。二是打造特色节会活动。按照"最具国际影响力的文化节会品牌"和"独具地域文化特色的旅游节会品牌"的目标，进一步提高中国洛阳牡丹文化节和河洛文化旅游节"两大"节庆活动的组织水平，充分发挥其对关林国际朝圣大典、伏牛山滑雪旅游节、黄河小浪底观瀑节、伏牛山登山节等节庆活动的推动作用，发挥市场化、专业化、国际化的引领作用。三是申办高端会议活动。建立国际会议招标机制，积极向洛阳引进优质国际会议。发展会展旅游，吸引国内外知名企业来洛阳举办年会。进一步提升世界古都峰会、中国牡丹文化节投资贸易洽谈会、牡丹之约全球跨境产业融合峰会等会议的国际国内影响力。

4. 积极推进产业融合发展

大力推进洛阳市会展业与"565"现代产业的联动融合发展，努力通过"外引内联"构建"产业—会展—产业"良性产业链，使会展业成为促进产业升级、转型升级和提升城市综合实力的加速器。一是积极推进会展业与先进制造业融合。围绕机器人与智能制造业、新能源产业、新材料产业、高端石化产业、生物医药产业、电子信息产业等主导产业和新兴产业，引进或计划举办专业展会和高峰论坛，推动会展业产业转型升级，推动制造业向中高端发展。二是积极推进会展业与现代服务业融合。围绕现代物流业、电子商务业、金融业、旅游业、文化产业、科技服务业、健康养老业等优势特色产业，策划举办相关展览、会议和节庆活动，从而促进产业集聚，改善服务，扩大消费市场。三是积极推进会展业、特色高效农业和牡丹产业融合发展。扩大洛阳名优农产品博览会、洛阳国际牡丹产业博览会、"牡丹花都"农产品交易会、孟津红梯葡萄节、洛宁上葛苹果采摘节、洛阳红山樱花文化旅游节等活动影响力，通过农业会展节，促进农业研发、休闲旅游、特色小镇快速发展，延伸农业产业链。四是积极推进会展业与互联网融合。推动云计算、大数据、物联网、移动互联网等在会展业的应用，运用现代信息技术进行服务创新、管理创新、市场创新、商业模式创新，实现实体展厅与线上展厅相结合、线上线下同步互动的新模式。

5. 培育壮大会展市场主体

一是扶持龙头企业发展。扶持洛阳市会展企业不断发展壮大，引导洛阳旅游发展集团、洛阳生产力促进中心有限公司、洛阳花赋文化传播有限公司、洛阳品致会展服务有限公司、洛阳无界文化传播有限公司等重点会展企业向专业化、品牌化、集团化发展。鼓励我市会展企业加强与国内外会展公司的合作，拓展展馆运营、展位建设、会展旅游联动、跨业态经营等增值服务，延伸会展产业价值链。引进国内知名会展企业和专业服务机构到洛阳注册公司或设立分公司，培育一批具有较强独立市场运作能力和国际竞争力的会展企业，充分发挥其主导作用，逐步形成以集团为龙头、中小会展企业为辅助、会展服务企业为支撑的会展市场主体。二是加强人才引进。鼓励河南科技大学、洛阳理工学院等洛阳市高校设立展览专业，加强展览策划、展厅设计、展览项目管理、展览服务管理、投融资等方面的人才培养，电子商务等专业。支持行业协会、展览企业、知名展览机构和高校建立培训基地，开展多层次展览职业教育和展览从业人员在职培训。加强与国际会展组织和机构的交流与合作，开展会展业高级人才培养。大力实施人才引进培育工程，吸引会展策划师、会展设计师、会展项目经理等专业人才参与洛阳会展项目运作和会展业发展的对策研究，为会展产业的长远发展提供智力支持。

6. 不断提高会展场馆综合保障能力

要大力推进会展业硬件设施建设，统筹规划、整合资源、完善服务，加快形成功能互补的会展场馆新格局。一是加快洛阳国际会展中心建设。力争在伊滨经济开发区建成功能齐全、设施先进、布局合理、能举办国内外大型展览的综合性地标性场馆。洛阳国际会展中心以举办高端会议和优质专业展会为主，洛阳会展中心以培育小型专业展会和消费类展会为主。二是积极整合现有场馆资源。各县（市、区）要充分利用本地区现有场馆资源，积极举办各类小型专业展览，逐步形成以专业展览场馆为主、其他场馆为辅的配套展览场馆新格局。鼓励和支持洛阳体育中心、洛阳中原物流展览中心、洛阳博物馆、洛阳美术馆等场馆积极策划举办各类展览活动；鼓励和支持洛阳丝绸之路文化交流中心、洛阳上阳宫文化产业园、各大酒店和会议中心积极引进和承接各类高端会议活动；加快推进西工体育场（馆）动漫技术的转型升级，使其成为以动漫技术为基础的专业场馆。三是不断完善场馆服务功能。加快交通设施、停车场、星级酒店、商业载体、餐饮集群、展厅、周边休闲娱乐等公共服务基础设施建设，完善广告设计、银行、邮政、交通、保险等配套服务。按照兼顾公益性和市场化的原则，制定公开透明、平等使用的展厅规则，推进展厅管理体制改革和运行机制创新。

7. 创新会展营销渠道——线上线下整合

随着互联网的发展，会展行业进行线上和线下整体营销推广，已成为大势所趋，现在通过搜索引擎、综合门户、垂直门户、微信、微博等众多网络渠道，主动获取自己感兴趣的会展信息的用户，已远超通过电视、广播、杂志等传统渠道获得信息的用户，而未来唯有那些将线上线下资源整合起来，懂得在会展营销策略中打组合拳的会展企业，方能在竞争中立于不败之地。

（三）洛阳市会展业发展新目标

"十四五"规划提出，洛阳市要进一步促进节、会、展融合发展，进一步提升"两节一会一论坛"国际影响力和知名度，在新发展格局中促文化繁荣兴盛、促文旅融合、促经贸发展、促消费提力提质，为洛阳"十四五"发展、都市圈建设和国际人文交往中心建设发挥应有作用，做出应有贡献。

1. 市场化发展目标

积极推行政府主导型会展活动项目"1＋1"运作模式，即由一个政府职能部门牵头协调、一个专业策划公司具体参与承办，不断提升会展活动市场化、专业化运作水平。充分发挥企业和行业协会的主体作用，择优发展一批符合我市产业发展导向的专业贸易类会议展览活动和地方特色节庆活动，大力培育一批实力型专业节会展主体，积极培养一批实用性专业会展人才和从业人员。

2. 国际化发展目标

加强与国际性节会展组织、知名节会展企业的交流合作，加大国际博览会投资力度，努力规划引进一批国际节庆、会展项目，重点扶持培育一批区域辐射性较强的自主品牌节会展项目，努力提高洛阳市节庆会展的国际水平。学习国际节庆组织管理、服务保障、人才培养等先进理念，推进节会展宣传营销、项目推介国际化，积极探索具有国际化特征的节会发展机制，提升洛阳节会展国际化水平。

建设丝绸之路文化体验馆。洛阳作为世界丝绸之路的起点，在促进中西文化交流方面起过重要作用。丝绸之路文化体验馆的建设，不仅可以展示中国传统医药文化、洛阳水席、雕刻技艺、古典乐器等一系列国内外著名的老工艺、老技术，还可以展示西方先进的现代制造技术、现代金融服务、现代公司治理制度。文化体验馆的中西文化融合，还可凸显洛阳对外交往的历史。加强与"一带一路"共建国家的文化交流与合作，举办"一带一路"主题展览等文化活动，提升洛阳文化的国际影响力。

3. 联动化发展目标

积极推进郑洛西及洛三、洛济、洛平都市圈联动，以及市、县两级联动，实现洛阳节会辐射带动周边地区的共同发展；注重会展业与以先进装备制造业为重点的工业、旅游、文化、商贸等相关产业的联动，实现洛阳市会展业与其他产业的融合发展；充分依托洛阳区位优势、产业优势和市场优势，推动政府展与商业展、固定展与流动展，以及节、会、展联动，实现洛阳节会展整体协调、可持续发展。

4. 差异化发展目标

围绕节庆、会议、展览"三大板块"，发挥中国洛阳牡丹文化节、河洛文化旅游节等龙头节庆会展项目作用，积极探索以大型国际会议和奖励旅游为主要内容的会展业发展空间，达到节中有展、展中有会，使节、会、展相得益彰；鼓励引导各县（市、区）深入挖掘当地文化旅游资源，策划举办独具本土特色的会展项目；不断引进和培育新的品牌节庆项目，拓展产业链，形成洛阳独特的产业形态，实现差异化、特色化发展。

到 2025 年，进一步固化提升拓展国际化、全国性、有特色的节会展品牌，"两节一会一论坛"国际知名度影响力明显增强；进一步融入新发展格局，节会活动国际化、产业化、市场化水平持续提升，打造场域载体强磁场，使其在促文化繁荣兴盛、促文旅融合、促经贸发展、促消费提质方面发挥作用。结合中国洛阳牡丹文化节、河洛文化旅游节筹备工作，每年新策划举办各类活动不少于 10 项，其中国际化活动不少于 2 项，活动市场化率达到 60% 以上。力争到 2025 年，每年举办各类特色节庆活动 15 个以上，重大会议活动 5 个以上，举办规模以上展览活动 45 个以上，展览面积 50 万平方米以上，节会产业带动经济社会效益达 500 亿元以上。每个县（市、区）培育一个省级以上叫得响的节会展品牌，全市基本实现"一月一节会，一地一品牌"的目标。

　　洛阳作为国际文化旅游名城，会展业发展具有得天独厚的优势。洛阳市是中国唯一一座集历史文化、牡丹文化、工业文化、山水文化于一体的城市。但由于洛阳市赛事会展业起步较晚，很难进入中国会展名城名单。洛阳市赛事会展业要取得长足发展，各级各部门必须强化"大会展、大平台、大产业"意识，充分利用洛阳独特的文化旅游资源、特色产业、区位优势，积极引进和培育高端会展品牌，努力建设中原赛事会展名城。建设国际人文交往中心是历史积淀的漫长过程，要以"一站式、专业化、人性化"为内涵，以"服务企业、服务产业、服务城市"延伸赛事会展服务模式，进一步提高赛事会展举办的便利性。最终使洛阳成为世界性的"古今辉映、诗和远方"之地。

参考文献

［1］李云霞：《会展业与会展旅游市场开发》，《学术探索》2003 年第 5 期。

［2］张伟强：《略论产业集群与会展经济的耦合与非耦合关系效应》，《广东商学院学报》2005 年第 4 期。

［3］胡嘉禄：《关于做强我省会展业的思考和建议》，《辽宁经济》2002 年第 11 期。

［4］陈小五：《会展业发展及其外汇管理对策分析》，《中国外汇管理》2000 年第 11 期。

［5］梅青、张志全：《论山东省会展业发展的机遇与挑战》，《商场现代化》2005 年第 19 期。

［6］李正人：《会展业应在规范管理上下功夫》，《工商行政管理》2002 年第 12 期。

［7］刘怡：《会展经济三人谈（之二）：中国需要会展业　会展业需要中国——中国贸促会轻工分会王本和副会长一席谈》，《中国食品工业》2002 年第 7 期。

［8］孙志毅：《烟台会展经济的现状分析及前景展望》，《商业研究》2005 年第 9 期。

［9］甄明霞、欧阳斌：《会展经济——城市经济的助推器》，《经济前沿》2001 年第 22 期。

［10］刘宗太：《我国会展经济发展存在的问题及对策》，《经济纵横》2001 年第 2 期。

［11］翟健栋、伍斌：《构建深圳会展经济新框架》，《特区理论与实践》2003 年第

1 期。

[12] 陈向军:《大力发展会展经济　培育新的经济增长点》,《江苏商论》2000 年第 7 期。

[13] 陈泽炎:《重视会展的独特作用》,《青岛日报》2006 年 2 月 23 日。

[14] 陈向军:《试论我国会展经济的发展》,《求实》2000 年第 12 期。

[15] 陈志平、刘松萍、余国扬:《会展经济学》,经济科学出版社,2005。

[16] 孙静、黄清、石长波:《旅行社开发会展旅游市场初探》,《哈尔滨商业大学学报》(社会科学版) 2005 年第 4 期。

[17] 梁桂全、游霭琼:《差异·互补·共赢——泛珠三角区域合作的基础与趋势》,《广东社会科学》2005 年第 1 期。

[18] 梁燕君:《我国会展经济的发展现状及对策》,《商业研究》2004 年第 9 期。

[19] 徐康宁:《南京与杭州城市竞争力比较研究》,《华东科技》2002 年第 7 期。

[20] 陈金钹:《试论我国展览会的布局》,《中国对外贸易 (中国展览)》2008 年第 3 期。

[21] 刘松萍:《年终盘点:我国二级会展城市经济继续前行》,《中国贸易报》2006 年 1 月 5 日。

[22] 蔡开宏:《对发展武汉开发区物流产业的思考》,《学习与实践》2000 年第 12 期。

[23] 程红、路红艳:《从国际会展业发展动态看我国会展业发展方向》,《中国流通经济》2003 年第 3 期。

B.11
洛阳文化产业作为国际交往
媒介的作用研究

张平丽*

摘　要： 建设国际人文交往中心，洛阳文化资源得天独厚。近年
来，洛阳市以文化传承创新体系为抓手，"保护固态、传承
活态、发展业态"，通过强化政策引领、倾力打造文化品
牌、搭建平台整合产业资源，将得天独厚的文化资源优势
逐渐转化为文化产业优势。"十三五"期间，全市文化产
业转型升级、提质增效，国际人文交流中心地位日渐凸
显。同时，洛阳文化产业发展也存在文化资源转化力需要
进一步加强、对历史文化资源整合不够等问题。洛阳未来
文化产业发展要做好文化管理顶层设计与功能整合、紧紧
抓住"一带一路"建设带来的重大机遇、加大文旅交流宣
传营销力度、推动产业融合创新。

关键词： 文化产业　国际人文交往中心　媒介作用

　　2020 年 3 月，河南省委省政府为洛阳确定了"两中心一基地一枢纽"
的城市定位，提出洛阳要加快建设国际人文交往中心的任务。国际人文交往

---

* 张平丽，中共洛阳市委党校党史党建教研部讲师，主要研究方向为思想政治教育。

中心是文化城市国际化发展的高级形态，是具有国际影响力的各类文化资源及其相关资源的集聚中心、文化事务的参与管理中心、文化产业的发展中心、文化学术交流中心。① 国际人文交往中心的定位必须立足于洛阳历史文化传承资源的硬实力和文化产业发展的软实力。将历史文化资源优势转变为产业优势，是洛阳建设国际人文交往中心的应有之义。

一 繁荣发展洛阳文化产业的价值与意义

洛阳文化历史底蕴深厚，每年吸引无数游客研学，推动洛阳文旅产业蓬勃发展。建设国际人文交往中心，洛阳文化资源得天独厚。深挖洛阳历史文化资源，推动洛阳文化产业繁荣发展，扩大洛阳文化影响力，对提升城市品位、打造城市品牌、建设国际人文交往中心意义重大。

（一）发展繁荣文旅产业是促进国际人文交流与合作的重要路径

全球化背景下的国际关系中，文化交流的作用与价值越来越突出。文化交流有助于推进国际政治、经济领域的合作和人民之间的互动，通过文化交流、学习借鉴，丰富本土文化。文化市场运作和产业经营，有助于洛阳历史文化遗产更好更快地走向世界，对于扩大中华文化影响力、提升洛阳城市形象有着不可替代的作用，同时能有效满足人民群众对美好生活的向往，对洛阳高层次高质量发展有着特殊意义。

习近平总书记强调"要注重塑造我国的国家形象，重点展示中国历史底蕴深厚、各民族多元一体、文化多样和谐的文明大国形象"②。以洛阳为核心的河洛文化，数千年来绵延不绝，其根源性特质使其成为凝聚无数华夏儿女情感的纽带。

首先，积极拓展文化交流渠道。文化因交流而多彩，因互借而厚重。多

① 陈智宇：《发挥优势补足短板推动洛阳建设国际人文交往中心》，《洛阳日报》2020年4月17日。
② 《习近平谈治国理政》，外文出版社，2014，第162页。

年来，为加强人文交流、促进民心相通，洛阳集全市人民智慧，搭建多种对外交流的平台，如今为推动国际人文交往中心的建设，更加注重加强与省内省外、国内国外等研究机构和文化团体的深度交流合作，积极参加各类交流会、博览会、展览会，讲好洛阳的文化故事，从而为提升中华文化世界影响力、坚定民族文化自信做出卓越贡献。

其次，积极输出民族文化产品。在经济全球化历史背景下，文化产业、产品既是文化的重要组成，也是经济社会的重要组成，是一个国家或地区的工业化和科学技术发展水平的体现，也是一个民族物质生活和精神生活历史演变轨迹的体现。洛阳文化历史底蕴深厚，提高河洛文化的国际影响力，推动洛阳城市的艺术交流、文化展演，可以进一步丰富城市内涵、提升城市文明形象。洛阳近年来的实践证明，"中原文博会""牡丹诗词艺术节"等的成功召开，有效地推动了国际人员的交往和文化的交流。

（二）由文化资源优势转化为文化产业优势是建设国际人文交往中心的应有之义

文化产业发达的国家和地区，比如美、韩、英、法、德等国家都积极制定本国的文化产业发展规划。这些文化产业大国所展现的国家价值观在全球以碾压的优势强力传播。结合洛阳发展新的历史定位来看，发展壮大洛阳的文化产业，提高文化产业规模化、集聚化水平，是扩大洛阳文化影响力的重要途径。建设国际人文交往中心，必然要具备包括历史遗迹、文化遗存、城市标识等拥有国际影响力的文化资源和城市品牌形象，因此，充分发挥洛阳文化资源优势，深入挖掘传统文化中的国际人文交往元素，积极探索河洛文化的国际表达机制，开展国际文化交流合作，是洛阳未来发展的新命题。

要推进洛阳文化产业高质量发展，文化产业就必须坚持市场化开发理念，将洛阳文化资源与市场经济有机结合起来，形成一个充满活力、良性运转的文化资源开发和运营机制。人们对文化资源的消费和体验过程，也是文化传承弘扬的过程，这个过程就是文化资源与市场经济的对接过程。要加大对洛阳文化资源品牌的宣传力度。建立多样、立体的宣传推广机制，从政策体系建设、平台搭建等方面，进一步增强洛阳文化的吸引力、影响力，让世界更多地了解洛阳。

二 洛阳构建文化传承创新体系、打造国际 人文交往中心的实践

近年来，洛阳市不断厚植文化优势、传承历史文脉，通过搭建一系列文化交流平台，不断扩大洛阳的国际影响力，使更多的国际人文交流活动会聚洛阳。文化产业是一个由众多不同文化业态和文化主体组成的产业集聚体。本课题主要从产业政策优势、文化资源优势、人力资源优势三个角度，介绍洛阳文化产业发展及建设国际人文交往中心的生动实践。

（一）强化政策引领，不断完善文化产业发展规划

"十三五"时期，洛阳市关于文化产业发展的政策体系不断完善，扶持力度不断加大。

2016年9月，洛阳市出台了《关于构建文化传承创新体系的指导意见》，指导意见强调要强化产业支撑，壮大重点企业，推动文化产业跨界融合，突出规划引领；突出开放联动，增强合作，以大格局带动发展，特别是借助丝路起点的机遇，积极创造国内外文化交流渠道。指导意见的出台，为洛阳文化产业注入了新的发展动力。

2016年11月，洛阳市颁布实施了《洛阳市非物质文化遗产保护条例》，强调要为合理利用非物质文化遗产代表性项目发展文化产业的单位和个人，以及符合国家文化产业发展专项资金支持方向的项目提供资金，并在吸引人才和宣传推广方面提供政策保障。

2018年2月，洛阳市发布了《洛阳文化产业转型行动计划（2018～2020年）》。计划大力推动全市文化产业转型升级、提质增效。在行动计划实施后，洛阳充分发掘利用自身丰富的历史文化资源，不断提升洛阳历史文化品牌，丰富和提高历史文化的内涵和质量，逐渐形成了结构更合理、科技

含量更高、更富创意、更具竞争力的现代文化产业体系，有力地推动了文旅融合创新的协调发展。

2020 年 6 月，河南省文旅厅印发《河南省文化和旅游厅关于支持洛阳推进文旅融合加快中原城市群副中心城市建设的意见》，明确提出要全力推动洛阳文化和旅游高质量发展，帮助洛阳引进高层次、紧缺型的文旅人才，建设洛阳文旅智库，为洛阳文旅发展提供人才和智力支撑，大力支持洛阳建设具有较高国际影响力和吸引力的国际人文交往中心。

2020 年 12 月，洛阳市印发了《进一步激发文化和旅游消费潜力创建国家文化和旅游消费示范城市实施方案》，提出以创建国家文化和旅游消费示范城市为抓手，着力推进文旅融合发展，深化文化和旅游领域供给侧结构性改革，丰富文化旅游消费产品供给，改善文化旅游消费环境，不断激发文化和旅游消费潜力，推动全市文化旅游产业繁荣发展，加快建设国际人文交往中心。

（二）高质量打造文化地标

洛阳坐拥丰厚的文化家底，必须使其与时俱进地活起来。如今，人们的需求旺盛且日益多元。唯有转型发展、升级供给，才能不断满足人们新的文化需求和期待。

洛阳市委十一届十三次全会审议通过的《关于以开放为引领加快建设中原城市群副中心城市的行动方案》明确提出，要进一步充分发挥洛阳在保护、传承、弘扬黄河优秀历史文化过程中的重要核心导向引领和示范带动作用，精心建设一批以洛阳文化特色为主题的城市精神标志和展览园林，全面增强洛阳文化旅游业的国际知名度、美誉度和旅游吸引力。

1. 实施世界文化遗产创新发展工程

近年来，洛阳正在加快构建洛阳文化传承和创新系统，全力打造以"东方博物馆之都"、二里头夏都遗址博物馆、隋唐洛阳城国家历史文化公园等为主要代表的"新三篇"，努力建设具有国际标准和洛阳特色的文化旅游品牌集群。

博物馆在当今全域旅游中具有越来越重要的地位和作用，作为一种新兴旅游方式，这种具有较高文化含量的休闲文旅活动越来越有吸引力。近年来，洛阳"东方博物馆之都"建设成绩很大，博物馆旅游文化效应越来越大，已成为当今洛阳文旅产业转型升级的战略举措和关键一招。2020年洛阳市政府工作报告提出，加快建设牡丹、丝绸之路、汉魏故城遗址等重点博物馆，打造15家精品博物馆，年底前完成洛阳博物馆、二里头夏都遗址博物馆"数字博物馆"项目，举办20个精品文博展览，打造"最早中国"研学旅行品牌，博物馆总数超过100座。通过塑造"东方博物馆之都"品牌，把散落在河洛大地上的博物馆连成展示黄河文化、河洛文化的精美"项链"，打造文旅发展新引擎，全力将洛阳建设成为有影响力的国际博物馆文旅重要目的地和国际人文交往中心。今天，洛阳博物馆从数量、种类到发展速度均在国内遥遥领先，正着力打造"东方博物馆之都"，通过博物馆这个载体，洛阳悠久的历史和灿烂的文化得以系统展示。

打造"最早的中国"文旅品牌。2019年10月中旬，举世瞩目的二里头夏都遗址博物馆建成开放，成为世界了解中华文明起源的新高地、新窗口，展示了中华文化的源远流长、绵延不断，也为世界各国探索中华文明源头和进行文化交流建起了一座桥梁。2019年10月19日，由国家文物局、中国历史研究院支持，中国博物馆协会等单位共同主办的"二里头夏都遗址博物馆开馆仪式、第二届世界古都论坛暨纪念二里头遗址科学发掘60周年国际学术研讨会"召开，会议以"早期中国与世界古代文明"为主题，众多科研机构、高校和文博单位，以及意大利、法国、俄罗斯等20多个国家的400余位专家学者和新闻媒体人齐聚洛阳，专家学者围绕古都保护与城市生活、早期城市、早期国家和早期文明研究，二里头遗址及相关问题研究三个论题，共议文化遗产保护和利用，让公众更好地认知和了解中华文明悠久历史。

打造隋唐洛阳城国际文化品牌。近年来，洛阳市委市政府贯彻落实习近平总书记关于大运河文化带建设的指示精神，以隋唐洛阳城国家历史文化公园建设为主要抓手，规划引领、分步实施，积极探索运河遗址保护和城市发展的新思路、新途径。在确保遗址本体绝对安全的前提和基础上，先后实施了天堂名堂、应天门、"两坊一街"等一系列保护展示利用项目，实现了历史遗址的保护、传承和利用完美结合。自隋唐洛阳城国家历史文化公园建设以来，洛阳先后建成了一大批地标性文旅项目，形成了整体性的城市文化品牌，但与打造国际人文交往中心的要求还有不少差距。

扮靓"牡丹花城"金字招牌。多年来，洛阳始终致力于扩大国际影响力、文化吸引力、市场竞争力，倾力推出国际一流、誉满全球的中国洛阳牡丹文化节。营造"花"景观、传播"花"文化，加快建设洛阳牡丹博物馆暨洛阳南山公园，建设世界级牡丹基因库、重点实验室，打造了一批以隋唐文化为特色的精品牡丹园，以牡丹为主体的世界名花园、牡丹综合公园、牡丹体验中心等，提升牡丹观赏水平，挖掘牡丹文化。[①] 按照提升牡丹产业、拓展牡丹市场，加快产业全链条发展延伸的思路，谋划建设"牡丹产业园""花卉交易物流中心"等一批项目，推动牡丹画、牡丹瓷、牡丹产品深加工等特色品牌持续做大做强。适应新发展需要，组织参与国内国际的重大花事活动，举办电商平台展销会等，推动牡丹文化对外广泛交流与合作。

2. 建设国际人文交往中心核心区

建设国际人文交往中心核心区，既是发展机遇，也是一种担当。洛阳市老城区是古洛阳风貌保存比较完整的市区，有着厚重的历史文化资源。近年来，洛阳市老城区依据自身资源禀赋，深挖历史文化资源，在塑造精神标识、传承文化基因中，乘势而上，顺势而为，在打造国际人文交往中心核心区上下功夫。老城区高度重视"历史记忆"的回顾、记录、展示，培育、推广独特印记的古城文旅品牌，做好"老"文章，讲好"老"故事，留住"老城老街老巷子，老墙老院老房子，老门老户老名字，老号老店老铺子"的老城印记，让人们在潜移默化中感触中华历史文化记忆、延续中华历史文化根脉。

---

① 《洛阳将打造"隋唐洛阳城""运河中心"等金字招牌》，《洛阳日报》2020年4月1日。

3. 创新业态推动产业融合互动

2020 年 11 月 26 日，由人民网·人民数据联合河南省洛阳市人民政府共同主办、洛阳市老城区人民政府和人民数据研究院承办的"一带一路"数贸发展与国际合作论坛在洛阳市老城区召开，标志着"一带一路"文化数贸港项目正式落地。该项目是由人民网·人民数据为洛阳量身定制的一个面向全球、面向未来、拥抱数字经济的文化贸易平台，项目以数字订购、数字促交、数字交付为交易本质，可提供商品、服务和数据跨境交易，可为包括政府、组织、企业、媒体、教育和个人在内的贸易伙伴提供港口式全方位服务的价值传输与交换系统，用科技创新赋能助力洛阳实现经济高质量发展和文化产业繁荣。项目的建设将积极促进中华文化向海外的传播，对促进"一带一路"共建国家文化交流互鉴、互通有无起到积极作用。

（三）搭建交流平台，整合产业资源

变历史文化资源优势为经济发展优势，需要进一步解放思想，更新观念，强化运作，提高发展文化产业的水平。

1. 以文化产业协会为引领，建设高质量智囊体系

2013 年 12 月，洛阳市文化产业协会正式成立。协会成立的目的是更好地推动洛阳文化产业发展。作为政府和文化企业主体的联系纽带，其作用体现在充分发挥智囊作用，比如提出产业发展的规划措施等，为企业主体提供市场趋势和信息咨询，同时搭建各种文化产业交流和发展的平台。同时，洛阳文化产业协会官网——洛阳市文化产业网于 2014 年正式建设运行，其目的也是助力文化企业发展。为了广泛聚集具有国际影响力的各类文化资源及其相关资源，促进国际化交流交往和文化产业的快速发展，推动洛阳建设国际人文交往中心，洛阳市文化产业协会将牵头促成建立国际人文交往中心推进委员会。

2. 以文化科研机构为基础，深度发掘历史文化资源

建设国际人文交往中心，必须注重对洛阳历史文化资源的发掘、整理和解读。洛阳历史文化厚重，文化科研机构众多，近年来在历史文化资源的调

研、整理、解读方面取得了显著成效，做出了重大贡献。

"洛阳师范学院河洛文化国际研究中心""洛阳文化产业研究院"汇聚了洛阳文化各界精英人才，深入开展文化产业的各项专题研究。河南省教育厅于 2012 年 10 月批准设立的"河南古都文化研究中心"，是以洛阳理工学院为依托单位的河南省高等学校人文社会科学重点研究培育基地，基地围绕洛阳"文化强市""旅游强市"，服务地方社会经济发展，开展洛阳历史名人文化与旅游资源开发研究、地域非物质文化遗产开发研究、洛阳民俗博物馆馆藏契约文书与匾额研究、龙门石窟文化旅游品牌开发研究、河南古都文化产业发展研究等，致力于打造洛阳古都的历史地位，提升洛阳古都的城市品位，保护、利用、开发古都文化，并在实践中取得了一系列专题研究成果，在区域内产生一定的影响力。

2020 年 12 月 18 日，"洛阳国际人文交往研究中心"揭牌成立。依托河南科技大学、洛阳师范学院、洛阳理工学院、洛阳市委党校及洛阳职业技术学院等高校及各科研机构，"洛阳国际人文交往研究中心"将发挥自身优势，突出学科特点，整合洛阳各方研究力量，研究内容涵盖国际人文交往基本理论、国际学术交流、国际人文交往指标体系等多个方面，深入挖掘传统文化中的国际人文交往元素，积极探索河洛文化的国际表达机制与表达方式，开展国际文化交流合作，用优秀的研究成果为国际性人文城市建设、河南省副中心城市建设做出积极贡献。

3. 以重大节会为媒介，深化国际文化交流合作

2020 年 9 月 12 日，洛阳成功举办了第三届中原国际文化旅游产业博览会暨 2020 洛阳河洛文化旅游节。将"中原文化旅游产业博览会"提升为"中原国际文化旅游产业博览会"，增加"国际"二字，更加突出其开放内涵。本届博览会突出国际交流合作，以"文旅中原·融通世界"为主体，以国际化、市场化为导向，打造"一站式""文化 + 旅游 + 产业"展示、交易平台。在展览面积约 7000 平方米的国际文旅展区内，德国、泰国作为双主宾国"坐镇"，"一带一路"共建国家和地区参展商展示了传统工艺美术作品、创意设计作品、文化旅游特色产品等 30 余类 2000 余种商品，让市民

游客充分认知了解多姿多彩的异域文化、独具特色的旅游风情。

另外，为搭建深度文化交流的平台，洛阳市举办了"2020年度河洛文化研讨会""第三届世界古都论坛"，论坛突出开放性，吸引来自20个国家的240余位国内外嘉宾以"线上+线下"的形式"相聚"洛阳，共商世界古都历史遗产保护与城市可持续发展大计。研讨会所形成的智力成果，为世界更好了解洛阳、了解中华文明提供了助力，也进一步加快了洛阳国际人文交往中心的建设。

三 洛阳文化产业发展现状及其在建设国际 人文交往中心的作用评析

通过构建文化传承体系，凭借重点项目，突出"文化+"载体，改革创新融合发展新动力，建设文化产业园区，壮大龙头文化企业，使洛阳得天独厚的文化资源优势逐渐转化为文化产业优势。

（一）全市文化产业转型升级、提质增效

"十三五"期间，洛阳市全面落实《洛阳市文化产业转型行动计划（2018～2020年）》要求，通过对文化产业的转型提升，推动全市文化产业在新时代持续健康快速发展。

集约化水平持续提升。洛阳市鼓励利用闲置工业厂房、老旧建筑等，高起点建设文化艺术、工业遗产、特色产业相结合的文化产业园区，推动大北门文化创意产业园、博艺文化创意产业园、里外文化产业园等的升级改造，成为吸纳项目、孵化企业、技术研发、创业创新的平台，打造产城融合新亮点。培育发展国家、省、市级文化产业示范园区，加强对文化产业示范园区的规范管理和绩效评价。洛阳市建成了一批文化产业园区，培育壮大了一批龙头文化企业，产业实现更强集聚。

市场主体活力进一步激发。洛阳旅发集团、洛阳日报报业集团、龙门旅游集团等龙头文化企业，规模化和竞争力进一步提升。几年来，洛阳市重视

整合资源、优化布局，增强文化企业的发展活力实力，组建成立洛阳历史文化保护利用发展有限公司、洛阳广电传媒集团、洛阳文化演艺集团，引导支持其进入全市文化产业统计库，成为带动全市文化产业提质的主力军；同时发挥基层优势，培育发展一批"小而美""小而优"文化企业，支持洛阳牡丹瓷股份有限公司、洛阳九朝文物复制品有限公司等民营文化企业快速发展壮大，扶持一批"专、精、特、新"小微文化企业。

重大文化产业项目建成落地。为强化历史文化的现代表达、河洛文化的国际表达，着力推动文化旅游产业加快"三个转变"，实现融合发展，建设国际文化旅游名城和国际人文交往中心。洛阳市结合全市"9643"投资行动计划和文化传承创新体系专项重点项目，在项目推进、文化内涵挖掘和传承历史文脉等方面深入谋划、抢抓机遇、持续发力，谋划实施了一批市场前景好、投资强度大、带动效应强的重大文化产业项目。《中共洛阳市委洛阳市人民政府关于建设文化旅游强市的实施意见》指出，要构建"一核两翼两带"空间布局，即建设华夏历史文明传承创新核心区，持续提升"老三篇"，着力打造"新三篇"；建设北翼黄河文化精品旅游带示范区，打造文化与自然融合、沿线全景贯通的沿黄旅游公路和生态廊道；建设南翼伏牛山国民休闲旅游度假地，加快推进区域旅游一体化，打造高品位休闲度假产品；打造洛河人文历史旅游体验带，打造伊河生态休闲旅游体验带。

品牌化水平持续提升。一是实施"一地一品"战略，充分结合各县、区文化产业发展实际，打造"牡丹文化游""工业文化游""特色乡村游"等特色文化旅游品牌。二是延续城市历史文脉，将文化产业发展纳入新型城镇化建设规划，建设一批有历史记忆和地域特点的特色小镇、文化专业村、特色文化街区，留住文化记忆和乡情。三是延长文化产品链条，鼓励支持文化企业开发系列化、精品化特色文化旅游产品，打造"洛阳礼物"品牌。四是加强对传统工艺、非遗、传统技艺等的认定保护传承，培养更多民间手工艺人、非遗传承人、工艺大师和工匠。五是推动本土文化产品知名商标和品牌走向全国、走向世界。中国洛阳牡丹文化节已经成为具有世界影响力的文化会展品牌；唐三彩、牡丹瓷等一批特色文化产品和原创品牌的"洛阳礼物"，市场知名度和美誉度也在不断提高。

（二）国际人文交流中心地位日渐凸显

近年来，洛阳持续在多个领域推进国际人文交流中心建设。对外文化、科技、医疗、教育合作持续推进，文化交流合作更加频繁，层次也更高。

文创产业不断创新发展。近年来，洛阳先后举办过中国·洛阳"三彩杯"创意设计大赛、中原文化旅游产业博览会、2019牡丹奖·全球文化创意设计大赛，赛事评选标准越来越专业化、市场化、国际化。按照"政府引导、企业主体、市场运作"思路，洛阳市不断推动文化交流、文化贸易。自2009年起，市财政设立专项资金，优先支持优秀文化企业和重大、高新文化产业项目。支持本土文化企业深度融入国家"一带一路"建设，积极参加"一带一路"共建国家影视展、图书展、艺术节等展会及文化产业博览会等各类文化活动，推动优秀的文化出口企业打造文化贸易示范基地，积极拓展国内、国际两个市场。

借助政策引导、资金扶持的东风，按照洛阳市委市政府关于打造文化旅游产品品牌的要求，洛阳旅发集团旗下的洛阳礼物研究院在2016年12月成立。2020年"洛阳礼物"在全国疫情防控的大环境下，围绕洛阳大型文化旅游节会展会的召开，积极配合市委市政府主办的各项活动的开展，并不断拓展自身核心业务，丰富产品体系，拓展市场渠道，将"洛阳礼物"品牌形象进一步巩固强化，形成了较为成熟的市场运营管理模式，并积累了众多优质品牌合作资源等。如今，"洛阳礼物"产品体系已涵盖工艺品、家具、儿童玩具、卡通动漫、城市记忆、地标建筑及酒类、茶具等200多个种类。"洛阳礼物"2020年设计的产品元素系列有20多种，主要有隋唐大运河系列、白玉杯系列、丝路相承系列、牡丹系列、工业文化系列、河洛文化系列等，赢得了文化产业界的广泛关注和认可。2020年9月18日，在央视中秋晚会节目录制现场，央视新闻直播间展示了"洛阳礼物"文创产品——夏嘟嘟IP异型笔记本、洛城印象系列木制拼图、镶嵌绿松石铜牌饰系列丝巾等——受到明星嘉宾和亿万观众的关注，极大地宣传了"洛阳礼物"文创的品牌形象。

洛阳发展定位决定了必须以开放引领城市建设。世界级旅游目的地以及国际人文交流中心将是未来人们认知洛阳城市内涵的标识。这些城市标识要求洛阳积极整合各方力量，搭建各种文化交流平台，推出一系列精品文艺演出、文化活动、合作项目，使洛阳成为对外文化交流合作的前沿窗口。作为丝绸之路东方起点、"一带一路"重要节点城市，洛阳市已与共建"一带一路"的60多个国家和地区建立了经贸关系。通过扩大国际经贸合作、促进国际人文交流，建设国际人文交往中心，洛阳扩大开放的优势越来越突出。

（三）洛阳文化产业发展存在的困境

总体来说，洛阳文化产业逐渐走上高质量发展之路，不断满足人民群众日益丰富的精神文化需求。但是也存在一些短板，文化"富矿"有待进一步挖掘。

1. 文化产业高端人才匮乏制约产业发展

2021年初，笔者有幸参加了对洛阳旅游发展集团有限公司有关人事和项目建设的相关调研，洛阳旅游发展集团是洛阳文化旅游产业领域投融资运营方面的优秀企业，但也面临着严重的文旅高端人才瓶颈问题，尤其是运营方面缺少专业人才和高级人才。人才储备不足，人才培养体系不健全，人才与岗位匹配度较差，出现了专业人才"招不来，留不住"的局面，不利于文化企业和文化产业的良性发展。

2. 数字文化企业数量少规模小，领军型企业稀缺

近年来，洛阳文化产业发展迅速，规模不断增大，文化服务比重逐渐提高，文化产业结构不断优化。但是数字文化企业较少，营业收入占比较低。与先进城市相比，还有很大差距和短板。比如杭州市，2019年数字内容产业约占全部文创产业的一半以上。移动互联技术、数字通信技术不断迭代升级，文化产业领域新的业态和模式发展迅速，网络图书、影音、游戏、微视频、直播等挑战着传统文化业态。笔者曾经提出，市委市政府要重点布局数

字文化产业，将其列为"十四五"规划的重点，推进洛阳博物馆、图书馆、美术馆、文化馆及文化遗产等的数字化建设，有效推动物联网、云计算、大数据、人工智能等新技术的加入，提升数字文化资源共享能力与传播服务效率，实现洛阳都市圈文化经济发展提质增效和文化产业发展创新。①

3. 当前政府相关部门间仍存在联动机制不健全现象

文化企业、文化产业园区考核评估制度也在进一步完善之中，重大项目实施状况缺少公开统一的标准，文化产业园区建设的管理服务支持力度还需要进一步加大，存在一些落后项目未被淘汰、不合格企业仍享受政策扶持等问题，最终导致增量开发难、存量盘活难的两难局面。

四　建设国际人文交往中心背景下洛阳文化资源开发的建议思考

文化资源的转化和开发日益受到重视，对文化资源合理开发和利用，成为国内外城市发展的重要战略选择。"十四五"时期，党中央把文化建设放在更加突出的地位，更加重视文化产业的带动作用。在双循环发展环境下，文化产业的大力发展不仅能优化经济结构，也是满足人民群众美好生活的必然要求。

（一）以创新发展为动力，做好文化管理顶层设计与功能整合

文化资源的产业化开发与本地经济发展水平、产业政策、文化环境有着紧密的联系。城市文化资源的保护与开发需要政府、企业以及社会各方面力量的支持，才能形成城市文化产业发展合力，从而推动城市的协调发展。

1. 坚持守正创新的开发理念

"大多数文化产品既有意识形态属性，又具有商品属性，意识形态属性是特殊性。"② 一定要牢牢把握正确导向，坚持守正创新，确保文化产业持

---

① 《以数字经济为引领，实现洛阳都市圈民生服务一体化》，《洛阳日报》2021年1月8日。

② 《十六大以来重要文献选编》，中央文献出版社，2005，第540页。

续健康发展。当前，因为文化和技术逐渐深入融合，使得文化产业迅猛发展，文化产业从业人员也在不断增多。但是在人们的日常文化消费和产业主体对文化的创造转化中，往往看不到隐藏于文化背后的意识形态属性，以为文化尤其是现代文化产业主要遵循市场准则，是为满足人们方方面面的需求。但实际上，文化产业的发展，必须坚守正道，彰显主流价值，这也是文化产业走向高质量发展的前提和基础。所谓守正，就是要求文化产业发展一定要搞清楚一个根本问题，就是为谁服务，否则文化产品就没有生命力，文化产业也不会发展壮大。无论经济效益如何诱人，如果缺失了社会效益，文化就失去了其真正的魅力。

2. 科学规划文化产业布局

研究好洛阳文化各生产要素在空间区域上的配置，并就文化产业布局对洛阳经济社会发展的影响做出科学评估，发挥好政府这只"看得见的手"和市场这只"看不见的手"两者的优势和作用，利用招商引资相关政策，完善投融资体制，搭建市级投融资平台，并通过各类文化会展活动积极引进国内和国际资本，引导洛阳文化产业向高质量发展。目前，洛阳正在加速建设中原城市群副中心城市和打造国际人文交往中心。从洛阳城市空间来看，随着伊滨区的迅速崛起，随着国务院批复偃师、孟津（吉利）设成洛阳市两区，洛阳打破了原有 1 市 8 县 6 区的行政区划，成为 7 县 7 区。因此，笔者建议，洛阳要以都市圈建设为契机，科学谋划，合理布局，加快洛阳文化产业园区建设，发挥产业园区的集聚效应，在正确的开发理念下，加大文化资源开发和整合力度，培养一批领军品牌，并引领文化企业和品牌走出去，持续扩大洛阳在国内外的知名度和中国文化在世界上的影响力。

3. 注重发展数字文化产业

贯彻落实党中央国务院实施文化产业数字化战略，推动洛阳数字文化产业高质量发展，充分利用洛阳较好的经济基础优势和科技发展优势，出台相应政策，加大鼓励创新力度，引导相关文化资源和人才探索多种场景下VR/AR 技术的应用，包括但不限于演艺业、动漫游戏业、旅游业等文化产业的各种业态，同时联合直播、短视频等新业态方式，打造地方文化产品展示和销售的平台，充分实现文化与科技的融合，通过云选品、线上销售方式，助力本地优秀产品走出去。

（二）紧紧抓住"一带一路"建设带来的重大机遇，加大文旅交流宣传营销力度

"一带一路"建设，为洛阳对外开放和国际化发展提供了新机遇，为洛阳提升硬实力和软实力带来了新契机。丝绸之路是一条商贸之路，更是一条文化之路，作为重要节点城市，洛阳主动对接"一带一路"倡议，不断努力发挥自身优势，提升开放型经济水平，营造更加积极主动的开放格局，致力于打造内陆开放型文化高地，洛阳的开放型经济文化发展前景广阔。

1. 探索活化传承方式，讲好中华文化故事

面对专业性人才稀缺困境和研发资金困境，要优化人才培养体系，加大对产品研发的投入，整合优质企业特色文旅产品，如三彩艺、牡丹瓷、烟云涧、澄泥砚等，打造"洛阳牡丹""洛阳三彩""新安澄泥砚""平乐牡丹画"等一系列特色产品品牌，搭建好中国文化面向世界、走出国门的桥梁。多年来，洛阳城市礼物研究有限公司，不断专注于加强文化创意产品的设计、开发、推广与销售，形成了由产品研发、品牌管理到市场运营的成熟模式。在2020年9月12~14日第三届中原国际文化旅游产业博览会期间，该公司设计研发的一批极具代表性的洛阳文创产品惊艳亮相，如在旅游商品馆中筛选了洛阳具有代表性的旅游商品栾川玉、金银器等；河洛源耕展馆展示了洛阳周边县区特色农副产品，产品品牌形象非常亮眼。当然，近些年，文创产品不再拘泥于传统种类，博物馆、非遗项目等也都在展示、利用、保护以及"走出去"中，通过跨界融合，结合自身文化特色，加快进入新领域，以全新的方式和面貌讲述文化故事。2020年河南春节晚会上，"唐宫夜宴""天地之中"等节目的惊艳亮相，就是通过活化文物、创造性转化传统文化，而得到人们的认可。古老文明能走进人们的生活，走向世界，就是处理好了老与新的关系，该节目运用了5G + AR的技术，让虚拟场景和现实舞台结合，将歌舞放进了博物馆场景，使人们印象中的老文物绽放了新光彩，制造了一种博物馆奇妙之夜的感觉。

2. 围绕加快构建现代开放体系，塑造更具世界影响力的文化交流新平台

要强化河洛文化的国际表达，用国际化标准审视、发掘、建设、运营文化产业，策划组织更多具有国际性的文化交流活动。一方面，继续以中国洛阳牡丹文化节、河洛文化旅游节、中原国际文化旅游产业博览会、世界古都论坛为重点，持续深化"两节一会一论坛"文化交流合作，进行节会营销策划，促进经济与文化的完美结合，助力国际人文交往中心建设。另一方面，要拓展思路，推陈出新，不断推出新的特色节会活动项目，引进、承办更具影响力、更高品位的区域性、全国性、全球性的节会、体育赛事、文艺演出等，拓展潜在市场。增加洛阳市航线直达城市的数量，特别要加强对全球重点旅游城市的旅游营销，不断增强洛阳的吸引力。

参考文献

［1］王卓：《"一带一路"背景下的中华文化国际传播研究——以广西与东盟国家人文交流为载体》，《企业科技与发展》2020年第9期。

［2］梁晓丽：《论洛阳城市文化传承与文化圣城塑造》，《决策探索（下）》2018年第8期。

［3］易雪琴：《洛阳文化保护传承弘扬研究——副中心城市建设背景下》，《河南科技大学学报》（社会科学版）2020年第10期。

［4］杨尚军：《洛阳文化产业发展战略问题的思考》，《全国商情·经济理论研究》2006年第12期。

［5］王猛、王有鑫：《城市文化产业集聚的影响因素研究——来自35个大中城市的证据》，《江西财经大学学报》2015年第1期。

B.12
洛阳"东方博物馆之都"国际影响力研究

李文初 尚涛*

摘　要：　博物馆是保护和传承人类文明的重要殿堂，是连接过去、现在、未来的桥梁，在促进世界文明交流互鉴方面具有特殊作用。洛阳市从2017年提出建设"博物馆之都"，到2020年建设"东方博物馆之都"以来，建设各类博物馆（纪念馆）已达102座，全市博物馆事业成绩斐然；特别是通过持续修炼内功、积极搭建平台、举办国际展览、强化交流合作等诸多措施，有效地提升了洛阳"东方博物馆之都"的国际影响力，进而有效地推动了洛阳国际人文交往中心发展。与此同时，全市博物馆在发展中依然存在诸如质量品牌、机制政策、对外宣传、IP经营、新技术运用等方面的问题。因此，下一步应当在打造品牌、机制创新、加大对外宣传、活用新技术等方面多下功夫，以期扩大洛阳"东方博物馆之都"的国际影响力，推动加快建设国际文化旅游名城、着力实现国际人文交往中心的目标。

关键词：　博物馆　洛阳　国际影响力

洛阳市打造"东方博物馆之都"具有重大的时代意义，既是顺应世界

---

* 李文初，洛阳市博物馆馆长；尚涛，中共洛阳市委党校市情部助教，研究方向为文化、马克思主义基本原理。

博物馆发展的大潮流,也是由我国文化强国战略的大势所决定的,更是洛阳加快建设国际文化旅游名城、着力打造国际人文交往中心的重要举措。加快提升洛阳"东方博物馆之都"国际影响力,有助于有效整合洛阳富集的文化资源,有助于促进洛阳都市圈文化凝聚力建设,有助于洛阳国际文化旅游名城、国际人文交往中心的打造和提升,有助于高质量发展黄河文化、增强民族文化自信,有助于促进中外文化交流和人类命运共同体建设。

一 增强洛阳"东方博物馆之都"国际影响力的措施和成效

以洛阳博物馆为代表,洛阳市各文博单位积极开展与"一带一路"共建国家和地区的合作交流,并与瑞典、法国、日本、韩国、波兰等地区文博单位合作,开展了陈列展览、学术交流与人员培训等一系列活动,提高了洛阳在国内外的知名度和美誉度,对提升洛阳城市影响力起到了重要作用。2020 年 5 月,由中国文物交流中心指导、文物交流智库编制的《全国博物馆(展览)2019 年度海外影响力评估报告》对外发布,洛阳博物馆在 2019 年度综合类博物馆综合影响力的排名中进入全国前十,并且在丝绸之路对外交流专题展览中排名全国第五。

(一)持续修炼内功,夯实国际影响力发展基础

1982 年国务院公布首批历史文化名城名单,洛阳即在其中。第一次文物普查结果显示,洛阳拥有全国重点文物保护单位 43 处,省级文物保护单位 122 处;拥有国有馆藏文物 419918 件(套),非国有博物馆在册藏品 51914 件(套)。洛阳文化遗产丰富,有世界文化遗产 3 项 6 处。洛阳市 2017 年提出建设"博物馆之都",依托自身拥有的丰富文化资源,博物馆事业快速发展。自 2020 年洛阳市在政府工作报告提出塑造"东方博物馆之都"品牌后,牡丹、丝绸之路、汉魏故城遗址等重点博物馆加快建设,着力打造了 15 家精品博物馆。2020 年 5 月 27 日,洛阳出台《洛阳市加强文

物保护利用改革实施方案》，从制度上为"东方博物馆之都"的建设保驾护航。2021年将建成并开放隋唐大运河博物馆、牡丹博物馆等9家博物馆，实现县域国有博物馆全覆盖。以龙门石窟为载体，将规划建设龙门石窟博物馆。"十三五"期间，洛阳市博物馆（纪念馆）数量从60家增至102家，其中国有博物馆43家，非国有博物馆59家，三级以上博物馆12家，博物馆总数和三级以上博物馆数量均居河南省第一。"东方博物馆之都"建设成效显著，基本形成了主体多元、特色鲜明、富有活力的博物馆展示体系。据统计，2017年度全市博物馆接待观众817万人次，2018年度达840万人次，而到2019年全市博物馆共接待游客超过千万人次，国外游客也是年年攀升。

（二）积极搭建平台，促进与"一带一路"共建国家交流合作

利用洛阳市文物资源优势，积极争取国家、省文物部门支持，利用举办世界古都论坛、中国—中东欧国家文化遗产论坛等，搭建了洛阳市与"一带一路"共建国家交流合作的平台。2018年4月，首届世界古都论坛共邀请了国内外20多个国家和地区的百余位嘉宾，以"古老的文明 崭新的故事"为主题，进行了开放、充分和富有建设性的探讨，取得了丰硕成果。2019年10月，结合二里头夏都遗址博物馆开馆，以"早期中国与世界古代文明"为主题，举办了第二届世界古都论坛等系列活动，邀请到了20余个国家和地区的400余位嘉宾参会。2019年4月成功举办中国—中东欧国家文化遗产论坛，我国及中东欧国家的百余位嘉宾参加了本次论坛的各项活动，各位嘉宾共同交流探索合作的重点方向、领域和途径，推动了洛阳与中东欧国家未来在文化遗产领域的务实合作。2020年10月19日，洛阳举办第三届世界古都论坛暨夏文化国际学术研讨会，来自20个国家的240余位国内外嘉宾以线上、线下形式"云集"洛阳，共商世界古都历史遗产保护与城市可持续发展大计。

（三）举办国际展览，展示了河洛文明独特魅力

洛阳市各博物馆利用文化资源优势先后与波兰、沙特阿拉伯、卢森堡、

乌兹别克斯坦、韩国、日本等地区博物馆开展合作，举办文物精品展览，同时开展了多项对外交流活动，积极向境外友人展示河洛文明的独特魅力，促进了中外的文化合作交流。2017年12月15日至2018年3月10日，洛阳博物馆承办的"洛阳唐三彩艺术展"在波兰卢布林省展出。这是洛阳与波兰卢布林省结好以来在文化交流上的又一重要成果。2018年9月12日至11月23日，洛阳博物馆参加由国家文物局、沙特阿拉伯旅游与民族遗产总机构主办的"华夏瑰宝展"，在沙特阿拉伯利雅得国家博物馆展出，展现了唐代艺术中的乐观与活力以及盛唐期间丝绸之路上的商贸往来。2018年11月至2019年4月，洛阳博物馆参加由河南省文物局主办的"华夏文明之源——河南文物珍宝展"，在卢森堡国家历史与艺术博物馆展出，受到国外观众的一致好评。2019年6月20日至9月20日，洛阳博物馆主办的"梦回布哈拉——唐定远将军安菩夫妇墓出土文物特展"，在乌兹别克斯坦国家历史博物馆开展，展现了唐代丝绸之路上中乌两国商旅、文化交流的繁盛。2019年9月10日至2019年12月10日，洛阳博物馆从日本平山郁夫丝绸之路美术馆引进的"从地中海到中国——平山郁夫藏丝绸之路文物展"在洛阳博物馆举行，展现了丝绸之路在沿线国家和地区交流合作中产生的重要历史性影响。2019年9月21日至2020年1月21日，洛阳博物馆与韩国国立扶余博物馆联合举办了"中韩博物馆交流二十周年特展"，全面展示了洛阳博物馆和韩国国立扶余博物馆友好交流二十年间在物质文化遗产的修复和研究方面所做出的努力和取得的成果。

（四）强化交流合作，打造文物科技保护的洛阳品牌

近年来，依托洛阳市丰富的历史文化资源，洛阳古代艺术博物馆、洛阳博物馆、洛阳市文物考古研究院等3家单位先后获得可移动文物修复资质，其中洛阳古代艺术博物馆还获得了壁画修复保护、技术保护设计、工程施工、工程勘察设计等四项国家级资质，逐步发展起了一支颇有影响力的文物科技保护队伍。洛阳市文物科技工作者还积极与国外同行进行交流学习。2018年5~6月，洛阳考古研究院参加了同西北大学丝绸之路考古研究中心

联合开展的 2018 年度乌兹别克斯坦南部苏尔汉河州北部拜松市拉巴特墓地的考古勘探和发掘工作。2019 年 8 月 29 日至 9 月 2 日，洛阳文物考古研究院 2 名人员赴日本冈山参加学术交流演讲会。2019 年 3 ~ 5 月，洛阳文物考古研究院 8 名专业人员赴乌兹别克斯坦开展联合考古交流活动。2019 年 6 ~ 8 月，洛阳文物考古研究院 7 名专业人员赴塔吉克斯坦开展联合考古交流活动。2019 年 9 月，洛阳博物馆与韩国国立扶余博物馆专业技术人员就文物修复等方面的问题进行了交流研讨。

二 洛阳"东方博物馆之都"国际影响力提升面临的问题

虽然洛阳"东方博物馆之都"建设推进迅速，国际影响力有了较大提高，但其影响力和洛阳市本身国际化程度一样，还是偏低，开放程度仍然不够，面临着一些瓶颈问题。

（一）品牌质量有待提升

全市博物馆在数量上已经超过百家，数量已是十分可观；同时，博物馆规模和数量的发展空间仍很大，尤其是洛阳下辖县。然而，影响洛阳"东方博物馆之都"国际影响力提升的主要因素是质量和龙头品牌建设问题。博物馆只通过内容增加、数量增长、规模扩大、空间拓展等外延式形式来发展是不可持续的。博物馆品牌形象的塑造与其他文化机构相比，有其特殊性，它具有知识的生产和传播机构与文化财产托管机构双重身份。在此种情况下，公众期待与博物馆日常工作表现之间的较大落差是影响洛阳"东方博物馆之都"国际影响力提升的重要原因。洛阳博物馆在 2019 年度综合类博物馆影响力评比中进入全国前十，成绩喜人，但实事求是地说，整个洛阳市的博物馆和故宫博物院、秦始皇兵马俑博物馆等龙头品牌尚有不小差距。尤其是自然博物馆、专题博物馆、纪念馆类博物馆与国内外知名城市博物馆的差距更大。

（二）机制政策有待改进

政府部门对博物馆具体事务的干预较多，博物馆在人事、业务等方面自主权比较欠缺，发展活力不足，洛阳市文博单位开展对外交流，一般是在国家、省文物主管部门的组织下，配合上级部门的对外交流活动。《关于加强文物保护利用改革的若干意见》于 2018 年才颁布，现代博物馆制度尚处在构建中，以理事会制度为核心的法人治理方式功能难以有效发挥。博物馆人做事的积极性与缺乏灵活性的政策之间的矛盾比较尖锐，针对博物馆对外展览的指导性公文或规划性文件不足，使得博物馆对外交流存在指导思想不够明确的问题。市国有博物馆属于公益一类事业单位，其日常的运营维护支出主要是由政府拨款，博物馆额外收益按规定要上缴，不能用于自身的运营支出，也不能用于员工的补贴、激励。

（三）宣传营销有待丰富

洛阳全市博物馆对外宣传营销能力或多或少存在以下问题：对外宣传的方式、手段、渠道等单一，挖掘社交网络潜力和拓宽自主宣传渠道不够；不同国家存在语言差异，而对外宣传的相关语种人才储备欠缺；管理者重视不足、人才待遇太低、专业人员职责不清等导致科研不足，影响对藏品的深入理解，藏品研究与内容传播的深度尚待挖掘，也使得对外传播内容结构不够优化；吸引用户互动的招数不够，对本市的市民吸引力不足，对国际用户更是如此；新媒体的运用和发挥有待进一步深入，需要创新内容传播的形式和讲授方式；非国有博物馆和各县博物馆质量有待提高，国有博物馆与非国有博物馆无法有效形成合力；市区博物馆与各县博物馆因为交通状况也无法有效配合，10 条精品旅游线需要迅速推进。受传统观念的影响，我国博物馆在对外宣传、对外营销方面缺乏相关知识，尤其是在互联网时代，更是缺乏应用新媒体进行自我宣传、自我营销的方式和方法，大部分博物馆展示的内容、形式、创意等吸引力不够，未能形成品牌，这在很大程度上降低了洛阳市博物馆的知名度与吸引力。

（四）IP 经营有待创新

博物馆所拥有的丰富文物资源是文博 IP 孵化器的重要基础和载体。博物馆所需要的多样化公共文化产品与服务，同样对优质 IP 的需求也愈加强烈。当前，中国的博物馆 IP 产业尚处在发展初期，洛阳市也是如此。在很长一段时间里，洛阳对博物馆 IP 的认知总体上停留在法律维权的阶段，欠缺利用其进行市场经营的意识。随着文博创意产业受到重视，博物馆 IP 越来越多地应用在文创产品研发当中。市里博物馆大多已经正在运用 IP 来进行文创产品研发，洛阳旅发集团专门成立了"洛阳礼物"研究院，强化了对 IP 的运用和创新。但对博物馆文物开发的形式总体还不够丰富，藏品内涵开发不足，与外地藏品在文创类型上同质化，博物馆 IP 优质度不高，直接影响了国内外大众对洛阳博物馆文物欣赏的持续性和文物本身的辨识度。

（五）科技水平有待强化

2019 年，洛阳市博物馆数字化建设大力推进，"全市博物馆陈列展览数字化展示系统"建设正继续推进；编制完成了洛阳博物馆、洛阳周王城天子驾六博物馆、八路军驻洛办事处纪念馆、洛阳民俗博物馆、新安县千唐志斋博物馆、洛阳古代艺术博物馆等的数字化保护展示方案。2020 年，建成 3 家"实体＋数字"博物馆，尤其是在二里头夏都遗址博物馆、洛阳博物馆进行了数字化建设。在财力允许的情况下，大多数博物馆有意识地采用图版、沙盘、浮雕、视频播放、模拟展示等，甚至如洛阳博物馆、二里头夏都遗址博物馆、牡丹博物馆（2021 年 4 月开馆）等已经采用了互动游戏、VR 虚拟观览技术。但总体上，传统的文字展板、展台展览占的成分仍然较大。全市博物馆数字化和智慧化水平仍亟待提高。也需要在更高水平上引入新媒体。时下，洛阳市博物馆依托互联网平台，虽然拓宽了国内宣传渠道，建设了相关微信公众号、官方微博，也积极与抖音、快手等新媒体平台合作，但合作形式比较单一，仍然以文字文章、简单视频为主；尤其是要提升"东方博物馆之都"的国际影响力，还必须打通国际市场的这些渠道。

三 国内外博物馆提升国际影响力的 基本经验

博物馆是城市文化的重要组成部分,是城市形象的重要载体,若放在国际视野中,博物馆往往又是国际形象的展示。今天,博物馆事业发展的总体规模、管理水平和服务质量已成为衡量一个国家、一个民族、一个城市文化发展程度的代表性标尺。国内外许多博物馆都在通过不同的方式方法提升对外影响力。通过梳理,有以下诸方面的经验。

(一)充分塑造名牌、利用名牌

国内外著名城市或者博物馆在提升其博物馆国际影响力的过程中,无不首先倾力打造一个响当当的龙头品牌。如陕西强力打造"兵马俑"以及"秦汉文化",并以此为主要文化推广品牌,早在2010年底,秦兵马俑的国际交流足迹已遍布世界30余个国家和地区。北京不仅将故宫博物院定位为"一座皇家宫殿",还力推其"一座具有巍峨建筑群和丰富藏品的艺术博物馆"形象,并且通过北京本身丰富的外交资源将故宫博物院推向世界。敦煌研究院在其丰富的传统文化资源基础上,加强学术研究,明确提出"敦煌学",努力将敦煌研究院(国家一级博物馆)建成世界文化遗产保护典范和"敦煌学"研究高地。欧美一些国家对文博品牌也有许多先进的理念,在博物馆品牌经营的框架下,进行具有更大持续影响力的操作。如法国蓬皮杜国家艺术文化中心在西班牙马拉加市设置的"临时蓬皮杜中心",卢浮宫博物馆在阿联酋开设的分馆——阿布扎比卢浮宫,美国古根海姆博物馆也在西班牙、意大利、德国等地开设了4处分馆。

(二)充分发挥合作共享、"服务出口"的作用

当前,国内外大型博物馆的对外交流战略中资源共享、"服务出口"占有重要作用。其中,"服务出口"包括展品出借、展览出口、咨询和培训,

以及为新博物馆建设提供所需支持等。陕西、甘肃两地文物局在"大秦文化特展"中共同合作让台湾同胞体验了具有连贯性的展览。陕西与法门寺等文物保护单位在"来自丝路之都的唐代艺术"展中共同合作，给世界观众献上了精彩的中国历史文化展示。"明：皇朝盛世50年（1400~1450）"展览是由大英博物馆的中国陶瓷部主任霍吉淑和牛津大学艺术史教授柯律格共同策划五年时间完成的，该展览精彩地展出了明代流传下来的非物质文化遗产，也展现了明朝期间中国的外交与贸易往来。欧美许多国家为了降低举行展览的费用，通常大多会采取合作办展的方式，相关参与方提供展品，且分摊费用，在该地展览时的相关收益会共同分享。也有一些博物馆，如卢浮宫博物馆和奥赛美术馆，则会直接向外输出定制展览。2012~2018年，卢浮宫博物馆共向国外出售定制展览36个。有的博物馆还会对外提供不收经济回报的咨询和培训服务，如卢浮宫博物馆为此专门成立了"卢浮宫咨询部门"。为了扩大巴黎市立博物馆在国内外的影响力，由14家市立博物馆联合其他若干部门于2013年成立了巴黎市博物馆联盟。结果巴黎市立博物馆接待观众的数量迅速增长了41%，在巴黎以外举办的展览也大量增加。古根海姆是通过"合资购买、共同拥有和轮流展览"和"全面共享藏品"等方式来推进资源共享，扩大了古根海姆可以利用的藏品数量和其国际影响力。

（三）充分发掘文物内在价值

国内外有较大国际影响力的博物馆都非常重视大力发掘文物的内在价值，通过文化创意产品、电影、纪录片、体验坊、游戏等方式进行创新，真正地让"文物活起来"。陕西历史博物馆通过与京东商城合作，在网上创立了"陕西历史博物馆旗舰店"，在顺应时代潮流中传播了自己的文化特色。卢浮宫、大英博物馆、凡·高博物馆等都推出了世界性文化创意产品，在世界范围内扩大了博物馆及文化品牌的传播效应。故宫博物院于2016年推出的《我在故宫修文物》系列纪录片一经播出，即获高度关注，豆瓣评分9.4，同年推出的《我在故宫修文物》的电影版同样大获成功。充分发掘文物的自身内容,建立独一无二的文化"品牌",并且积极参与国际性交流展览,是博物馆品牌建设与文化传播的重要手段与途径。

(四)充分发挥新技术的体验优势

时下,国内外博物馆在条件具备的情况下一般都十分注意新技术的应用,如物联网、大数据、云计算、移动互联、三维建模、数字博物馆、智慧博物馆、VR、AR 新技术等。诸如此类的新技术带给人们交互、沉浸、虚拟、联结四大特点的体验型沉浸艺术展览,也开始重塑人们对于旧有观展的感受。世界著名的数字美术馆 Teamlab 采用这种沉浸式展览艺术形式,让人们通过声、光、电诸要素所创造的故事情境,自发参与进来,极大地提高了参与者的注意力。据统计,Teamlab 中国首展在北京举办时,在限制观展时间 1 小时的情况下,仍然平均排队 2 小时,十分火爆。秦岭博物馆与百度联手打造的 AR 博物馆,对兵马俑进行复原和三维呈现,让兵马俑"活起来",游览者还可以与兵马俑进行互动问答,从而获得更加生动的互动体验。"数字敦煌"则将敦煌石窟艺术进行数字化,汇集敦煌石窟各方面数据,数字化呈现敦煌石窟的全貌。2020 年以来,疫情导致世界上大多数博物馆均经历过或正处于关闭状态,"云游博物馆"给足不出户的民众提供了游览博物馆的新选择。

四 洛阳"东方博物馆之都"国际
影响力发展提升对策

在前期合作的基础上,以"平等合作、开放包容、互学互鉴、互利共赢"为原则,进一步深化亚洲国家文博领域的人文合作与互鉴,拓展欧洲地区文博合作空间,持续积极主动参与国际文博交流与合作,讲述中国故事,传播中华文化,持续提升洛阳国际影响力。

(一)加强顶层设计,为博物馆业发展定向

要实现洛阳"东方博物馆之都"持久长远发展,市委市政府必须更加

主动作为，强化顶层设计，从机制创新、人才吸纳培养、经费供应等方面加大谋划，敢于作为，善于作为。

一是创新工作机制。当前，随着"东方博物馆之都"国际影响力日益提升，洛阳市博物馆一方面要主动出击，在政策法规的框架下，通过各方渠道主动对外联络，推动文物展览和学术交流合作；另一方面，可以借助社会力量打通从文化资源、创意产品到市场的完整链条，最大限度激发博物馆的创新创造活力，打造更有创意、更具吸引力和感染力的国际展览，讲好、讲透中国故事，全面释放文物及展览的艺术和历史文化价值。

二是加强人才队伍建设。博物馆展览是一项系统工作，高水平的展览，不仅要求策展者对文物及其历史背景有深入了解，同时也对视觉传达、艺术设计、文字写作、公关社交等各方面都了然于心。博物馆策展人作为一项展览的灵魂人物，就是故事的讲述者和传播者，是联系展品与观展者的重要桥梁。当前，缺乏高水平策展人才不仅是洛阳更是全国博物馆界普遍存在的问题。洛阳在打造"东方博物馆之都"的过程中，要广泛借鉴国际策展人才培养经验，通过建立明确、规范的策展人评选与评价机制，以及加强国际和国内馆际人才交流等方式，盘活现有人力资源，着力培养大批具有国际视野、通晓国际规则的专业化博物馆策展团队。

三是增加经费投入。近些年，随着洛阳市深入参与"一带一路"共建国家以及亚洲国家、地区经贸文化交流，博物馆作为文化交流的重要力量和平台参与国际交流的机会也在不断增多。国际交流是相互的，尤其展览策划、学术研讨、文物保护等需要"走出去""引进来"，这就涉及交流经费以及人员出国经费问题。"出国经费"列属三公经费，极大限制了对外交流的开展。建议市财政根据对外交流的开展，设置专项资金用于国际文化交流，对积极开展对外交流、推动洛阳市国际人文交往中心建设的单位和个人，也可以奖补的方式进行激励。

（二）加强文物内在价值挖掘，提升核心竞争力

国内大多数博物馆都经历过外延式发展，通过一系列内容增加、数量增长、规模扩大、空间等拓展方式，让更多的人了解了诸多传统文化元素，但是要使之真正"活"在人们心中，则需要更大力度地走内涵式发展模式。洛阳也面临着这样的情形，需要因时因地打造符合洛阳特色的龙头品牌，加大学术研究力度，强化创新创意，激活文物内在价值。

一是大力打造地方性特色龙头品牌。近年来，洛阳市坚持保护固态、传承活态、发展业态，在大力提升"老三篇"的同时，也在全力叫响"新三篇"，积极打造具有国际水准和洛阳特色的博物馆文化旅游品牌。必须更加用心培育"东方博物馆之都"旅游品牌，下气力打造丝绸之路东方起点、隋唐大运河中枢、五大都城遗址等旅游路线，加快推动二里头夏都遗址博物馆申遗工作、规划建设龙门博物馆，争取将其打造成具有世界影响力的龙头品牌。必须搞清楚博物馆对于"品牌"的定位，借助品牌塑造之推广宣传，使其在世界范围内形成相对稳定的受众群体和市场需求，推动博物馆国际性交流，从而扩大其国际影响力。

二是深化学术研究。当前，全市博物馆提供的文化产品不少，但精品还不够多，尤其是具有较强世界影响力的产品很少，仍需要彰显特色。这就需要博物馆相应工作人员与高校一起通力合作，切实强化学术研究，争取更广、更高、更深地挖掘文物本身的"内涵"，并站在服务大众的研究视角，更为生动活泼地向观众介绍他们所没有感知到的更丰富的内涵，使他们更真切地了解藏品在各个层次的魅力。

三是强化创新创意。"创意，就是要研究人们的生活，人们的生活需要什么、喜欢什么，我们就研发什么。"① 加大对全市博物馆资源市场调研，了解资源同质化实情，把握市场需求，分析产品线，进行有针对性的创意创新产品开发。故宫的数字博物馆、互联网纪录片、文创设计等都是创新创意的成果。博物馆的展览设计和活动开展等也要根据洛阳资源禀赋，贯彻个性化理念，改变"千馆一面"现象。

---

① 《故宫博物院院长单霁翔：科技创新引领时代发展》，中证网，http://www.cs.com.cn/sylm/jsbd/201805/t20180529_5814925.html。

（三）整合各类发展要素，扩大影响力、感染力

提升洛阳"东方博物馆之都"的影响力，进而促进洛阳国际人文交往中心的发展，是一个漫长而巨大的工程，需要整合、团结各类发展要素、力量，既要利用科技的力量，提高博物馆数字化、智慧化水平，又要创新合作形式、丰富合作主体。

一是加大博物馆数字化建设。数字化和线上技术的运用，打破了博物馆时空与实物限制，拓展了博物馆的展览方式和社会影响。特别是在2020年初新冠疫情暴发以来，数字技术在博物馆转播领域的应用大幅提速，博物馆通过新媒体和虚拟现实表现手段，将公共文化服务延伸到了千家万户。2021年2月，洛阳博物馆和韩国国立扶余博物馆合作，联合推出网络虚拟展览，开展社交课程的网上互动，取得了良好的效果。数字博物馆不受时间和空间限制，直观便捷地开展文化交流，可以作为博物馆实体展览的重要补充，也可以成为对外交流的重要先导和辅助手段。

二是打造智慧博物馆。智慧博物馆的建设是基于博物馆核心业务的需求和时代发展的要求。洛阳要加快研究编制智慧博物馆建设规划，将国内外智慧博物馆相关规范标准与洛阳实际情况相结合，抓住智慧博物馆建设的新契机，推动全市实现博物馆智能化运作。大力引进和运用物联网、大数据、云计算、移动互联等现代信息技术和国内相关先进公司，促进全市博物馆系统尽快实现以物、人、数据动态双向多元信息传递模式为核心的智能化系统。通过智能化系统，使藏品、展品、研究者、管理者、策展者、受众等诸多元素之间的多重联系达到智慧化融合，为国内外民众提供更多的个性化服务、多元化服务。

三是扩大合作领域。首先，和演艺、非遗等文化项目强化合作。目前，洛阳市各博物馆对外交流主要依托文物藏品资源，主要形式是举办或参与国际展览。建议文化、文物部门联动，以国际间的文物展览为契机，结合文物展览主题，同期推出优秀的非遗展演、歌舞剧目等，作为文物展览的重要延伸，同步向外推送，合力打造文化热点，展示洛阳形象。其次，和高校强化

合作，深化在国际文化遗产领域的学术、科技交流。"十三五"期间，洛阳市博物馆、考古院等文博单位与乌兹别克斯坦、日本、韩国等国家和地区开展了一些文化遗产领域的科研交流合作项目，取得了可喜成果。但受人才、设备等条件制约，有些科研项目未能实施或深入开展，建议发挥洛阳市高校人才资源优势，加强高校与博物馆、考古院的合作，共同谋划和参与国际间文化遗产领域科研项目，深入开展研究合作及成果推广。

B.13
牡丹特色产业助力国际人文
交往中心建设研究

洛阳牡丹发展中心课题组*

摘　要：　2020年7月，洛阳市委市政府印发《关于以开放为引领加快建
　　　　　设中原城市群副中心城市的行动方案》，明确提出到2025年，
　　　　　洛阳要建成国际文化旅游名城和国际人文交往中心。洛阳牡
　　　　　丹文化是河洛文化的重要组成部分，是中华文化的重要元
　　　　　素，"千年帝都、牡丹花城"——牡丹是洛阳在国际人文交
　　　　　往中的城市名片。以牡丹为载体，提升牡丹观赏水平，挖掘
　　　　　牡丹文化，推动牡丹产业发展，用世界语言讲好牡丹故事，
　　　　　是建设国际人文交往中心的一条重要途径。

关键词：　牡丹　文化产业　人文交往中心

一　洛阳牡丹特色产业基本情况

　　牡丹是我国的传统名花，洛阳是牡丹的原产地、发祥地和重要的传播
地，牡丹不仅是历史传承给洛阳人的盛世吉祥花，也是洛阳这座有着五千年
悠久历史文化的城市符号，是洛阳市重要的城市名片，牡丹产业还是洛阳市

＊　课题组组长：梁艺馨，洛阳牡丹发展中心主任、高级工程师。课题组成员：黄治民，洛阳牡
丹发展中心高级工程师；马翔龙，洛阳牡丹发展中心工程师；张雪琴，洛阳牡丹发展中心工
程师；王聪慧，洛阳牡丹发展中心工程师；鲍豪杰，洛阳牡丹发展中心工程师。

文化旅游、经济发展的特色产业。牡丹这一最具洛阳特色的标志,是洛阳市建设国际人文交往中心不可或缺的一部分。

(一)牡丹产业方面

洛阳牡丹产业随着几十年的发展,由过去单一的观赏拓展到食用、药用、保健、化妆品等多个领域,目前已形成较为完善的一、二、三产全产业链。

近几年来,洛阳市委市政府高度重视牡丹产业发展,先后制定出台了《洛阳市 2014 年牡丹产业发展工作意见》《洛阳市牡丹产业发展奖补办法》《构建现代产业体系促进牡丹产业发展实施方案》《关于延续洛阳市牡丹产业发展奖补办法的意见》等一系列鼓励发展牡丹产业的政策和措施,市政府拿出财政资金作为牡丹种植面积奖补专项经费。省委常委、市委书记李亚多次对牡丹产业的发展做出批示,召开市委常委会专题研究《洛阳市牡丹产业发展规划(2017~2025)》,专程到洛宁、新安等处实地调研,对牡丹产业的转型升级提出指导意见。

经过多年的努力,截至 2020 年底,洛阳市累计发展牡丹面积 36 万亩,有种植企业(种植专业户)173 家,其中万亩以上种植企业 2 家;年产牡丹种苗 2.25 亿株,牡丹、芍药鲜切花 1000 万支,牡丹籽 800 吨,年销售盆花 50 万盆。牡丹深加工业企业 28 家,产品 200 多种。牡丹文化衍生品生产企业 15 家。牡丹科研机构和单位 12 家;近二十年来,洛阳新培育牡丹品种 132 个,保存牡丹品种 1367 个,获得 345 项牡丹方面国家发明专利技术。制定标准 37 个,取得了一批具有标志性意义的牡丹科研成果。

(二)牡丹文化方面

洛阳牡丹文化涉及民俗文化、学术文化、精神文化、物质文化等,从牡丹源起,到牡丹在洛阳的形成、发展、繁盛、传播,再发展、再繁盛、再传播等过程中形成的与牡丹密切相关的民风花俗、谱集专著、诗词歌赋、散文小说、传说故事、书法绘画、戏曲影视,以及在应用领域中涵盖建筑、雕刻、陶瓷、刺绣、多种工艺品，等等，都属于洛阳牡丹文化的范畴。

1. 民风花俗源远流长

洛阳牡丹，香染千古，感人万代。洛阳一地的民风花俗，时时相因，代代相传。洛阳人爱花成俗，优爱牡丹。唐代时期，从牡丹含苞待放时，文人就动心触怀，挥毫写诗，抒发对牡丹的喜爱，诗人孙鲂有诗云："青苞虽小叶虽疏，贵气高情便有余。浑未盛时犹若此，算应开日合何如。"待牡丹绽放烂漫之时，人们更是在花间流连忘返，诗人徐夤诗曰："朝日照开携酒看，暮风吹落绕栏收。诗书满架尘埃扑，尽日无人略举头。"白居易在洛阳居住年久，对洛阳人的风俗习惯，极为洞悉深知，他的《买花》诗则从买花的一个侧面深刻反映了唐代牡丹花期的市井生活和爱牡丹的入迷程度。宋代，洛阳人的爱花习俗更加浓厚。文人大家欧阳修的《洛阳牡丹记》，对洛阳人的民风花俗有详细的描述："洛阳之俗，大抵好花。春时，城中无贵贱皆插花，虽负担者亦然。"还有邵雍的《洛阳春》："洛阳人惯见奇葩，桃李花开未当花。须是牡丹花盛发，满城方始乐无涯。"都是对洛阳人喜爱牡丹的真实写照。

2. 诗词歌赋广袤浩繁

歌颂洛阳牡丹的诗文歌赋浩如烟海，现收集到的洛阳牡丹诗词近千首，对洛阳牡丹进行过描述和颂扬的诗人有唐代的李白、杜甫、白居易、刘禹锡、元稹、李贺、李商隐，五代的徐寅、孙鲂、皮日休，宋代的欧阳修、范仲淹、司马光、梅尧臣、邵雍、陆游、苏东坡，明代的董其昌、李东阳，再到清代的曹寅，等等。在洛阳牡丹文化中，以"赋"的形式出现的不是很多，但它大大拓展了洛阳牡丹文化的厚度与广度。唐相李德裕的《牡丹赋》，是迄今所知道的最早的一部牡丹赋。还有以牡丹为背景的小说，如明代冯梦龙《三言》中的《灌园叟晚逢仙女》，以及清代蒲松龄《聊斋志异》中的《葛巾》，戏曲上有明代汤显祖的《牡丹亭》等。洛阳牡丹的诗文歌赋，如夜空星辰，广袤浩繁，熠熠生辉，代表着整个中国牡丹的芳香史诗，叠印着十三朝古都洛阳的大半个古都史。

3. 艺术应用多姿多彩

1964年8月5日，国家邮电部发行了一套牡丹特种邮票，共15枚。其中5枚邮票上的牡丹图样，即出自洛阳牡丹的传统品种，其他10枚邮票上的牡丹图样，其渊源也都来自洛阳，这是洛阳牡丹在艺术应用中的一个例子。追溯牡丹艺术应用历史，东汉时期的陶器上就有牡丹的抽象图案，魏晋南北朝时期陶器上牡丹图案已比较丰满。唐宋以降，各个朝代、不同时期，有牡丹图案的文物琳琅满目，不胜枚举。宋代牡丹文物，一是体现在建筑雕刻上，有石雕、砖雕、木雕的牡丹形象；二是陶瓷玉铜金银器物的牡丹纹样装饰；三是墓室壁画。宋代牡丹纹样应用具有花朵硕大、枝繁叶茂、色彩瑰丽绚烂的写实性特点。明清时代的日常家用品，如门帘、绣花衣裙、新婚被面、卧室顶床、屏风、条几、瓷瓶、玉器等都冠以牡丹的神采，充溢着人们对生活的美好憧憬和祝愿。还有北京故宫、西安城楼、青海塔尔寺、洛阳关林、山陕会馆等，都用木雕或石雕的牡丹图案进行装点。歌曲上，蒋大为的一曲《牡丹之歌》唱红黄河上下，大江南北。在牡丹的意象创造中，牡丹绘画是不可忽略的重要方面，自汉唐起，有专攻牡丹的画师。到唐代，随着牡丹名于天下，喜画牡丹者越来越多，技法不断提高。唐边鸾所画牡丹"妙得生意，不失润泽"；五代南唐徐熙《牡丹图》，在我国古代花鸟画中堪称一绝，落墨较重，叠色渍染，繁花盈枝，意趣生动，真正画出了人们心中的牡丹之美。宋代牡丹画，气韵生动，能体现牡丹的内在美。元代的钱选、明代的孙枕等在作品中都饱含了对国色天香之衷情。清代，牡丹绘画呈现高潮，作品气象万千、明快温馨、雅俗共赏。当代，在牡丹绘画前辈的影响和带动下，洛阳牡丹绘画出现前所未有的崭新局面。1978年以来，先后有多个牡丹书画院相继成立，加上安乐牡丹画专业村，一个牡丹绘画群体快速崛起。据不完全统计，已有千余人之多，其佼佼者如周彦生、王绣、李进学、文柳川、高少华、索铁生、郭孝民、林少杰、王厚生、赵东军、赵荣杰、李建杰、刘久亮、刘新春、赵海宽等，他们的牡丹绘画，尽管各有所长，风格迥异，却有一个共同特点，那就是贴近时代、贴近生活，贴近人们的审美时尚；既继承传统，更师法造化，用笔热情奔放、干练洒脱，艳而不俗，墨韵致远，画出了人们精神生活的春天。

（三）牡丹节会

从 1982 年开始，洛阳市政府每年举办牡丹花会，同时举办牡丹灯会。自 1991 年起，洛阳牡丹花会改为省办，成为河南省对外开放的重要窗口和平台；2010 年 11 月，更名为"中国洛阳牡丹文化节"，升格为国家级节会；迄今已成功地举办了 38 届。

38 年来，中国洛阳牡丹文化节与时俱进，不断创新，从最初的"以花为媒，广交朋友，宣传洛阳，发展经济"，到"牡丹搭合，经贸唱戏"。如今，中国洛阳牡丹文化节已成为融赏花观灯、旅游观光、经济贸易、文化体育为一体的盛大节会活动，已成为洛阳人民、河南人民政治、经济、文化生活中的一件大事，也成为洛阳、河南走向全国、走向世界的一座桥梁。

每年中国牡丹文化节期间，洛阳全城涌动。从邙山到伊水，从瀍溪到涧流，满目尽是赏花人。这观花的人流，有的来自华夏九州，有的来自世界各地。牡丹节期间，洛阳牡丹尽展风流，数以千计的牡丹品种，或历史稀世珍品，或现代诱人奇葩，或新育旷世佳蕾，或国外引来洋种，等等，次第盛开，争奇斗艳，伊洛大地，一时成了花的海洋。中国洛阳牡丹文化节，是人的节日，也是花的节日，人与自然的和谐，在这里得到了最好诠释。

利用牡丹文化节这个平台，洛阳还适时地在牡丹文化节期间举办新技术交流会、经济贸易洽谈会以及各类博览会，并称"三会"，政府部门和相关企业每年都采取"走出去""请进来"方式和加强对接、层层落实等办法，使整个文化节间的"三会"活动丰富多彩，气氛热烈，高潮迭起，效果显著。

中国洛阳牡丹文化节每年都给洛阳带来一大批"花会工程"，为了盛装迎宾，洛阳市每年都会规划出一批与国计民生、市政建设等有关的工程项目，如商店、广场、园林、绿地、道路、水面等，举全市之力予以落实。如此，中国洛阳牡丹文化节就成为洛阳人前进的"加油站""起跑线"。通过中国洛阳牡丹文化节的连年举办，人们欣喜地看到，洛阳市的市容市貌在不断改观，洛阳牡丹的种植水平在不断提高，使洛阳这一千年帝都青春焕发，呈现出勃勃生机，也使不少来洛游客感到常来常新。所以，许多游客包括不少国际友人，都不止一次地来洛观赏牡丹，临走时都会依依不舍，常说的一句话是：洛阳，我们还会再来，再来看牡丹。

二　洛阳牡丹特色产业发展存在的主要问题

在国际人文交往中心建设中，牡丹特色产业是洛阳市最具优势的产业之一，也是游客来洛最具吸引力的旅游项目，但洛阳对牡丹资源的自身价值、品牌价值开发利用还不够，牡丹产业经济规模还太小，与"洛阳牡丹甲天下"的名气不相匹配。牡丹深加工业和产品的深度开发不足，市场份额少，仍需要开发更多具有洛阳特色的牡丹产品，以增强洛阳牡丹文化的吸引力和凝聚力。

（一）观赏与油用牡丹种植效益两极分化严重

一是观赏牡丹发展势头依然强劲。种植面积保持稳定，种苗培育技术先进，盆花数量及品种逐年增加，鲜切花种植规模不断加大，到外地举办花展的企业和次数也越来越多，观赏牡丹的经济效益和社会效益持续提高。二是油用牡丹种植陷入低谷，面积逐年减少。油用牡丹初级产品销售难，是导致种植积极性下降，面积严重缩减的主要原因。

（二）深加工企业规模小，抗风险能力弱

洛阳市油用牡丹企业行业集中度低、规模效益差、资源分散，行业内大、中型企业占比低，而小型企业、微型企业数量占比高；油用牡丹行业从业人员的专业构成以种植人员和生产人员为主。洛阳牡丹油加工企业与国内同行相比，规模更小，目前只有2条压榨法生产线在正常运行，其他企业销售的牡丹籽油均为外地代加工贴牌产品。年产牡丹籽油1500吨的洛阳国花坊牡丹生物科技有限公司超临界CO_2萃取牡丹油生产线因生产工艺与《中华人民共和国粮食行业标准》（LST 3242 - 2014）"以牡丹籽仁为原料，用

压榨方法制取的食用油脂"不符，一直处于停产状态。牡丹花茶、牡丹鲜花饼生产企业同样存在规模小、生产线少的现状；除了油、茶、饼三大深加工产品以外，其他小众牡丹深加工产品大部分为外地代加工。

（三）思想保守，定位模糊，营销措施落后

牡丹深加工产品的市场营销是牡丹产业发展的核心问题，目前多数企业还停留在"土特产"的思路上，没有聚焦到消费者的内心需求，产品同质化度较高，宣传推广方式单一，产品的市场知名度不高。特别是牡丹籽油，由于其营养价值高，被企业商家定位为高档礼品，市场上推出的牡丹籽油也以礼品包装为主，但在消费者对产品价值不认同的前提下，高价格难以被接受。

（四）市场建设、品牌建设不足，发展战略不清晰

好产品未必好卖，要想让消费者喜欢，就必须洞察消费者最核心的需求点，然后去创造他们所需要和喜欢的好产品。例如：牡丹籽油属于高端食用油，高端食用油是一个市场容量相对较小的品类，现在很多企业都处在尝试生产期，可以对标橄榄油的市场渠道建设和宣传策略；橄榄油作为高端食用油发展中最大的品类，其之外的高端食用油总的市场规模也没有橄榄油一个品类大，但是国内橄榄油行业内能够做到产值两亿元以上的企业仍屈指可数，且都是在经营很多年以后才逐步达到，并付出了非常多的传播费用。

（五）种植业专业化、规模化、标准化、机械化程度不高

种植业方面，无论是鲜切花种植，还是观赏种苗、油用牡丹栽培，仍延续传统栽培方法，专业化水平低；全市牡丹种植企业（种植专业户）173家，其中10000亩以上企业1家，5000～10000亩企业1家，1000～4999亩企业10家，500～999亩企业23家，100～499亩企业105家，50～99亩企业20家，1000亩以上规模种植企业占比6.9%，对产业带动能力有限。标准化方面，牡丹良种率低、劳动强度较大，与我市当前农作物小麦、玉米、

花生等种植现代化程度相比，差距明显。通过查阅 1984 年以来国内外牡丹方面科技文献资料 331 篇（其中国外 83 篇），多为牡丹（芍药）种子资源、杂交育种、组织培养、生理生化、促成栽培技术、切花保鲜、基因表达分析、产业政策等方面的研究，专业化的优质高产栽培技术缺乏或不成熟，对油用牡丹高产的生理基础、种植密度与栽培措施、光合生理、水肥生理和生长发育（尤其是不同地区间）的生物学规律等均缺乏系统研究。此外，牡丹盆花和切花栽培也存在不规范、不标准等问题，长期下去，将降低牡丹产业的竞争力。北京强佑集团 2017 年在宜阳、新安、嵩县三个国家级贫困县的丘陵山区 6.23 万亩集中流转土地种植油用牡丹，规模以上整块地少，小地块多，大小合计约 15000 块土地，其中：最大连片种植地块 2200 亩，2000 亩以上地块 2 块、1000~2000 亩地块 7 块、500~999 亩地块 11 块、300~499 亩地块 20 块、200~299 亩地块 27 块，最小地块只有 0.3 亩。对于现代农业产业化来讲，没有标准化生产，就没有机械化作业，生产效率就低下，生产成本就会增加。据调查，随着农村人口向城市转移，农村常住人口仅占农村人口的 30% 左右，劳动力日益缺乏，牡丹种植田间管护及果实采收用工年龄段集中在 50~70 岁，且男女工比例为 1：6~8。偃师市郭坟村整村搬迁，油用牡丹种植企业"天丰花木种植合作社"出现严重用工荒，用工季节，合作社每天开车到 2 公里以外的住宅区拉一些年龄偏大的农民上山劳动，效率较低，还存在安全隐患，遇到采收高峰，往往找不到人。牡丹种植业没有机械化的支撑，后续劳务用工将成为制约发展的一个重要环节。

三 推动洛阳牡丹特色产业高质量发展的对策建议

洛阳牡丹特色产业高质量发展是洛阳国际人文交流中心建设重要的支撑之一，要通过多种措施，扎实推进牡丹产业健康发展，加快实施品牌带动战略，进一步提升牡丹观赏园观赏水平，努力讲好牡丹文化故事，彰显"中国洛阳牡丹文化节"品牌，进一步提升洛阳牡丹产业及牡丹文化的竞争力、影响力、吸引力、感染力、号召力。

（一）扎实推进牡丹产业健康发展，提高牡丹产业竞争力

1. 因地制宜科学种植

企业规模化种植应尽量避免在地租较高的（建议以 600 元/亩为最高限）耕地发展油用牡丹，支持农民专业合作社发展，鼓励农民在自有土地上种植油用牡丹。加大建设牡丹标准化种植基地力度，通过良种和丰产栽培模式应用、机械化管理和采收等提高效率和产品产量及品质。

2. 调整产业发展侧重点

重点抓好产品流通环节，产品有出路，才能有效促进加工业发展，加工需要的原材料需求增加，可以带动种植业发展，以此推进产业健康发展。结合供给侧结构改革和以销促产的理念，在 2017 年底洛阳市政府出台的《洛阳市牡丹产业发展规划（2017～2025 年）》中明确提出要建设四个体系，其中流通体系被列在第一位。培育专业市场方面，把建设牡丹产业综合交易中心和专业交易市场纳入洛阳市构建现代市场体系重大项目，着力将洛阳建成全国最大的全产业链牡丹产品交易集散中心。同时，针对牡丹产业龙头企业带头能力弱，牡丹品牌影响力不大的现象，在该规划中提出选取产品竞争力强、市场占有率高、发展后劲足的企业，将其重点培育成牡丹产业龙头企业。充分发挥洛阳市牡丹协会职能，统筹牡丹产业资源，建立完善的产业化服务体系。

进一步增强牡丹加工能力，提高牡丹产品品质，提升牡丹产业层次，增大牡丹产品科技含量和产品附加值，以牡丹深加工产品开发为主线，加快牡丹籽、牡丹果荚皮，以及牡丹花、茎、根等部位的综合加工利用和开发，提升牡丹产品品质；积极拓展牡丹产品市场，打造牡丹全产业链，提高牡丹产品加工能力。同时，在政策支持上，不仅要补"一产"，还要对"二产"和"三产"进行支持。充分发挥财政资金的杠杆作用，引导和扩大社会资本投入牡丹产业领域，采取"直接变间接、无偿变有偿、资金变基金"方式，充分发挥牡丹龙头企业完善现代企业制度、创新牡丹产品、开拓牡丹市场、提升财政资金使用效率的作用，支持种植企业、农民专业合作组织、家庭农

场和农户参加牡丹保险，采取省市县三级部分补贴＋种植户自缴的方式，对牡丹籽、花等初级农产品原材料进行投保，无论市场价格如何波动，牡丹原材料收购价格不低于最低投保收购价。

3. 牡丹籽油市场再细分

牡丹籽油是木本油料的一种，目前，牡丹籽油的营销和宣传都是从国家粮油安全的战略高度为出发点，以食用油为主，但牡丹籽油和花生油、芝麻油等传统食用油相比存在价格高、口感差等问题，再加上销售中附加利润率过高，在市场竞争中没有优势，销量很低。然而牡丹籽油不仅本身营养价值高，含有丰富的多不饱和脂肪酸，亚麻酸含量是橄榄油的 200 多倍，而且还含有丰富而独特的生物活性物质，依据牡丹籽油独特的营养和健康特性，在牡丹籽油的应用上仅将其作为高端食用油来定位是不准确的，还应该在高端营养价值和独特的药用和保健价值方面做好市场分类。

4. 推进政策落地，建立科技支撑

依据洛阳市城市总体规划、土地利用规划和国民经济发展规划，落实好2017 年底洛阳市政府出台的《洛阳市牡丹产业发展规划（2017～2025年)》。将规划中市场培育、科技研发、品牌打造、链条延伸、政策支持等细化分解，责任到人，加大引导资金投入，真正将牡丹产业发展的积极性调动起来。建立科技支撑机制，通过示范带动，推动牡丹产业向良种化、专业化、标准化、规模化、机械化、集约化方向发展，提升洛阳市牡丹产业的市场竞争力。

5. 指导协会发展，扶持行业龙头企业

充分发挥洛阳市牡丹协会的职能，统筹牡丹产业资源，建立完善的产业化服务体系。按照产业特点，细化专业，建立专家、油用、观赏、切花、种苗等专业委员会，强化技术服务、专业培训，统一打造品牌，提高洛阳牡丹产品的形象和市场认知度。对在本地区域内发展规模化种植、打造全产业链、能够带动农民种植、取得良好经济效益的大型龙头企业给予资金扶持；针对牡丹籽油、牡丹花茶、牡丹鲜花饼等深加工龙头企业规模小、产能低、产业带动力不强、品牌影响力不高的问题，积极培育本地龙头企业，建设产加销一体化的龙头企业集群，对规模以上企业进行资金支持；支持建设牡丹产业综合交易中心，重点支持中铁物流集团洛阳花卉果业交易展示中心建设，打造包含牡丹产业标准和规范在内的大宗农产品行业标准和规范的现货交易和产业链服务生态。形成产业链条化、买卖双方信誉担保化、质量认证化、买卖公平化、交易及资金安全全程监管化，带动中原地区甚至西北经济区大宗农产品交易和流动，带动牡丹一、二、三产业发展。

6.建立健全金融支持机制

充分发挥财政资金的杠杆作用，引导和扩大社会资本投入牡丹产业领域，尽快设立包含牡丹产业发展基金在内的"三农"产业基金，采取"直接变间接、无偿变有偿、资金变基金"方式，充分发挥牡丹龙头企业完善现代企业制度、创新牡丹产品、开拓牡丹市场，提升财政资金使用效率的作用，强化财政资金的激励效应，提高财政资金的使用效益。

（二）加快实施品牌带动战略，提升"洛阳牡丹"品牌影响力

为贯彻落实洛阳市委市政府关于牡丹产业发展要围绕"擦亮牡丹文化品牌、壮大牡丹产业规模、拉长牡丹产业链条"的发展方针，提升"洛阳牡丹"品牌影响力、文化带动力、市场竞争力和综合效益，目前洛阳市林业局正在实施"洛阳牡丹"品牌行动计划，以"洛阳牡丹"地理标志商标的创建和运营为抓手，深度发掘洛阳牡丹产业优势，整合产品资源，引进市场资本和大型流通龙头企业，建立完备的牡丹产业营销网络，促进初级牡丹产品向高附加值商品的转化，助推牡丹产业快速升级发展，打造国内领先、国际上有影响力的特色优势产业。持续开展申报驰名商标、名牌产品、原产地保护、农产品地理标志等。支持企事业单位积极制定牡丹产品质量标准。通过标准的制定，可打击清除市场上非本地的不合格产品和假冒劣质的牡丹产品，逐步提高牡丹旅游产品的质量和档次，提升城市品位。

（三）进一步提升牡丹观赏园观赏水平，提升洛阳牡丹吸引力

以现有牡丹观赏园为主体，创新现有牡丹观赏园的景观设计，提高牡丹

园的园艺水平和观赏价值，挖掘平面与空间资源，打造立体牡丹景观，拓展牡丹的观赏功能。规划提升复合型牡丹观赏园，恢复打造《洛阳名园记》中的园林景观，打造以牡丹为主体的牡丹特色小镇和美丽乡村，提升洛阳牡丹观赏的整体水平。

（四）努力讲好牡丹文化故事，提升洛阳牡丹文化的感染力

为发挥牡丹产业对洛阳国际人文交往中心建设的推动作用，应传承好洛阳牡丹文化，讲好牡丹故事。一是借助"中国洛阳牡丹文化节""河洛文化旅游节""世界古都论坛"等活动，打造国际旅游城市品牌。扩大国际影响力、文化吸引力、市场竞争力，提升牡丹文化的国际美誉度。二是借助洛阳牡丹博物馆建成之际，将其打造成为国内最具特色、最专业的牡丹博物馆，成为向世界展示洛阳牡丹文化的一个重要窗口。三是借助"隋唐洛阳城遗址公园"建设，在修建复原的隋唐洛阳皇宫紫微城遗址的核心区域，明堂、天堂和九洲池等建筑遗址，打造以隋唐文化为特色的精品牡丹园、以牡丹为主体的世界名花园等。四是借助"龙门石窟""白马寺""关林""老君山"等一批洛阳知名景点，进一步扩大洛阳牡丹的国际人文知名度和影响力，塑造和展示洛阳"古今辉映、诗和远方"的美好城市形象。

（五）打响"中国洛阳牡丹文化节"品牌，提高洛阳牡丹的号召力

非物质文化遗产是以人为本的活态文化遗产，申遗是对历史文化、秀丽江山的珍视。文化遗产的数量能够反映一个地区历史文化的多样性与文化的深厚程度。洛阳市拥有国家级非物质文化遗产项目——河洛大鼓、唐三彩烧制技艺、洛阳水席、关公信俗、中国洛阳牡丹文化节、洛阳宫灯、洛阳平乐郭氏正骨、河图洛书传说等。涉及牡丹方面的省级非遗项目有洛阳牡丹栽培技艺，市级非遗项目有牡丹传说、刘心牡丹纸雕，县区级非遗项目有古方牡丹籽油制作技艺、古方洛阳牡丹茶制作技艺等。提升中国洛阳牡丹文化节这一国家非物质文化遗产品牌的影响力，把与牡丹有关的各级非遗项目纳入该国家级非遗中打捆宣传；在每年中国洛阳牡丹文化节期间，组织非遗项目集

中进行展示，让更多的人了解牡丹文化，对各种技艺技巧进行讲解，为下一步传承打好基础。最终让牡丹文化深深扎根洛阳，促使中国洛阳牡丹文化节在国际国内的号召力再上一个新台阶。

通过全市人民的共同努力，将洛阳打造成为全国牡丹产业基地规模最大、产业产品最全、牡丹产业旅游带动性最强的世界牡丹最佳观赏中心、中国最知名的牡丹市场物流集散中心、中国牡丹产业高技术研发中心、中国牡丹品牌集聚区和牡丹文化传播中心、中国牡丹科技人才培养和技术交流中心，为建设洛阳国际人文交往中心做出洛阳牡丹产业应有的贡献。

案 例 篇
Case Studies

B.14
洛阳构建国际人文交往中心的
指标体系研究

张 体 苏珊影*

摘 要： 国际人文交往中心建设是一项长期的、综合的和复杂的工
程，必须在科学的顶层设计指引下，提出合理的战略规
划，并落实到具体的指标体系之中。当前，关于国际人文
交往中心指标体系的研究主要集中在城市国际化指标体
系、城市文化指标体系领域，在实践方面，昆明市在建设
国际人文交流中心过程中，提出了建设区域性国际人文交
流中心的量化指标。构建洛阳国际人文交往中心的指标体
系，需要从国际人文交往中心的内涵、特征和标准出发，
总结国内外相关研究成果和成功经验，基于洛阳实际，参

---

* 张体，洛阳师范学院讲师，研究方向为文化、抗日战争史；苏珊影，中共洛阳市委党校科研
处助教，研究方向为河洛文化、中国传统文化。

考昆明市建设区域性国际人文交流中心指标体系的生动实
践，坚持科学性原则、系统性原则、特色性原则、代表性
原则、数据可得可比原则、可持续性原则，设置可操作、
易量化的指标。本文选取国际交往基础设施水平、城市国
际化宜居程度、国际要素吸引能力、人文资源国际影响力4
个一级指标，考察国际人文交往中心的建设情况，并选取
31个二级指标阐释、支撑4个一级指标。其中国际交往基础
设施水平、城市国际化宜居程度指标是建设国际人文交往
中心的基础性指标，国际要素吸引能力、人文资源国际影
响力指标则可全方位衡量国际人文交往中心建设的外显效
果。为了充分利用构建的指标体系推动国际人文交往中心
建设，本文按照选取的4大类31项核心指标，对洛阳市建设
国际人文交往中心的现有基础进行分析，按照战略规划的
实施原则，确定战略规划的具体设想。

关键词：　国际人文交往中心　指标体系　洛阳

国际人文交往中心建设是一项长期的、综合的和复杂的工程，必须在科
学的顶层设计指引之下进行。而科学的顶层设计，需要总结国内外相关的已
有研究成果和成功经验，制定合理的实施依据，进而提出合理的战略规划，
并落实到具体的指标体系之中。

一　关于国际人文交往中心指标体系的研究

国际人文交往中心建设，是城市国际化的重要内容，是城市文化竞争力
凝聚的重要途径，已有的城市国际化指标体系、城市文化指标体系和国际人

文交往中心城市建设的指标体系的研究成果是洛阳构建国际人文交往中心指标体系的理论参考和实践借鉴。相关研究如下。

（一）关于城市国际化指标体系的研究

城市国际化是全世界普遍关注的问题，自20世纪90年代以来，国际化程度比较高的一些城市的组织和机构，开始尝试性地提出相关的指标体系方案。如20世纪90年代，伦敦规划委员会和联合国伊斯坦布尔城市年会就提出了衡量城市国际化水平的指标方案，还制定了城市国际化指标体系概念的五个维度，即经济发展水平、城市产业结构、基础设施水平、社会开放水平、经济对外交流水平。后来，美国《外交政策》杂志联合其他机构，继承并发展了这一指标方案。

进入21世纪以来，随着中国经济的快速发展，城市作为国际交往的主体之一，国际化成为城市发展的重要目标和提升自身影响力的途径。

北京、上海、广州、深圳、杭州、成都、南京等城市都提出过城市国际化发展的目标，并将之细化为一定的具体指标和要求。例如，2000年上海提出建设"国际化城市"的口号。2012年4月成都发布了《成都市国际化城市建设行动纲要》，从总体目标、国际通达性、国际交往、宜人城市、产业发展、城市创新等六个方面提出了城市国际化建设目标体系。

2012年8月南京发布了《加快推进城市国际化行动纲要（2012～2015）》，提出了以经济国际化、国际化创新功能、国际化商务功能、国际化文化功能、国际化会展旅游功能和国际化人居功能等六大要素为代表的城市国际化建设指标体系。

2016年杭州发布了《中共杭州市委关于全面提升杭州城市国际化水平的若干意见》，提出了建设具有全球影响力的"互联网＋"创新创业中心、国际会议目的地城市、国际旅游休闲中心、东方文化国际交流重要城市、一流生态宜居环境、亚太地区重要国际门户枢纽、现代城市治理体系、区域协同发展新格局等八个方面的发展目标。

2016 年 8 月，青岛在《青岛市国际城市战略指标体系》中提出了包括一级指标和二级指标两个层次的国际城市战略指标体系。一级指标包括国际竞争力、国际影响力、国际成长力、国际吸引力和国际支撑力。二级指标 35 项，其中国际竞争力中有 6 项：人均 GDP、服务业增加值占 GDP 比重、金融业增加值占 GDP 比重、对外贸易总额（货物进出口 + 服务进出口）占 GDP 比重、外商直接投资额占 GDP 比重、对外直接投资额占 GDP 比重；国际影响力中有 6 项：跨国公司总部及分支机构数量、外国金融机构数量、国际友好城市数量、国际组织总部和地区代表处数量、开通国际航线数量、国际互联网及主流媒体呈现数量；国际成长力中有 5 项：R&D 占 GDP 比重、PCT（专利合作协定）国际专利申请量、文化产业增加值占 GDP 比重、大学学历（含大专）以上人口占总人口比重、万元 GDP 能耗；国际吸引力中有 7 项：全体居民人均可支配收入、基尼系数、外籍常住人口占总常住人口比重、每万人留学生数量、入境旅游人数占总常住人口比重、航空旅客吞吐量、国际会展年举办次数；国际支撑力中有 11 项：人均预期寿命、清洁能源占能源消费比重、市区空气 PM2.5 年均浓度、人均公共绿地面积、中心城区公共交通机动化出行分担率、市区污水集中处理率、固定宽带家庭普及率、每十万人拥有博物馆与文化艺术场馆数量、每千人口执业（助理）医师数量、每千名老年人口养老床位数量、亿元 GDP 安全事故死亡率。

2017 年 10 月，昆明市发布了《昆明市建设区域性国际中心城市实施纲要（2017～2030）》，提出了昆明建设区域性国际中心城市目标体系，包括区域性国际综合枢纽、区域性国际经济贸易中心、区域性国际科技创新中心、区域性国际金融服务中心、区域性国际人文交往中心、区域性国际和谐宜居城市等。

（二）关于城市文化指标体系的研究

文化对一个城市就像一张名片，也是一个品牌，更是一种软实力，它是一个城市综合实力和灵魂的体现。城市的国际化离不开城市文化的国家化，挖掘、塑造一个城市的文化内涵和文化形象，是城市发展的重要内容，同时也是城市经济、社会、政治发展的思想动力和智力之源。目前国内外关于城市文化指标体系的研究主要集中在以下几个方面。

1. 关注世界城市的发展指标研究

在国际方面，麦肯锡研究院的《2025 年世界城市发展报告》从人口的状况、GDP、不同家庭的收入三个维度建构指标体系。普华永道与纽约城市合作伙伴联合发布的报告《机遇潜力巨大的城市》从"智力资本和创新能力""生活方式资产"维度挖掘城市成功的因素。2008 年，英国伦敦发展署发布其委托相关机构完成的研究报告——《伦敦：一次文化大审计》；2012 年，受伦敦市市长约翰逊的委托，BOP 咨询公司联合多家机构发布《2012 年世界城市文化报告》，两相比较，前者轻视文化发展的作用，后者强调世界城市中文化的贡献。

国内的研究则侧重城市文化的现代化。王益澄构建的《城市文化现代化指标体系及其评价》将指标体系分为目标层、门类层、指标层三个层次，强调了文化现代化的特点。[①] 上海艺术研究所以文化环境与文化产业为评价维度，制定了上海城市文化发展指标体系，突出强调环境与产业对城市文化发展的重要影响。

2. 关注文化及相关产业体系的指标研究

1986 年，联合国教科文组织首次构建了文化统计框架，2009 年进行了重新调整，基于联合国各成员国文化统计的经验，把文化领域分为关键领域与扩展领域两个层面。其中每个文化活动领域纵向按产业链（供给到需求）来设计，包含反映创作和生产、传播和发布、接受和消费以及各项活动规模和参与为内容的文化统计指标；横向按产品与消费、教育、传统知识、档案与储蓄等四个方面，衡量指标则包括就业和教育、价值量和实物量指标等，新的文化统计框架，突出了新技术对文化的影响以及旅游与体育休闲业的重要性（见表1）。

[①] 王益澄：《城市文化现代化指标体系及其评价》，《经济地理》2003 年第 2 期。

表 1　联合国教科文组织文化统计框架

1986 年版		2009 年版	
		关键领域	扩展领域
文化遗产	音频媒体	文化与自然遗产	旅游
出版印刷业和著作文献	视听媒体	艺术表演与节日	体育与休闲（体育、休闲、博彩、娱乐、主题公园等）
音乐	社会文化活动	可视艺术和工艺品	
表演艺术	体育和游戏	设计和创造性服务	
视觉艺术	环境和自然	书籍出版	
		视听与互动媒体	

资料来源：根据《2009 年联合国教科文组织文化统计框架》整理。

在国内，王琳较早提出中国城市文化产业综合评价的指标体系，从总量指标、政府投入、发展水平指标、经济效益指标、市场化程度、对国民经济的贡献等六大维度 24 个二级指标测量城市文化产业发展状况；2012 年，基于新技术的影响，文化业态不断融合与新业态不断涌现，国家统计局对我国 2004 年颁布的《文化及相关产业分类》进行了修正，这一统计分类立足五大层次包括文化产品与文化相关产品的生产、10 个大类的具体的生产和服务、50 个中类的相近性文化生产活动、120 个小类的文化及相关产业的具体活动类别、29 个部分小类下设置的延伸层，从而建立了更能体现文化产业发展规律性的统计制度。

上海文化研究中心于 2006 年提出国际大都市文化竞争力比较体系，包括城市发展水平、文化传媒要素等 12 个互相关联的类别，50 个评价要素与 116 个统计指标。李凡等采用层次分析法（AHP 法）与综合评判法构建了城市文化竞争力指标；徐桂菊、王丽梅以文化力为核心对城市文化竞争力评价体系进行了构建；于泽的"钻石模型"在城市文化产业竞争力评价体系的构建方面，较为系统和全面地关注了内外部因素。

（三）关于国际人文交往中心指标体系的研究

近年来，昆明市以建设区域性国际人文交流中心为引领，致力打造面向南亚、东南亚地区的文化多样性示范区、文化发展新高地、文旅融合发展示范城市、文化对外开放前沿。针对这一定位，2018 年 9 月昆明市出台了《关于加快建设区域性国际人文交流中心的实施意见》，提出了建设区域性国际人文交流中心的量化指标，包括缔结国际友好城市数量、国际组织总部和地区代表处数量、年度国际会议及展览活动举办次数、入境旅游人次、文创产业增加值占 GDP 比重等 10 项关键性指标（见表 2），并制定了具体的行动阶段性纲领。

表 2　昆明建设区域性国际人文交流中心指标体系

准则层	指标层	单位	2020 年	2025 年	2030 年	2035 年 *
区域性国际人文交流中心	航空港年旅客吞吐量	万人次	6700	9500	12000	14000
	国际（地区）航线	条	100	150	200	210
	缔结国际友好城市数量	个	25	30	35	40
	国际组织总部和地区代表处数量（含领事机构及代表处）	个	15	21	27	>30
	年度国际会议及展览活动举办次数	次	66	78	92	108
	入境旅游人次	万人次	165	250	335	450
	文创产业增加值占 GDP 比重	%	10	12.3	13.3	15
	城市空气质量优良天数比率	%	98	99	99.45	>99.45
	国际学校（中、小学）数量	所	6	9	12	15
	外籍常住人口占总人口比重	%	0.11	0.18	0.27	0.4

* 2035 年数据为远景展望预测指标。

资料来源：中共昆明市委办公厅、昆明市人民政府办公厅印发《关于加快建设区域性国际人文交流中心的实施意见》的通知，昆明市人民政府公报，2018 年 10 月 20 日。

围绕这些指标，确定了推动文化、教育合作及卫生、科技、旅游交流等 10 项重点任务，通过加强人文交流对话合作、构建面向国际的教育体系、加强中医药领域交流、持续推动国际航线开通、丰富旅游产品等务实举措，有效扩大了人文领域的对外开放和交流。目前，昆明的国际事务平台体系初步建立，共有缅甸、马来西亚等 7 个国家在昆明设立领事馆，法国、德国等 21 个国家在昆明设立签证中心，昆明对全球 53 个国家和地区实行 144 小时过境免签；成功举办国际友城旅游合作大会、昆明高原国际半程马拉松赛等活动，对外文化交流合作品牌持续提升；21 个文化企业进入国家文化出口重点企业目录，20 个文化项目进入国家文化出口重点项目目录，获评"国家文化出口基地"；留学生人数突破万人，教育国际化稳步推进。2018 年，昆明市文化产业增加值 266 亿元（洛阳为 213.6 亿元），占 GDP 的 5.1%。2019 年，接待国内外游客 1.86 亿人次（洛阳为 1.42 亿人次），同比增长 16.1%，旅游总收入 2733.61 亿元（洛阳为 1321 亿元），同比增长 25.4%。总体来看，昆明区域性国际人文交流中心地位日益凸显。

二　构建洛阳国际人文交往中心指标体系的基本框架

构建洛阳国际人文交往中心的指标体系，需要从国际人文交往中心的内涵、特征和标准出发，坚持科学性、系统性、特色性、代表性、数据的可得可比性、可持续性等原则，在充分研究城市国际化指标、城市文化指标的基础上，基于洛阳实际，参考昆明市建设区域性国际人文交流中心指标体系的生动实践，设置可操作、易量化的指标。

（一）指标体系的构建原则

1. 科学性原则

指标的选取是否科学，直接影响最终的评价结果能否真实反映国际人文交往中心建设成效。指标体系的设置应当科学、可行，参考国内外权威学者观点，按照公认的指标定义方法、计算方法、目标值的确定方式选取指标。选取的指标要确保客观公正，减少主观因素的影响，指标不存在天然的倾向性，不会造成天然的不公平。在筛选指标时，公平看待各种国际化要素和文化要素对国际人文交往中心建设的影响，确保构建的国际人文交往中心指标体系内涵与外延一致，防止评价结果出现偏差。

2. 系统性原则

国际人文交往中心指标体系是一个由各种要素有机结合形成的系统，各个指标之间的关系和作用直接影响最终的评价结果，这就要求选取的指标遵循系统性原则，彼此之间既有关联性和层次性，能够形成一个整体，又有独立性，彰显评价的客观性。

3. 特色性原则

指标体系的设置不仅要注重综合性、普遍性，还要选择适用于各个城市的普遍性指标，同时要兼顾特色性，每一个国家、城市、地区都有自身的特色，同是国际化大都市、同是历史文化名城，彼此之间也有不同之处，应立足城市特色，纳入能够反映城市发展优势、特色的指标。

4. 代表性原则

国际人文交往中心是一个全新的概念，既包含城市国际化的重要内容，又特别突出城市的文化竞争力，因而在甄选众多指标时，要立足国际人文交往中心的概念内涵，提炼出最具代表性的关键指标。指标体系的设置应当在一定程度上代表整个城市在某一方面的发展状况，具体到国际人文交往中心的建设，选取的指标应当能够反映城市的国际化程度、开放程度、宜居程度、人文资源的国际影响力等。

5. 数据可得可比原则

指标体系选取的指标应当具有可获得性，采集与来源要可靠、可得，充分考虑数据来源的可行性以及数据渠道的真实可靠程度，确保数据的来源真实可靠、数据的处理准确无误、评价的指标符合实际。数据应来自联合国教科文组织、国家统计总局、河南省统计局、洛阳市统计局等官方网站发布的统一规范的指标。同时，要考虑指标的可比性，衡量洛阳国际人文交往中心的建设水平，不仅要保证数据资源真实可靠，能科学反映洛阳相关领域最真实的发展情况，而且要纳入不同城市的规范通用指标，实现不同城市文化发展状况的比较与评价，在对比中发现建设的成效与不足。

6. 可持续性原则

指标体系的构建需要承前启后，实现评价指标体系静态性与动态性的结合，既要确保指标体系的相对稳定性，也要设置前瞻性指标，预测城市文化发展的走向与最新发展趋势，特别关注高新技术、产业融合对城市文化未来发展的影响。

（二）指标体系的基本框架

综合各方考量，本文通过对当前国际人文交往较有影响力的城市评价指标体系进行梳理和研究，选取国际交往基础设施水平、城市国际化宜居程度、国际要素吸引能力、人文资源国际影响力四个维度，用以考察国际人文交往中心的建设情况。

1. 国际交往基础设施水平

基础设施（infrastructure）是指为社会生产和居民生活提供公共服务的物质工程设施，是用于保证国家或地区社会经济活动正常进行的公共服务系统。它是国民经济各项事业发展的基础。在现代社会中，经济越发展，对基础设施的要求越高，完善的国际交往基础设施，能够为国际人文交往中心建设提供保障，创造良好的外部环境，对于国际人文交往中心的建设具有巨大的推动作用。所谓国际交往基础设施，就是用于保障国际交往的公共服务系统，是满足开展国际交往活动基本需求的基础条件，洛阳在建设国际人文交往中心的过程中，在建设交通基础设施、接待设施和服务平台上下了大力气，体现了洛阳进行国际人文交往中心建设的积极性、能力和作为。

国际人文交往活动汇集大量的人流和物流，对交通运输业运载能力的要求较高，交通基础设施既要满足日常国际交往需要，又要能够应对瞬间的巨大流量挑战，需要建设能够提供多语言服务的先进交通系统，健全国际机场、高速铁路、高速公路以及城市内大型公共交通网络，提供多元化的运输模式。

国际人文交往活动汇集国际性机构、跨国企业等，对办公、会展、居住地产的需求量较大；各类国际会议、展览、节庆活动也需要相应级别的会展中心、涉外酒店等接待设施。同时，随着信息化的发展，国际交往对光纤、无线网络、高速电信线路等通信设备提出更高要求，同步建设在线政务、交通、语言等大数据基础服务平台是国际交往的重要保障。此外，还要注重城市标志系统的国际化，实施双语标识全域覆盖工程，制定外语标识相关标准，实施公共场所外语标识规范化整治工作；在交通干道、主要景区、主要街区、公共服务机构和服务设施、重点单位等场所设立双语图文标识以及外语语音服务系统。

体现国际交往基础设施水平的指标主要包括航空港年旅客吞吐量、国际（地区）航线数量、高速公路密度、铁路密度、高铁密度、公路和铁路客运总量、国际化会展中心规模、四星级以上酒店数量、5G 基站数量等（见表3）。

表3 国际交往基础设施水平指标

	航空港年旅客吞吐量(万人次)
	国际(地区)航线数量(条)
	高速公路密度(公里/百平方公里)
国际交往基础设施水平	铁路密度(公里/万平方公里)
	高铁密度(公里/万平方公里)
	公路、铁路客运总量(万人次)
	国际化会展中心规模(万平方米)
	四星级以上酒店数量(家)
	5G 基站数量(个)

航空港年旅客吞吐量是指每年航空运输客人的数量，国际（地区）航线数量是指境内与国外之间的航空运输线数量，二者均是反映城市外部交通发展水平的主要指标，是城市国际通达性的重要体现。国际人文交往中心的显著特征就是与世界的联通性，通过联通性发挥其国际交往功能。

高速公路（铁路/高铁）密度是指每万平方公里国土面积内高速公路（铁路/高铁）的里程数。客运量指在一定时期内，各种运输工具实际运送的旅客数量，它是反映运输业为国民经济和人民生活服务的数量指标。高速公路密度、铁路密度、高铁密度、公路和铁路客运总量直观反映了一个国家、城市或地区的交通通达性，是衡量城市交通发展水平的重要标志。交通是城市跳动的脉搏，在城市化建设中有着举足轻重的地位。建设国际人文交往中心，不仅要提升洛阳的国际通达性，而且国内的通达性也是其建设的重点。作为中原城市，全方位的城市交通构建，可以缩小城市的区位约束力，增强城市的外向度与开放性，进而提升城市的国际化程度。

国际会展中心是举行大型会展的地方。国际人文交往需要功能齐全、设施完备、结构合理，能够承办大型国际博览会、全国性贸易洽谈会等大型国际活动的场地，国际化会展中心规模直接影响了一个城市或地区开展国际交往活动的能力。

星级是国际上对于酒店品质的评级方式，用星的数量和设色表示酒店的等级。星级分为五个等级，星级越高，表示酒店的档次越高。四星级酒店为较高档次，要求能用普通话和英语提供服务，必要时还能用其他外语提供服务。四星级酒店的数量反映了一个城市对外接待的能力。

5G基站是5G网络的核心设备，提供无线覆盖，实现有线通信网络与无线终端之间的无线信号传输。5G基站是新基建建设中最为基础，也是最为重要的环节，是5G技术带来经济产出的基础。新时代，抢占新基建风口、以5G技术引领加码布局智慧城市，助推城市数字基础设施建设发展，是提升城市治理水平、促推洛阳建设国际人文交往中心不可忽视的重要环节。

2. 城市国际化宜居程度

建设国际人文交往中心，离不开良好的生态环境。良好的生态环境是城市宜居的物质基础，是城市可持续发展的保障，也是美丽中国建设的重要目标。建设国际人文交往中心，要确保城市自然人文环境不断优化，加大空气污染治理力度，加强水治理，构建更高质量的城市森林生态体系。国际人文交往中心不仅要能将国际要素吸引过来，还要实现国际人文交往的常态化，这不仅需要良好的自然生态，还需要高水平的人文生态建设，提升教育、医疗、文化涉外服务管理水平，逐步提高市民的文明素养和国际礼仪水平，全面提升城市国际化宜居程度。衡量城市国际化生态宜居性的指标主要包括：城市空气质量优良天数、人均水资源、人均公共绿地面积、国家级自然保护区数量、国家级森林公园数量、国际学校（中、小学）数量、通过JCI认证的医疗机构数量、博物馆数量、公共图书馆数量（见表4）。

表 4　城市国际化生态宜居性指标

城市国际化宜居程度	城市空气质量优良天数(天)
	人均水资源(立方米)
	人均公共绿地面积(平方米/人)
	国家级自然保护区数量(个)
	国家级森林公园数量(个)
	国际学校(中、小学)数量(个)
	通过 JCI 认证的医疗机构数量(个)
	博物馆数量(个)
	公共图书馆数量(个)

洁净空气是人类赖以生存的必要条件之一，空气质量关乎人类生存质量。城市空气质量优良天数是衡量一个城市空气质量的重要指标。为了改善空气质量，我国制定了《环境空气质量标准》（GB3095 – 1996）。根据《中华人民共和国2019年国民经济和社会发展统计公报》，2019 年在监测的337个地级及以上城市中，空气质量达标的城市占 46.6%，未达标的城市占 53.4%。

人均水资源量是衡量国家可利用水资源程度的指标之一。中国人均水资源量是指中国可以利用的淡水资源平均到每个人的占有量。据 2012 年的统计，中国人均水资源量只有 2007 立方米，仅为世界人均水平的25%。目前全国城市中有约 2/3 的城市缺水，约 1/4 的城市严重缺水。

人均公共绿地面积是指城市中每个居民平均占有公共绿地的面积，包括向公众开放的市级、区级、居住区级公园和小游园、街道广场绿地，以及植物园、动物园、特种公园等。① 它是反映城市居民生活环境和生活质量的重要指标。

国家级自然保护区是推进生态文明、构建国家生态安全屏障、建设美丽中国的重要载体。《中华人民共和国自然保护区条例》第二条定义的"自然保护区"为"对有代表性的自然生态系统、珍稀濒危野生动植物物种的天

① 陆雄文主编《管理学大辞典》，上海辞书出版社，2013。

然集中分布区、有特殊意义的自然遗迹等保护对象所在的陆地、陆地水体或者海域，依法划出一定面积予以特殊保护和管理的区域"①。其中在国内外有典型意义、在科学上有重大国际影响或者有特殊科学研究价值的自然保护区，被列为国家级自然保护区。

国家级森林公园是中国大陆地区最高级的森林公园，是指森林景观特别优美，人文景物比较集中，观赏、科学、文化价值高，地理位置特殊，具有一定的区域代表性，旅游服务设施齐全，有较高的知名度，可供人们游览、休息或进行科学、文化、教育活动的场所，由国家林业和草原局做出准予设立的行政许可决定。②

生态环境是建设国际化宜居城市的自然基础，反映城市的生态环境、居住环境等相关指标，应当纳入衡量洛阳城市国际化宜居性的指标体系之内。空气、水、土壤是人类赖以生存的三大必需条件，城市空气质量优良天数、人均水资源、人均公共绿地面积直接反映了一个城市的生态环境状况，国家级自然保护区和国家级森林公园数量多是一个城市自然环境优越的标志。良好的生态环境，关乎人民切身利益，关乎民族长远未来，大力推进生态文明建设和生态环境保护，是建设美丽中国、满足人民日益增长的优美生态环境需要的必然要求。

国际学校通常是指为在本国生活的外国侨民提供母语教育的学校，近年来又发展成同时可以为本国学生提供国外教育模式的学校。一般来说，国际学校（英语为 International School）是提供中等或以下程度的教育，并拥有相当比例的外籍学生，而且实施外国学制的学校。国际学校（中、小学）数量反映了一个城市教育国际化水平。人才是国际人文交往的主体，国际学校能够解决外籍人员的子女教育问题，同时也为本地学生提供多样化的教育方案，提升城市教育开放度。

JCI 是国际医疗卫生机构认证联合委员会的简称。JCI 认证标准是全世

---

① 《中华人民共和国自然保护区条例》。
② 《中国森林公园风景资源质量等级评定（国家标准）》。

界公认的医疗服务标准，代表了医院服务和医院管理的最高水平，也是世界卫生组织认可的认证模式。通过 JCI 认证的医疗机构数量是按照国际通行标准评价一个城市医疗水平的重要指标。

世界各国都将博物馆数量视为衡量一个国家文化发展水平的重要指标。"东方博物馆之都"建设是洛阳加快推动文化旅游产业转型发展的重要举措。2018 年，洛阳市出台《中共洛阳市委洛阳市人民政府关于建设"博物馆之都"工作的实施意见》，为洛阳市"东方博物馆之都"建设指明方向，提供遵循。截至 2021 年 1 月 12 日，洛阳各类博物馆总数达 102 家，"东方博物馆之都"建设初具规模。

公共图书馆是指向社会公众免费开放，收集、整理、保存文献信息并提供查询、借阅及相关服务，开展社会教育的公共文化设施，是社会主义公共文化服务体系的重要组成部分。近年来，洛阳大力推动城市书房"河洛书苑"建设。数据显示，2019 年，全市城市书房接待读者 904.17 万余人次，图书借阅量 247.3 万余册，新办理读者证 5 万余张，举办各类阅读推广活动3635 场，参与活动读者 13.9 万余人次。截至 2021 年 1 月 15 日，洛阳市已建成开放 204 座城市书房，城市书房成为洛阳的特色文化地标。

博物馆、图书馆是促进洛阳文化交流融合的重要支撑设施。将博物馆、公共图书馆数量纳入指标体系，既能够科学衡量洛阳文化发展水平，反映洛阳的人文宜居程度，又能够立足洛阳实际，彰显洛阳特色。

3. 国际要素吸引能力

国际人文交往主要包括外交外事活动，国际组织运作，全球经济运行和交流，文化、体育、节庆活动，教育、学术、科技交流，以及人才流动和管理，能否将这些国际要素吸引到洛阳，是评判洛阳城市国际化、国际人文交往中心建设成效的直接指标。衡量城市对各类国际要素吸引能力的指标主要包括缔结国际友好城市数量、年度国际会议及国际活动举办数、具有国际知名度的文化节会活动品牌数、招收留学生规模、上市公司数量、外贸依存度，这些指标是衡量一座城市文化交流国际化水平的重要依据（见表 5）。

表5　国际要素吸引能力指标

	缔结国际友好城市数量(个)
	年度国际会议及国际活动举办数(次)
国际要素吸引能力	具有国际知名度的文化节会活动品牌数(个)
	招收留学生规模(人)
	上市公司数量(个)
	外贸依存度(%)

国际友好城市在世界上又被称为姐妹城市（Twin Cities），主要兴起于二战之后的欧洲。它指一国的城市与另一国相对应的城市，以维护世界和平、增进相互友谊、促进共同发展为目的，在签署正式友城协议书后，双方城市在政治、经济、科技、教育、文化、卫生、体育、环境保护和青少年交流等领域积极开展交流合作，通常称这种正式、综合、长期的友好关系或制度安排为友好城市关系。

国际会议是指数国以上的代表为解决共同关心的国际问题、协调彼此利益，在共同讨论的基础上寻求或采取共同行动而举行的多边会议。国际会议与国际活动能促进城市文化的传播，为城市提高文化竞争力带来发展机遇，是国际人文交往的重要形式。年度国际会议及国际活动举办数是体现城市在世界政治、经济、文化、信息交流方面中功能的指标，充分体现了该城市在国际上的重要地位和话语权。国际性会议或活动可以扩大城市的国际影响力，深化国际人文交往。

节会是指政府或者其他团体为了增大影响、推动经济发展或者宣传文化等而举办的一系列节庆活动。文化节会是宣传推广城市文化、扩大城市知名度和美誉度的重要形式，走出国门并走向世界的综合性、国际性知名文化节庆品牌，是国内外友人认识了解一个城市文化的重要平台和文化窗口。当前，以中国洛阳牡丹文化节、河洛文化旅游节、中原国际文化旅游产业博览会、世界古都论坛为重点，办好"两节一会一论坛"等重大文旅活动，不断提升洛阳文化旅游知名度、影响力、吸引力，是洛阳建设国际人文交往中心的重点任务，将具有国际知名度的文化节会活动品牌数纳入指标体系，能够立足洛阳实际，彰显洛阳特色，科学显示洛阳建设国际人文交往中心的成效。

留学生是指在母国以外进行学习的学生。"留学生"一词起源于中国唐朝时期中日文化交流，意为当遣唐使回国后仍然留在中国学习的日本学生，现在泛指留居外国学习或者研究的学生。历史上，隋唐的东都洛阳是留学生的两大留学目的地之一。留学生作为中外城市文化交流、传播的一个重要媒介，在推进国际人文交往过程中起着不可忽视的作用。现下，招收留学生已成为国际人文交往的重要形式，招收留学生规模可以直接反映一个城市或地区的教育国际化水平与人文交往国际化程度。

上市公司数量是指所公开发行的股票经过国务院或者国务院授权的证券管理部门批准在证券交易所上市交易的股份有限公司的数量，能够直接反映该城市的经济发展状况和经济发达水平，上市公司对城市的 GDP 发展、解决就业压力有巨大贡献。

外贸依存度是指进出口总额占 GDP 总量的比重，是衡量城市国际化的重要指标，也是开放程度的一种评估与衡量指标。外贸依存度反映了一个城市的对外贸易活动对该城市经济发展的影响，该城市的经济发展对于对外贸易活动的依赖程度以及该城市对外经济外向性特征和外向度水平。

4. 人文资源国际影响力

城市文化是城市凝聚力的重要源泉，是城市竞争力的核心内容。人文资源国际影响力是衡量文化城市国际化程度的核心指标，它集中展现了该城市的人文魅力，在地区乃至全球范围内的文化资源集聚和配置能力。洛阳国际人文交往中心的建设是基于其深厚的历史文化人文资源，最大限度地发挥人文资源的价值，通过提升人文资源的国际影响力，进而提升洛阳整个城市的人文影响力，是国际人文交往中心建设的目标与方向。衡量一个城市文化资源国际影响力的指标包括世界文化遗产数量、国家级非物质文化遗产数量、全国重点文物保护单位数量、3A 级及以上景点数量、文化产业增加值占 GDP 比重、旅游总收入、入境旅游人次（见表6）。

表6　人文资源国际影响力指标

人文资源国际影响力	世界文化遗产数量(项)
	国家级非物质文化遗产数量(个)
	全国重点文物保护单位数量(处)
	3A级及以上景点数量(个)
	文化产业增加值占GDP比重(%)
	旅游总收入(亿元)
	入境旅游人次(万人次)

　　世界文化遗产是一项由联合国发起、联合国教育科学文化组织负责执行的国际公约建制，以保存对全世界人类都具有杰出普遍性价值的自然或文化处所为目的。世界文化遗产是文化保护与传承的最高等级，世界文化遗产属于世界遗产范畴。截至2019年7月，中国已有55项世界文化和自然遗产列入《世界遗产名录》，其中世界文化遗产37项、世界文化与自然双重遗产4项、世界自然遗产14项，在世界遗产名录国家中排名第一位（55项）。①

　　根据《中华人民共和国非物质文化遗产法》规定："非物质文化遗产是指各族人民世代相传并视为其文化遗产组成部分的各种传统文化表现形式，以及与传统文化表现形式相关的实物和场所。"为使中国的非物质文化遗产保护工作规范化，国务院发布《关于加强文化遗产保护的通知》，并制定"国家＋省＋市＋县"共4级保护体系。国家级非物质文化遗产数量就是纳入国家级非物质文化遗产名录的非物质文化遗产数量。

　　全国重点文物保护单位是由国家文物局对不可移动文物所核定的最高保护级别。根据《中华人民共和国文物保护法》第十三条的规定，中国国务院所属的文物行政部门（国家文物局）在省级和市、县级文物保护单位中，选择具有重大历史、艺术、科学价值者确定为全国重点文物保护单位。截至2019年10月16日，国务院已公布八批全国重点文物保护单位，总数为5058处。

---

① 《世界遗产名录》。

我国的旅游景区质量等级划分为五级，从高到低依次为 AAAAA、AAAA、AAA、AA、A 级旅游景区。3A 级及以上景点数量多即可表明一个城市拥有优质的旅游景区。

世界文化遗产数量、国家级非物质文化遗产数量、全国重点文物保护单位数量、3A 及以上景点数量是一个城市高水准文化资源的统计指标，直接展现了一个城市的人文魅力，以及其在地区乃至全球范围内的文化资源丰富程度。

文化产业同公益性文化事业相对应，是指以文化为核心内容而进行的创作、生产、传播、展示文化产品和提供文化服务的经营性活动，涵盖文化艺术、新闻出版、广播影视、网络文化等领域。文化产业增加值占 GDP 比重反映了一个城市文化产业发展水平、速度和城市经济结构变化，是一座城市文化市场的重要评价指标，也是一个城市人文资源对城市发展贡献率的重要指标。

旅游总收入是指一定时期内旅游目的地国家或地区向国内外游客提供旅游产品、购物品和其他劳务所获得的货币收入的总额。这一经济指标综合反映了旅游目的地国家或地区旅游经济的总体规模状况和旅游业的总体经营成果。

入境旅游人次是指每年来该城市参观、访问、旅行、探亲、访友、休养、考察、参加会议和从事经济、科技、文化、教育、宗教等活动的外国人、华侨、港澳同胞和台湾同胞的人次总数。人员的交流往来是实现国际人文交往的前提要素，旅游是当下人员流动的普遍方式。

旅游国际化是城市国际化的重要基础和关键动力，洛阳作为国内外热门的旅游目的地，入境旅游人次、旅游总收入是体现城市国际交流功能和开放程度的重要指标，能够直观衡量城市的旅游业发达水平，也是国际人文交往中心建设的重要指标。

综上，洛阳构建国际人文交往中心指标体系由 4 个一级指标和 31 个二级指标构成。其中国际交往基础设施水平、城市国际化宜居性指标是建设国际人文交往中心的基础指标，从基础设施、自然人文生态状况审视国际人文交往中心建设的自然人文基础；国际要素吸引能力、人文资源国际影响力指标则能全方位衡量国际人文交往中心建设的外显效果。31 个二级指标阐释、支撑着 4 个一级指标。选取国际人文交往中心评价指标是一项系统而复杂的工作，限于笔者水平、技术水平以及资料掌握情况，这些指标还无法将国际人文交往中心建设涉及的方方面面悉数概括，但力求在现有数据和资料的基础上，较为全面、直观地评价国际人文交往中心建设的实际成效，以适应快速发展的城市文化建设的需要，为洛阳国际人文交往中心建设提供理论参考。

三 构建洛阳国际人文交往中心指标体系的战略规划

利用构建的指标体系推动国际人文交往中心建设，需要基于指标体系对洛阳现状进行分析，按照战略规划的实施原则，确定战略规划的具体设想。

（一）基于指标体系的洛阳现状分析

按照选取的国际交往基础设施水平、城市国际化宜居程度、国际要素吸引能力、人文资源国际影响力 4 大类 31 项核心指标，我们对洛阳市建设国际人文交往中心的现有基础进行分析。

1. 国际交往基础设施方面

从交通通达度来看，2019 年末，在国际（地区）航线数量上，洛阳市仅为 3 条；在高速公路密度上，洛阳市为 3.3 公里/百平方公里；在铁路密度上，洛阳市为 199.3 公里/万平方公里；在高铁密度上，洛阳市为 56 公里/万平方公里。我们不仅在交通基础设施上差距较大，而且在集疏功能上差距也较为明显，比如在航空旅客年吞吐量上，洛阳市为 154 万人次；在公路、铁路客运总量上，洛阳市为 10005 万人次。在国际化会展中心规模上，洛阳市为 5.2 万平方米，还有极大的建设空间。从 2019 年的各项指标来看，洛阳市国际交往基础设施的差距集中体现在航空客运和国际化会展中心规模等方面，这是未来国际人文交往中心基础设施建设的重点。在四星级以上酒店数量上，2019 年末洛阳市为 13 家。在 5G 基站数量上，截至 2020 年 9 月 17 日，洛阳三家运营商已建设 5G 基站 3473 个。按照 2021 年初市规委会审议通过的《洛阳市 5G 基站专项规划（2020~2025）》，洛阳市将优先进行 5G 基站建设，完成 5G 基站全覆盖的发展目标，在全省范围内率先建成 5G 网络建设先行区，到 2025 年，洛阳市域内 5G 基站建设总量将达到 15000 个，C‐RAN 机房达到 900 个，建成较为完善的 5G 规模化网络体系。

2. 城市国际化宜居性方面

从 2019 年的指标来看，在城市空气质量优良天数上，洛阳市为 177 天；在人均水资源拥有量上，洛阳市为 450 立方米；2019 年末共有自然保护区 4 个，其中国家级自然保护区 2 个；森林公园 16 个，其中国家级森林公园 9 个，森林覆盖率 45.3%。查阅 2021 年 1 月最新报道，根据权威部门最新卫星遥感分析结果，洛阳市建成区绿地率达到 38.51%，绿化覆盖率达到 44.34%，人均公园绿地面积达到 5.42 平方米，综合指数居全省首位。截至 2021 年 1 月 12 日，洛阳博物馆数量从“十三五”前期的 60 家增长到目前的 102 家，其中三级以上博物馆 12 家，博物馆总数和三级以上博物馆数量均居全省第一。据有关文化和广电部门统计，2019 年末洛阳市公共图书馆 17 个，加上截至 2021 年 1 月 15 日已建成的 204 座城市书房，当下公共图书馆数量至少达到 221 家。以上数据显示，洛阳市在城市宜居的自然、人文条件方面优势显著。

目前，未查到洛阳市国际学校（中、小学）数量和通过 JCI 认证的医疗机构数量的准确数据，在中小学校国际班（部）数量上，2019 年洛阳市为 4 个；在可结算海外医保的医疗机构数量上，2019 年洛阳市为 2 家。数据显示，教育、医疗水平尚未与国际接轨，这是洛阳当下建设国际人文交往中心的短板。

3. 国际要素吸引能力方面

2019 年洛阳缔结国际友好城市数量 5 个；举办年度国际会议及国际活动 2 次；洛阳现有 2 个具有国际知名度的文化节会活动品牌，即中国洛阳牡丹文化节和河洛文化旅游节；在上市公司数量上，洛阳市有 12 个，发行股票 15 支；在外贸依存度上，洛阳市为 3.1%；在招收留学生规模上，洛阳市不足 400 人。综合来看，洛阳市具备一定的国际要素吸引能力，但与国际人文交往中心的城市定位还有较大差距，需要在政策、资源、人才等方面综合发力，提升城市国际化水平。

4. 人文资源国际影响力方面

从 2019 年的 4 项指标来看，洛阳市人文、历史、旅游资源等方面优势显著。其中，世界文化遗产数量，洛阳市为 3 项 6 处；全国重点文物保护单位 51 处，省文物保护单位 115 处；洛阳市共入选国家非物质文化遗产名录 8 个；3A 级及以上景点数量洛阳市为 82 家，说明洛阳市具有良好的文化资源。但在这些优势文化资源的有效利用上，洛阳市还有明显差距。2018 年洛阳市文化产业增加值为 213.6 亿元，占 2018 年 GDP 的 4.6%；2019 年洛阳市旅游总收入为 1321 亿元，入境旅游人次为 150.06 万人次，证明洛阳市文化资源优势没有很好转化为产业优势和经济优势。更好地将现有的人文资源优势转化为国际人文交往的核心竞争力，提升洛阳的国际影响力，是洛阳建设国际人文交往中心亟待探索解决的问题。

（二）战略规划的实施原则

1. 坚持统筹谋划、有序推进

科学设定洛阳建设国际人文交往中心的近期、中期、远期目标，既立足当前，有序推进打基础、补短板的工作，又着眼长远，统筹谋划好国际人文交往中心建设的重大工程、重大项目、重大政策、重大改革，一张蓝图绘到底，一以贯之抓落实。

2. 坚持遵循规律、彰显特色

遵循城市发展规律，借鉴国际先进理念，以国内外先进城市为标杆，大力引入国际元素和时代要素，在强化城市国际化共性特征的同时，坚持根植本土、保持特色、差异发展，加大城市本土文化特色培育，充分彰显洛阳的文化特质和古都魅力，加快形成文明、多元、包容、开放的城市气质，形成城市本土文化自信下的多元文化并存。

3. 坚持开放带动、合作共赢

顺应经济全球化趋势，秉持以"和平合作、开放包容、互学互鉴、互利共赢"为核心的丝路精神，找准与创新型企业、文化社团以及周边城市、"一带一路"共建国家和地区互利合作的契合点，通过协议、规划、机制、项目等多种方式全面开展交流合作，提高国际资源配置能力。

4. 坚持创新驱动、跨越发展

以创新的思维和举措推动改革、破解难题、培植优势，既注重提升经济发展水平、基础设施建设等硬实力，更突出提升文化品质、市民素质、社会治理等软实力，切实增强洛阳的经济辐射力、创新驱动力、文化软实力、城市吸引力、国际影响力。

5. 坚持政府引导、社会参与

既注重发挥政府把握方向、统筹协调的作用，切实增强工作的前瞻性、战略性、引导性，又注重发挥市场配置资源的决定性作用和广大市民的主体作用，调动各方面力量参与国际人文交往中心建设的积极性、主动性、创造性，使政府、社会、市民同心同向发力。

6. 坚持以人为本、共建共享

坚持以人民为中心的发展思想，不断实现好、维护好、发展好最广大人民的根本利益，营造人与自然、人与社会和谐发展的良好环境，使广大群众在推进国际人文交往中心建设的过程中得到更多实惠，享受到更多发展成果，生活得更加殷实、更加安康、更有尊严。

（三）战略规划的具体设想①

第一阶段：2020～2025年，建成国际人文交往中心。到2025年，国际交往的基础设施不断完善，公共服务国际化水平持续提高，物流通道枢纽优势更加彰显，国际通达性明显增强。城市国际化宜居程度显著提升，国土空

---

① 《中共洛阳市委关于制定洛阳市国民经济和社会发展第十四个五年规划和二〇三五年远景目标的建议》，《洛阳日报》2021年1月18日。

间开发保护格局更加优化，生产生活方式绿色转型成效显著，全市森林覆盖率、建成区绿化覆盖率、中心城区绿地率高于全国全省平均水平，建成国家生态文明建设示范市。国际要素吸引能力进一步提升，人文环境场域载体更加优化，资金、人才、技术等高端要素竞相集聚、加速裂变，一大批具有引领性带动性的优质人文项目加速落地，形成中西部地区最具国际吸引力的人文交往"强磁场"；开放领域全面拓展，开放平台更加多元，开放效应持续放大，外贸依存度、实际吸收外资均较"十三五"末实现翻番，参与共建"一带一路"能力大幅提升。人文资源国际影响力进一步提升，河洛文化影响力显著增强，文化事业和文化产业蓬勃发展，文化旅游高质量融合发展，文化产业增加值达 500 亿元左右，接待国内外游客人数和收入占全省比重超过 20%，建成国际文化旅游名城和国际人文交往中心。

第二阶段：2026～2030 年，国际人文交往中心的特征更加彰显。到2030 年，国际交往基础设施更加完善，公共服务国际化水平显著增强，基本建成全国重要综合交通枢纽。城市国际化宜居程度进一步提升，生产生活方式绿色转型成效显著，全市森林覆盖率、建成区绿化覆盖率、中心城区绿地率继续提升，国家生态文明建设示范市的示范效应不断提升。国际要素吸引能力更强，开放型经济特征更加明显，共建"一带一路"主要节点城市地位开始彰显。人文资源国际影响力显著提升，河洛文化影响力显著彰显，文化事业和文化产业持续蓬勃发展，文化旅游高质量深度融合，文化产业的国际化水平进一步提升，人文交流平台明显增多，金融、会展、旅游的国际知名度和吸引力明显提升。

第三阶段：2031～2035 年，国际人文交往中心地位更加突出，成为全球华人精神家园和世界文明交流互鉴高地。到 2035 年，在国际交往基础设施方面，建成全国重要综合交通枢纽，全球化视野不断拓展，空中、陆上、海上、网上丝绸之路建设不断推进，国际化互联互通水平显著提升，与"一带一路"共建国家的文化交流和经贸往来频繁，跨（国）区域全方位合作交流和交往平台建设成效显著。在城市国际化宜居程度方面，生态特色更加彰显，全域生态保护治理成效显著，绿色生产生活方式广泛形成，生态建设和经济发展互融共促，黄河中下游重要生态屏障作用显著提升，基本实现人与自然和谐共生的现代化。在国际要素吸引能力方面，开放引领作用显著增强，"一带一路"主要节点城市地位更加突出，营商环境进入全国先进行列，连接东中西、辐射海内外的开放能力全面提升，多层次、宽领域、全方位的开放格局全面形成。在人文资源国际影响力方面，公民素质和社会文明程度达到新高度，文化事业和文化产业繁荣发展，河洛文化魅力全面彰显，新时代"黄河故事"更加精彩，国际文化旅游名城和国际人文交往中心地位更加突出，成为全球华人精神家园和世界文明交流互鉴高地，建成特色鲜明、品牌彰显的国际人文交往中心。

B.15
节会文化对洛阳国际化的拉动作用研究

杜雨芳*

摘　要： 许多城市发展的经验都表明，举办重大节会活动对提升城市国际化水平有着十分重要的意义。不论是洛杉矶、悉尼、雅典等国外大都市，还是北京、上海、广州等国内大都市都注重通过国际重大节会来实现城市功能的国际化对接。从这个角度来看，洛阳近年来通过打造中国洛阳牡丹文化节、河洛文化旅游节、中原国际文化旅游产业博览会、世界古都论坛，即"两节一会一论坛"等活动，为洛阳甚至整个中原地区同世界各国深化交流合作搭建了重要平台，扩大了对外开放交流。重大节会活动带动洛阳全方位高质量发展，推动洛阳国际化，奠定了洛阳建设国际人文交往中心的基础。

关键词： 节会活动　文化交流　国际品牌

　　身处知识经济和注意力经济时代，注意力越来越成为一种稀缺资源，一种无形资本或资产。全球经济甚至城市间的竞争也逐渐演变为争夺注意力、争夺眼球的竞争，因此许多城市通过举办大型节会活动来增加新闻点，吸引大众眼球，提升城市品牌影响力。比如瑞士的小镇达沃斯因在此举办世界经济论坛年会而举世闻名；博鳌亚洲论坛也使得海南小岛博鳌一夜之间名扬天

---

* 杜雨芳，中共洛阳市委党校管理教研部讲师，主要研究方向为经济管理。

下。通过举办重大节会不仅能提高洛阳的国际影响力，还能扩大洛阳文化的辐射面，拉动本地经济和文化产业的发展，为洛阳打造国际人文交往中心奠定坚实的基础。

一 近年来洛阳重大节会概况

洛阳近年来通过打造中国洛阳牡丹文化节、河洛文化旅游节、中原国际文化旅游产业博览会、世界古都论坛即"两节一会一论坛"等活动，为洛阳甚至整个中原地区同世界各国深化交流合作搭建了重要平台，扩大了对外开放交流。特别是 2020 年疫情之下的第三届中原国际文化旅游产业博览会、第 38 届中国洛阳牡丹文化节以及 2020 年央视中秋晚会都让对洛阳的关注度得到前所未有的提高，惊艳了世界。

（一）中国洛阳牡丹文化节

中国洛阳牡丹文化节的前身是洛阳牡丹花会，始于 1983 年，2008 年入选国家非物质文化遗产名录，2010 年经批准正式更名为中国洛阳牡丹文化节，成功升格为国家级节会，由国家文化和旅游部及河南省人民政府主办。38 年来，中国洛阳牡丹文化节已经从最初的赏花观灯节逐渐演变成一个融赏花观灯、旅游观光、经贸合作与文化交流为一体的大型综合性经济文化节会，在弘扬和传承牡丹文化的同时，也有力推动了洛阳经济社会的发展，提升了洛阳的城市品牌形象，成为洛阳走向世界的桥梁和世界了解洛阳的窗口。

1. 发展历程

牡丹作为中国乃至世界的传统名花，素有"花中之王"的美誉，自唐代以来就有"洛阳牡丹甲天下"的美名流传于世，自此以后牡丹就成了洛阳的"最美代言人"。每年 4 月，牡丹花盛放之时，洛阳城人潮涌动，这也让洛阳看到了机遇，通过专题研究后决定将牡丹定为洛阳市市花，根据牡丹开放情况于每年 4 月某日至 5 月某日举办洛阳牡丹花会，利用牡丹花会吸引游客、发展经济、提高洛阳城市知名度。

1983年4月15日至4月25日，洛阳成功举办了首届牡丹花会，短短10天的时间，来洛阳赏花的国内外游客高达250万人次，几乎是往常年份的10倍。尝到了甜头的洛阳开始不断在牡丹花会上做文章，以吸引更多来自五湖四海的游客到洛阳赏花旅游，感受洛阳古都的厚重文化。随着洛阳牡丹花会的对外影响力越来越大，尤其是在招商引资、对外开放和吸引游客方面的推动作用日益明显，河南省委省政府意识到洛阳牡丹花会的巨大发展潜力，在1991年4月将洛阳牡丹花会更名为"河南省洛阳牡丹花会"，主办方从洛阳市政府改为河南省政府，洛阳牡丹花会也成为整个河南省重要的对外开放窗口和平台。一直到20年后的2010年，洛阳市委市政府开始启动洛阳牡丹花会升格国家级节会的申报工作，经过积极努力，文化部（现为文旅部）办公厅于2010年11月25日正式复函河南省政府办公厅，同意自2011年起，"河南省洛阳牡丹花会"更名为"中国洛阳牡丹文化节"，主办方是文化部（现为文旅部）和河南省政府，承办方为河南省文化厅和洛阳市政府，至此，洛阳牡丹花会成功实现了由市办到省办再到国办的转变，稳扎稳打，逐渐发展壮大。升格为国家级节会的中国洛阳牡丹文化节，其社会影响力和文化内涵都得到了新的提升。

2. 节会内容

最初举办时，洛阳牡丹花会主要是以赏花观灯、旅游观光为主，基本没有其他方面的内容，直到第三届牡丹花会时，举办了首届中外经济技术洽谈会，共签订协议书和合同书86项。1991年由河南省政府主办河南洛阳牡丹花会后，活动内容更加丰富，涉及经贸、文化、体育等多方面，除经济技术洽谈会外，还包括民俗文化庙会、中国民俗风情欢乐节、洛阳国际奇石展暨河洛奇石精品展、全国牡丹精品画展、中国历史文化名城市长论坛、交响音乐会、计算机展示暨信息技术交流会、世界集邮展览、女足邀请赛、戏曲名腔名段欣赏会等。2011年，由文化部和河南省政府共同主办的"中国洛阳牡丹文化节"深入发掘洛阳历史和牡丹丰厚的文化内涵，成功举办了中国—中东欧国家文化遗产论坛、大运河文化论坛、国际丝绸之路文化峰会、故宫牡丹精品文物洛阳展、中国特色文化城市发展论坛、"千年帝都 牡丹花城"全国摄影展、"家·国·天下"——中国女性领导力论坛、汉服文化节等各种内涵丰富、形式多样的文化活动。

洛阳充分发挥自身优势,以花为媒,利用各类历史文化优势积极把中国洛阳牡丹文化节打造为中国最具国际影响力的文化节会品牌,这也使得中国洛阳牡丹文化节与众不同,形成了自己独特的风格和特色。

(二)河洛文化旅游节

河洛文化旅游节,是继中国洛阳牡丹文化节之后又一个极具洛阳地方特色的大型经贸文化旅游盛会,由河南省文化和旅游厅、洛阳市人民政府共同主办,旨在以节为媒、广交朋友、宣传洛阳、发展旅游。作为河南省一项非常重要的文化旅游节会,河洛文化旅游节自2004年首次举办以来,已连续成功举办了17届。

河洛文化旅游节一般在每年9月开幕,为期一个月,汇集来自海内外的数十个文化旅游团体,通过搭台或者沿街边游边演的方式,使洛阳成为时尚狂欢的大舞台和世界风情的展示地。每年的河洛文化旅游节都有一个主题,围绕主题策划举办各项精彩活动,比如2018河洛文化旅游节以"情满河洛·诗和远方"为主题,举办了根在河洛——客家文化学术交流会、第26届亚洲影艺联盟大会暨"世界摄影家看洛阳"摄影采风活动、第二届书香洛阳·河洛诗词大会、"丝路起点·异域风情"文艺巡演、百强旅行商(洛阳)采购大会、歌声飘过40年——改革开放40周年洛阳原创歌曲展演等一系列丰富多彩的活动;2019河洛文化旅游节就以"文旅河南 出彩中原"为主题,举办了中国(洛阳)隋唐大运河学术交流会、"牡丹奖"全球文化创意设计大赛、中韩文物保护合作成果展等多项活动;2020河洛文化旅游节以"中华源、黄河魂"为主题,举办"古今辉映、诗和远方"——2020河洛文化旅游节16小时大型线上直播活动、沿黄九省区城市文化产业和旅游产业融合发展论坛、黄河非物质文化遗产大展、丝路明珠——敦煌、云冈、龙门石窟艺术联展等44项精彩活动。

近年来，河洛文化旅游节依托洛阳厚重的历史文化与生态资源优势，通过深挖文化内涵，持续推进文旅融合，现在已经成为拉动洛阳秋季旅游市场、扩大对外开放、推动产业融合、提升城市品牌形象、助力国际人文交往中心和国际文化旅游名城建设的综合性平台。

（三）中原国际文化旅游产业博览会

2018 年以来，洛阳创新性地推出中原国际文化旅游产业博览会，与之前的博览会不同，它将更多的文化元素融入洛阳、融入旅游，致力于传承弘扬中原文化、推动中原文旅产品走向世界，为全省乃至全国搭建了文化旅游产业展示、交流、交易的综合平台。

1. 第一届中原文化旅游产业博览会

2018 年 9 月 22～24 日，由洛阳市人民政府、河南省旅游局、河南省文化厅共同主办了首届中原文化旅游产业博览会，本届博览会的主题是"创新、融合、共赢、发展"，地点选在洛阳会展中心，包含出彩中原馆、"一带一路"国际馆、印象洛阳馆 3 个展馆，共设置序馆、出彩中原展区、省辖市精品展区、陶瓷源陶瓷大师精品展区、博物馆之都（文博）展区、书香满城展区、非遗展区、全域旅游展区、智慧文旅展区、工美文创展区、休闲生活展区、中原文创旅游产品大赛暨"老家礼物"评选区、"一带一路"（国际）展区等 13 个主题展区和服务功能区，展览面积达 3 万平方米，内容丰富、精品荟萃，吸引了来自国内外 1500 多家文化旅游企业参展，可以说这是一场汇集中原特色、涵盖丝路风光的国际展会。

本届博览会还举办了"一带一路"国际采购洽谈会和"一带一路"文化旅游产业论坛两个高规格的会议。在采购洽谈会上，来自意大利、西班牙、俄罗斯、澳大利亚、美国、法国、埃及、土耳其等 30 多个国家和地区的 100 家国际采购商与中原地区的 100 余家文化旅游企业进行了洽谈对接，最终达成合作意向 36 个，总金额达 4.3 亿美元，深化了中原地区同世界各国的交流与合作。文化旅游产业论坛以"文旅新时代　产融新思路"为主题，业内专家和学者围绕洛阳文化旅游产业融合发展、文化旅游品牌打造等话题建言献策，助力洛阳文化旅游产业发展。

2. 第二届中原文化旅游产业博览会

2019 年 9 月 12~15 日，第二届中原文化旅游产业博览会于洛阳会展中心举办，本届博览会主办方为河南省文化和旅游厅、洛阳市人民政府，主题是"文旅河南　出彩中原"，展出面积 36000 平方米，采用以洛阳会展中心为主会场，洛阳博物馆、隋唐洛阳城景区、洛邑古城和兴洛湖城市书房等多个分会场的"1 + N"功能分区模式，丰富的展品和多样化的展示方式吸引了国内外 1000 多家文旅企业来洛参展。

作为河南省重要的文化旅游节会，为期 4 天的第二届中原文化旅游产业博览会共接待游客 5.3 万人次，现场交易总额达 6200 万元。在文化旅游产业投资合作洽谈会上现场签约 10 个项目，涉及文旅综合体、研学、文创、生态观光旅游、康养等多个领域，达成意向投资总额 122.53 亿元。"一带一路"国际采购商合作洽谈会上，现场达成采购合作协议 31 个，总金额达 4.7 亿美元。这些活动不仅使与会企业增进了相互了解，增加了合作机会，同时进一步促进了中原地区同世界各国交流合作，奏响了文旅融合、文明互鉴、文化交融的协奏曲。

3. 第三届中原国际文化旅游产业博览会

2020 年 9 月 12~14 日，由河南省文化和旅游厅、洛阳市人民政府主办的以"文旅中原　融通世界"为主题的第三届中原国际文化旅游产业博览会如期而至，共有来自德国、法国、泰国等 30 个国家和地区的 152 家企业及国内的 366 家文化旅游企业参展。

与前两届不同的是，本届博览会增加"国际"二字，旨在强化洛阳历史文化的现代表达和河洛文化的国际表达，以期通过"国际 + 本土""文化 + 旅游"等元素的叠加，促进文化产业跨区域、多层次、多渠道、多方位合作，进而探索中原文化旅游产业发展的新路径。作为前两届博览会的"升级版"，本次特别设置德国、泰国为双主宾国，由它们共同坐镇国际展区，进一步扩大博览会的国际影响力，同时更加突出交易合作。

本届博览会有三个方面的亮点：一是更加注重精准宣传推广，通过线上展会、展商入驻报名预约等形式，建立中英文官方网站，强化线上交易；二是增加了现场直播带货这一环节，首次开创了"1＋2"直播间模式，即打造1个专业直播间、2个企业直播样板间，以此提升博览会影响力；三是安排了种类丰富的演出，包括流行乐队、个人演唱、舞蹈、乐器、走秀等多种形式。

通过中原国际文化旅游产业博览会这个平台，更好地推动了河洛文化、中原文旅产品走向世界，也让洛阳的"国际范儿"越来越足，夯实了洛阳建设国际人文交往中心的基础。

（四）世界古都论坛

都城文化可以说是一个国家的文化载体，它们在传承文化传统、增进文化理解、维系文化认同、保护文化多元等方面有着重要的作用。洛阳作为华夏文明的重要发源地、中国八大古都之一，一直是中国古都研究的重点，这是因为从原创性、渊源性、持久性以及对制度文化的影响力等角度来看，以洛阳为代表的河洛文化拥有其他古都不可比拟的优势。洛阳为几千年灿烂的中华文明做出了巨大的贡献，同时也为我们留下了无比丰厚的精神文化遗产，历久弥新，代代相传，这是实现洛阳可持续发展的最为宝贵的人文资源，也是洛阳建设国际人文交往中心的内生动力。

2018年4月，经中外多方研究讨论，有1500年建都史的洛阳被确定为世界古都论坛永久会址。世界古都论坛原名为世界古都峰会，是一个非营利性、世界性以及政府间交流古都问题的国际论坛。自2018年世界古都论坛落户洛阳以来，已成功举办三届，除中国外，还有日本、韩国、马来西亚、蒙古国、巴基斯坦、埃及、尼泊尔、丹麦、英国、德国、法国、意大利、斯洛文尼亚、卢森堡、美国、加拿大等20多个国家的代表参会，这对弘扬中华优秀传统文化，提高洛阳乃至河南的国家影响力发挥着积极而重要的作用。

立足洛阳、放眼世界，世界古都论坛搭建了国际文化交流合作和互学互鉴的桥梁，加强了世界古都间的文化和学术交流，共同促进文化遗产的保护和传承，不断提升古都文化自信，让古老的文明焕发新的生机，同时借此进一步擦亮洛阳"古今辉映、诗和远方"的城市名片，加快推进国际人文交往中心和国际文化旅游名城的建设步伐。

（五）2020年央视中秋晚会

中秋节又称"团圆节"，自古以来就被赋予思念亲人的色彩，无论人们身处何地，团圆和相思在此时总能触碰心头，激起中华民族最深沉的文化情愫。也因此，自1991年起，中央广播电视总台已经连续30年成功举办中秋晚会，并且通过中央电视台全球直播，为全世界中华儿女互致亲情、寄托乡愁搭建了平台，受到全世界华人的热烈欢迎和高度赞扬。

作为除央视春晚外，国内最具国际影响力的大型综艺晚会，2020年央视秋晚为什么会选择在洛阳举办？央视在中秋晚会官宣的消息中给出了答案："承办地洛阳有5000多年文明史、4000多年城市史、1500多年建都史，这对集中展示中华民族传统文化的根基与血脉，彰显民族文化的自信以及对华夏文明寻根溯源都有重要的象征意义。"这就是原因，洛阳深刻影响了中国的历史和文化，同时也对世界产生了重要影响。2020年央视中秋晚会落户洛阳的消息一经发布，就立即成为热搜，#央视中秋晚会#新浪微博话题阅读量在两个小时内就达到17亿多次，古都洛阳又一次为全球瞩目，成为焦点。

以隋唐洛阳城应天门为背景的2020央视秋晚主舞台充满着浓郁的中国风，独具匠心、精彩绝伦，将古今勾连、虚实转换运用得淋漓尽致，加上融中秋文化、民族特色、家国情怀于一体的节目内容，让观众享受了一道精神大餐。节目一经播出，就牢牢抓住了观众眼球，收视率急速攀升，综合收视率逼近10%，引起了社会各界的强烈反响。央视秋晚这样一个以文化为载体的晚会，展示给观众的不仅仅是视觉盛宴、美的享受，而且集中展示了中华民族传统文化，擦亮了洛阳"古今辉映、诗和远方"的城市名片，是大力提升洛阳知名度与国际影响力的绝佳时机。毫不夸张地说，秋晚让古今辉映的洛阳城再次惊艳了中国，惊艳了世界。

最近几年，洛阳一直致力于提升"两节一会一论坛"的影响力，不断创新形式、丰富内涵，让洛阳闪耀新时代的光彩。牡丹文化节所展现的美丽,河洛文化旅游节、中原国际文化旅游产业博览会所展现的开放,世界古都论坛所展现的厚重,这每一面都是古都洛阳诠释"传统文化的现代表达、河洛文化的国际表达"的生动实践。

二 节会文化对洛阳国际化的拉动效应

许多城市发展的经验都表明,举办重大节会活动对提升城市国际化水平有着十分重要的意义。不论是洛杉矶、悉尼、雅典等国外大都市,还是北京、上海、广州等国内大都市都关注并经常通过国际重大节会来实现城市功能的国际化对接。从这个角度来看,近几年洛阳不断在重大节会上做文章,让重大节会活动带动洛阳全方位高质量发展,也是洛阳推动城市国际化的必然选择。

(一)推进洛阳旅游产业国际化

从促进一个城市开放的角度来看,毫不夸张地说没有任何一个产业可以与旅游业相媲美,这主要表现在两个方面:一是入境游客数量的不断提升,直接带动旅游创汇收入的增加;二是可以带动人、信息、资金、技术等各种要素的流动,间接推动一个城市或地区经济社会发展。因此旅游国际化不只是旅游业的国际化,更是城市发展的国际化,也可以说旅游国际化是城市国际化的前奏。

统计洛阳近 8 年的游客接待情况,我们能看出,自 2012 年开始,洛阳接待国内外游客总数和入境游客数逐年增长,均呈稳步上升趋势(见表 1)。

表 1   洛阳 2012~2019 年游客接待情况

年份	2012	2013	2014	2015	2016	2017	2018	2019
游客总数(万人次)	7765	8608	9470	10430	11420	12400	13200	14200
入境游客(万人次)	61.3	70.0	84.2	100.4	115	133.3	141.3	150.1

数据来源:笔者根据洛阳历年国民经济和社会发展统计公报整理。

统计 2012～2019 年中国洛阳牡丹文化节近 8 年接待游客的情况，我们会发现，自 2013 年开始，中国洛阳牡丹文化节期间接待国内外游客总数呈逐步上升趋势，入境游客数从 2012 年起稳步增加（见表 2）。

表 2　中国洛阳牡丹文化节 2012～2019 年游客接待情况

年份	2012	2013	2014	2015	2016	2017	2018	2019
游客总数(万人次)	1965	1869.95	1970.56	2174.76	2350.32	2493.96	2647.31	2917.15
入境游客(万人次)	16.35	17.25	17.8	21.39	23.58	27.07	28.71	—

数据来源：洛阳市旅游发展委员会统计数据。

综合表 1 和表 2 的数据我们可以得出一个结论：2012～2019 年中国洛阳牡丹文化节期间游客总数占全年比重以及入境游客占全年比重基本都保持在 20% 左右（见表 3）。

表 3　中国洛阳牡丹文化节 2012～2019 年游客接待占全年比重情况

单位：%

年份	2012	2013	2014	2015	2016	2017	2018	2019
中国洛阳牡丹文化节游客总数占全年游客数比重	25.31	21.72	20.81	20.85	20.58	20.11	20.06	20.54
中国洛阳牡丹文化节入境游客占全年游客数比重	26.67	24.64	21.14	21.30	20.50	20.31	20.32	—

数据来源：洛阳历年国民经济和社会发展统计公报和洛阳市旅游发展委员会统计数据。

仅仅一个中国洛阳牡丹文化节就占据了洛阳全年游客和入境游客的五分之一，这说明了节会活动拉动旅游国际化的能力不容小觑。数据显示，为期 3 天的 2020 年第三届中原国际文化旅游产业博览会期间现场参观人数达 7.8 万人次，比 2019 年增加 47%；2019 年河洛文化旅游节中，国庆 7 天就接待游客 687.53 万人次，占全年游客总数的 4.84%；更值得一提的是，作为 2020 年央视中秋晚会录播地的隋唐洛阳城国家遗址公园国庆、中秋双节仅 8 天的时间里就吸引游客 13.47 万人次，同比增长达到了惊人的 460%。近年来，洛阳利用重大节会活动，走上了一条文旅融合发展、国际文化交流和资源共享的可持续发展之路，不断推动洛阳旅游国际化、城市发展国际化。

（二）提升洛阳城市品牌国际化

当前，城市的发展已经逐渐走向品牌化，城市品牌也成为提高城市竞争力的重要组成部分。以经济学眼光来看，品牌可以说是一个城市的无形资产，如同品牌之于商品，城市品牌是一个城市最为宝贵的财富。一些世界著名城市都有自己的品牌，比如"音乐之都"维也纳，"时装之都"巴黎，等等，洛阳要想塑造好自己的城市品牌，也必须突出、彰显这个城市的个性特色，让人一提起洛阳就能想到它的独特之处。近年来，洛阳坚持新发展理念，以各类节会活动为载体，擦亮"古今辉映、诗和远方"的城市名片。

通过2020年央视中秋晚会的镜头，华灯璀璨的应天门将洛阳"古今辉映"的城市气质淋漓尽致地展示在全球华人眼前。一个原本尘封在历史中、深埋于地下的历史遗存，成了洛阳文旅新地标、网红打卡地。新冠肺炎疫情让2020年的节会活动突出推广了"互联网+"的新业态模式，不仅有网红直播带货，还有线上文化活动、线上线下相结合的投资洽谈会。尤其是第38届中国洛阳牡丹文化节以"云赏牡丹、花开满屏"——24小时大型线上直播的全新打开方式，创造了"2036万人次在线观看，宣传覆盖人数超过1亿人次"的记录，让全世界为之惊艳。另外，洛阳不断扩大开放，强化传统文化的现代表达、河洛文化的国际表达，加大交流互鉴力度，让高品质文化交流活动成为洛阳近年来节会的亮点。河洛文化旅游节、世界古都论坛、中原国际文化旅游产业博览会、中国—中东欧国家文化遗产论坛、国际丝绸之路文化峰会、才聚河洛·河南招才引智创新发展大会、大运河文化论坛等活动的举办，不仅扩大了洛阳的知名度、吸引力，增强了城市软实力，而且传承和弘扬了河洛文化、古都文化、牡丹文化、丝路文化和大运河文化，为洛阳培育国际人文交往中心打下了坚实的基础，也取得了相当不错的效果。

根据国家统计局、国家信息中心和有关部委数据，中国城市报社、人民日报文化传媒等单位按照《品牌评价城市》国家标准，对全国地级市进行标准化评估，发布了"2019 中国城市品牌综合影响力指数"，洛阳居第25 位。

2020 年文物交流智库编撰和发布的《2019 年度中国古都城市国际化水平评估报告》，报告显示，与全国古都相比，洛阳在城市品牌知名度、城市美誉度这两个方面分别位列第七和第四（见表4）。

表4　中国古都城市品牌知名度和城市美誉度

排名	城市	品牌知名度指数	排名	城市	城市美誉度指数
1	北京	88.00	1	西安	82.92
2	南京	79.59	2	北京	71.46
3	杭州	62.08	3	南京	64.03
4	西安	60.95	4	洛阳	30.84
5	大同	60.56	5	杭州	29.93
6	太原	54.10	6	成都	28.19
7	洛阳	53.29	7	苏州	28.00
8	邯郸	51.13	8	大同	26.79
9	沈阳	45.13	9	广州	25.80
10	徐州	44.15	10	哈尔滨	24.32

数据来源：《2019 年度中国古都城市国际化水平评估报告》。

"诗和远方"完美交融的古都洛阳，以重大节会活动为平台，持续保护好、传承好、利用好历史文化遗产，将文化、经济、旅游完美融合在一起，提升城市品牌，凸显品牌价值，释放品牌效力，发挥城市品牌的真正作用，让"古今辉映"逐渐照进现实。

（三）推动洛阳城市建设国际化

举办大型节会活动，对城市环境和配套设施要求很高，因此成功举办重大节会活动，能够明显拉动一个城市的建设，加快城市开发建设进程，提高城市建设水准。比如达沃斯能够成功举办世界经济论坛的原因之一就是此地配套设施很齐全；小岛博鳌也因为举办亚洲论坛，在短短两三年的时间里就得到了全面的开发建设，一个籍籍无名的偏僻小镇一跃成为环境优美、配套设施完善的世界知名景区。

近些年，洛阳为加快构建文化传承创新，持续扩大"两节一会一论坛"的影响力，着力打造国际文化旅游名城和国际人文交往中心，仅2020年就在打造文化地标、实施世界文化遗产创新发展工程和塑造"东方博物馆之都"品牌方面开工建设了一大批项目（见表5）。

表5　2020年洛阳开工建设的部分项目

类别	项目内容
打造文化地标	以华夏文明之源为主题的城市精神标识和文旅核心展示区：大运河国家文化公园、隋唐大运河文化博物馆、丝绸之路文化交流中心 客家根亲文化新地标：河洛文化国际交流中心、客家之源纪念馆，积极申办全球客属恳亲大会并建设永久会址 隋唐风貌核心展示区：加快推进隋唐洛阳城国家遗址公园东城墙保护展示前期工作，确保2020年上半年天街北延项目竣工，2020年底前南城墙保护展示工程主体完工
实施世界文化遗产创新发展工程	完善二里头国家考古遗址公园配套设施、推动二里头遗址申遗，提升龙门石窟保护利用水平，加快实施新安汉关文化城项目；2020年底前建成含嘉仓和回洛仓遗址保护展示工程，谋划建设国家仓窖博物馆、粮食储运文化展示园区，打造大遗址保护展示核心区，争创国家文物保护利用示范区
塑造"东方博物馆之都"品牌	加快建设牡丹、丝绸之路、汉魏故城遗址等重点博物馆，打造15家精品博物馆，2020年底前完成洛阳博物馆、二里头夏都遗址博物馆"数字博物馆"项目，举办20个精品文博展览，打造"最早中国"研学旅行品牌，博物馆总数超过100座

资料来源：《洛阳加快构建文化传承创新体系　在推动文化繁荣兴盛上奋勇争先》，http：//www.lysxc.gov.cn/wm/20200526/27188.html。

除了文化相关的项目建设，洛阳还围绕"古都夜八点"这个品牌打造老城十字街、洛邑古城、龙门古街等"夜洛阳"地标；在城市基础设施建设方面，洛阳地铁1号、2号线和隋唐园立交、兴洛湖游园、定鼎门广场、城市书房等众多惠民工程，让古都洛阳更具有韵味，同时也更有"国际范儿"。

（四）推动洛阳文化影响国际化

节会活动是文化传播的载体和媒介，纵向传承、横向传播文化。洛阳自

1983 年首次成功举办洛阳牡丹花会以来，以重大节会为契机，将洛阳深厚的历史文化融入其中，把重大节会活动办成洛阳与世界进行文化交流的平台，不断扩大洛阳乃至中国在世界上的文化影响力，提升全民审美情趣和文化素质，提升洛阳文化的国际影响力。

近两年这些重大节会每年都有一个主题（见表 6），围绕主题会举办一系列的相关活动。我们以第 37 届中国洛阳牡丹文化节为例，本届文化节以"国色天香、献礼华诞"为主题，举办了中国洛阳牡丹文化节开幕式、中国—中东欧国家文化遗产论坛、九洲池开园仪式、大运河文化论坛、牡丹文化节赏花旅游惠民活动、《洛阳赋图》展示系列活动、书香洛阳阅读推广活动、"马派"（马金凤）艺术周活动、第三节河洛文化大集、2019 洛阳牡丹文化时尚（装）周暨华服旅游周、第十一届全国牡丹画精品展、"国色·花语"摄影作品展、第三届"牡丹之约·全球产业融合论坛"、第五届国际牡丹产业博览会等活动。举办活动的同时，利用各类媒介的传播，彰显了洛阳作为千年帝都、牡丹花城的文化魅力。

表 6　2019~2020 年洛阳重大节会主题

年份	2019	2020
中国洛阳牡丹文化节	国色天香、献礼华诞	牡丹情、黄河魂
河洛文化旅游节	文旅河南、出彩中原	中华源、黄河魂
世界古都论坛	古都保护与城市生活	古老的文明，崭新的故事

资料来源：笔者自制。

《2019 年度中国古都城市国际化水平评估报告》显示，与全国古都相比，洛阳的城市文化传播度和城市国际化水平名列前茅，分别位列第五和第八（见表 7）。洛阳作为华夏文明发源地之一，文化之于洛阳，如同血液之于身体，从古到今洛阳的文化一直在延续。以重大节会活动为窗口，不断传承弘扬河洛文化，与世界交流，推动洛阳文化走向国际化。

表 7　中国古都城市文化传播度和国际化水平

排名	城市	文化传播度指数	排名	城市	国际化水平指数
1	北京	78.48	1	北京	79.38
2	西安	34.88	2	西安	52.55
3	长沙	27.13	3	南京	47.52
4	哈尔滨	25.48	4	杭州	38.25
5	洛阳	21.25	5	苏州	33.93
6	南京	19.42	6	成都	32.05
7	广州	17.75	7	重庆	31.48
8	成都	15.33	8	洛阳	30.31
9	郑州	15.26	9	沈阳	29.67
10	沈阳	13.63	10	哈尔滨	29.37

数据来源：《2019年度中国古都城市国际化水平评估报告》。

（五）推动洛阳经济发展国际化

虽然在世界范围内还没有统一的标准来评价城市国际化水平，但无论哪种评价标准，经济发展及其影响力都是城市国际化的重要指标和核心标准。因此，城市国际化的首要驱动要素非经济莫属，一个城市经济的国际化程度直接决定着城市国际化的总体水平。

洛阳的经济发展总体平稳向上，洛阳2019年GDP总值已突破5000亿元大关，2016~2019年出口总额占进出口总额的比重分别为87.43%、88.42%、92.83%、86.22%，出口占据了绝对优势，实际吸收外资额2017~2019年增速分别为0.41%、3.67%、3.93%，从2018年开始有了一个较大的转折，有着良好的发展态势（见表8）。

表 8　洛阳 2016~2019 年经济发展情况

年份	2016	2017	2018	2019
GDP(亿元)	3782.9	4343.1	4640.8	5034.9
进出口总额(亿元)	115.83	133	143.7	154.6
出口总额(亿元)	101.27	117.6	133.4	133.3
实际吸收外资(亿美元)	26.88	26.99	27.98	29.08

数据来源：笔者根据洛阳历年国民经济和社会发展统计公报整理。

2012～2019 年，随着洛阳重大节会活动的不断增多，洛阳全年旅游收入稳步增长，中国洛阳牡丹文化节期间旅游收入占全年旅游收入比重虽然整体有所下降，基本维持在 21% 上下的水平，但占比依然较高，更值得注意的是中国洛阳牡丹文化节期间旅游收入总额依然是在逐年增长，同时也说明了其他节会活动正在慢慢凸显经济拉动效应（见表9）。

表9　中国洛阳牡丹文化节 2012～2019 年旅游收入情况

年份	2012	2013	2014	2015	2016	2017	2018	2019
全年旅游收入（亿元）	402.7	485.0	601.0	780.0	905	1043.0	1148.43	1321.02
中国洛阳牡丹文化节旅游收入（亿元）	105.15	112.2	152.93	178.45	197.67	223.5	241.96	274.28
中国洛阳牡丹文化节旅游收入占比（%）	26.11	23.13	25.45	22.88	21.84	21.43	21.07	20.76

数据来源：笔者根据洛阳历年国民经济和社会发展统计公报和洛阳市旅游发展委员会统计数据整理。

2012～2019 年，中国洛阳牡丹文化节期间创汇收入占洛阳全年创汇收入比重整体上略有下降，但下降幅度不大，且从 2016 年开始，基本维持在 19.6% 左右（见表10）。也就是说，洛阳每年的总创汇收入中有近 1/5 都是中国洛阳牡丹文化节所创造的，节会活动对洛阳对外经济影响的重要性不言而喻。

表10　中国洛阳牡丹文化节 2012～2019 年创汇收入情况

年份	2012	2013	2014	2015	2016	2017	2018	2019
全年创汇收入（万美元）	18000	20300	23800	30900	34800	40000	43200	44800
牡丹文化节创汇收入（万美元）	3963	4181.15	5140.14	6203.78	6840.2	7865.28	8497.96	—
牡丹文化节创汇收入占比（%）	22.22	20.69	21.43	20.06	19.54	19.75	19.68	—

数据来源：笔者根据洛阳历年国民经济和社会发展统计公报和洛阳市旅游发展委员会统计数据整理。

从表11 中我们可以看出，2016～2019 年中国洛阳牡丹文化节投资洽谈会投资总额的增长率同比分别为 38.31%、-16.31%、35.17%、-8.21%，正负增长交互出现，但投资总额基本都在 500 亿元左右。2020 年疫情防控期间，牡丹花守约而开，洛阳通过互联网举行了第 38 届中国洛阳牡丹文化节投资贸易洽谈会线上招商推介会，这也展示了洛阳扩大开放的信心和交流合作的诚意，总投资额竟然达到了惊人的 1000.6 亿元，突破了千亿元大关，比 2019 年增长了 85.99%。除牡丹文化节投资洽谈会外，第三届中原国际文化旅游产业博览会在短短 3 天的时间里，就接待市民和游客 7.8 万人次，现场交易总额达到了 7160 万元。实践证明，成功的节会活动，可以给城市营造良好的经济发展环境，能够带来巨大的经济效益和社会效益，持续提高城市综合竞争力，为城市国际化奠定基础。

表 11　2015～2020 年中国洛阳牡丹文化节投资洽谈会投资总额情况

年份	2015	2016	2017	2018	2019	2020
洛阳牡丹文化节投资洽谈会投资总额(亿元)	374.6	518.1	433.6	586.1	538	1000.6

数据来源：洛阳历年牡丹文化节投资洽谈会新闻。

三　培育节会文化品牌，助推洛阳国际化

世界城市发展的普遍规律已经证明，节会文化在城市的发展过程中有着重要的作用，举办重大节会活动对于提升城市的国际竞争力有十分重要的意义，世界上很多城市的支柱产业就是节庆文化产业。发展节庆文化除有吸纳人才、拉动投资、促进经济发展等作用，还可以提升城市品牌，突出城市形象，因此培育节会文化品牌，就成为洛阳推动城市国际化、建设国际人文交往中心的重要课题。

（一）提速基础设施建设，做好重大节会品牌的保障工作

影响城市节会产业发展的核心要素之一就是专业节会场馆，大型节会场馆越齐全、越现代化，级别越高、规模越大的节会活动申办成功率

就越高。除此之外，举办重大节会活动要有完善的基础设施做保障，主要包括交通、旅游、餐饮、物流、娱乐、住宿等方面。场馆建设方面，洛阳要加快黄河非遗文化展示中心、河洛文化国际交流中心、丝绸之路博物馆、隋唐大运河博物馆、客家之源纪念馆等场馆建设，积极推进申办全球客属恳亲大会并建设永久会址；食宿方面，为提升城市接待能力，解决参展参会人员的食宿需求，洛阳要加速建设会展场馆周边酒店，尤其是尽可能引进一些国际性的酒店品牌；交通方面，洛阳要加快发展城际高铁、市内公交、地铁等公共交通，加强各大场馆、旅游景区、机场、高铁站间的配套交通设施建设，以此保证国际重大节会活动的顺利开展。

规划是城市建设的"第一粒扣子"，要推进洛阳国际化，首先就要以规划来引领城市建设，对标建设国际人文交往中心的要求，密切结合洛阳的自然条件及历史文脉等特征，通过塑造有洛阳特色的城市风貌，积极助力洛阳建设具有华夏气派、国际水准、洛阳特色的国际人文交往中心。

（二）整合优势文化资源，彰显千年帝都的文化魅力

国际人文交往中心可以说是文化城市国际化发展的高级形态，具有很强的综合实力和人文魅力，在地区乃至全球范围内具有较强的文化资源集聚和配置能力，是具有国际影响力的各类文化资源及其相关资源的集聚中心、文化事务的参与管理中心、文化产业的发展中心、文化学术交流中心。洛阳作为国务院首批公布的历史文化名城之一，同时也是丝绸之路东方起点和"一带一路"共建重要节点城市，具有厚重的历史人文资源，建设国际人文交往中心优势明显。

节会文化弘扬了民族性，是对民俗文化的一种传承和创新，同时也可以整合和提升地方文化资源，将其逐渐发展为打造城市品牌、展示城市形象的重要契机和窗口。洛阳是中华文明的发祥地，有着 5000 多年的文明史、4000 多年的建城史和 1500 多年的建都史，河洛文化是中国古文化的源头和核心。从华夏文明传承和创新的角度来看，洛阳需要进一步深挖河洛文化、

古都文化、黄河文化、丝路文化、客家文化、大运河文化等蕴含的文化内涵和时代价值；要不断推陈出新，在梳理文脉的基础上，展现出洛阳所独有的、顺应文化发展规律的文化特征，打造中国文化高地。洛阳作为客家文化的发源地，在传承和弘扬客家文化方面有着独特的优势，要着重找准洛阳定位，挖掘文化内涵，打造洛阳"客家祖地"品牌，通过举办活动增强全球客家人对洛阳"根文化"的认同感和归属感；提升世界古都论坛影响力，搭建中华文明和世界文明对话交流的重要平台；整合古都、黄河、牡丹、宗教等河洛文化精粹，提升中国洛阳牡丹文化节、河洛文化旅游节、中原国际文化旅游产业博览会和世界古都论坛的办节办会水平，充分发挥文化在洛阳国际人文交往中心建设中的引领和支撑作用。

（三）打造节会外宣平台，讲好洛阳发展故事

在网络时代，人们获取信息的渠道发生了重大转变，普通大众对节会了解的主要入口是节会官网或者节会官方媒体平台，因而让节会形象在各个不同入口变得整体、统一就显得尤为重要。洛阳的大型节会活动，除要在报纸、杂志、广播、电视、户外广告等传统媒体宣传外，同时还应该建立功能齐全、权威、可视性好的官网和手机端网站。随着时代的发展，越来越多的节会活动积极创新宣传模式，充分利用微博、微信、抖音等各种互联网新媒体营销手段，多渠道、多角度持续曝光节会品牌信息，以达到提高大众、企业、参会者和旅游者对节会品牌认知和增强节会品牌影响力的目的。信息大爆炸的时代，人们的注意力很难集中，因此成功举办节会活动还需要搭建全时段的社交媒体平台，通过平台与大众进行近距离互动，持续提供各种优质信息资源，进而提升节会品牌的影响力和美誉度。

此外，要做好节会外宣工作，还需要从以下几个方面努力：一是提高媒体接待服务能力，保证媒体体验好；二是有针对性地做好对外宣传专题，主动发声讲好洛阳发展故事；三是拓宽渠道，搭建全媒体平台，吸引广泛关注；四是努力营造节会氛围，设计个性化的外宣品。

（四）促进国际交流与合作，加速节会品牌国际化

随着世界经济的发展和科技的不断进步，在全球竞争中，文化的重要作用日益凸显。当今的竞争是综合国力的竞争，这里的综合国力不仅包含政治、经济、军事，更包含文化，文化竞争力也是综合国力中不可或缺的重要因素。对洛阳来说，加速节会品牌国际化可以从以下几个方面入手：第一，优化升级现有节会品牌，提高办节办会质量，加快推进现有节会国际化水平，比如中国洛阳牡丹文化节、中原国际文化旅游产业博览会、世界古都论坛等；第二，依托洛阳的历史文化资源、生态资源和产业优势，积极联合省级和国家相关部门共同申办、举办具有更大国际影响力的节会活动；第三，重点举办大型国际文化旅游活动，承办"一带一路"国际旅行商采购大会、中国国际旅游城市市长论坛分会场等大型活动，全面加大文旅交流宣传营销力度；第四，通过完善洛阳基础设施建设，采用"会议＋旅游""赛事＋旅游"的模式，吸引国内外大型节会在洛阳落地生根；第五，积极加入世界古都联盟，举办世界古都论坛、文化遗产大众化传播主题论坛、二里头文化国际学术交流会等知名国际论坛，尽快建设世界古都论坛永久会址，扩大洛阳的国际知名度和"朋友圈"，把洛阳打造为重要的国际人文交往中心和国际文化旅游目的地。

参考文献

［1］韩耀伟、茹菊红：《2018年嘉峪关市重点节会活动情况分析及建议》，韩陵峰主编《嘉峪关市经济社会发展报告（2018～2019）》，社会科学文献出版社，2019。

［2］梁丹、连建功：《郑州市大型节会活动品牌培育研究——基于国家中心城市建设视角》，《现代商贸工业》2018年第18期。

［3］随敬宇：《节事活动对城市发展的影响研究——以洛阳牡丹文化节为例》，《商业经济》2020年第10期。

［4］姚禹伯：《节庆活动引发对城市形象塑造的研究》，《智库时代》2019 年第
　　49 期。

［5］祝光莹：《节庆活动对于城市品牌的塑造——以潍坊国际风筝会为例》，《人文
　　天下》2020 年第 19 期。

［6］李春光：《着力提升国际人文交往中心竞争优势》，《洛阳日报》2020 年 5 月 13 日。

大 事 记

Memorabilia

B.16

2020洛阳文化大事记

余 洁*

1月

1月2日 河南省林业局确定首批 22 个省级森林康养基地，洛阳白云山森林康养基地榜上有名。这是洛阳白云山景区继国家级森林公园、国家级自然保护区之后，再次收获的一枚"绿色"徽章。

1月3日 "致敬母亲河——石窟文化黄河行"行进式采风活动在大同市文瀛湖办公楼会议中心举行"走进大同"座谈会，《洛阳日报》联合《大同日报》向沿黄九省（区）省会城市党报和重点城市党报发起成立全媒体旅游宣传联盟倡议。

1月3日 2020 年"我们的中国梦"——文化进万家活动在洛阳市拉开序幕。

---

* 余洁，中共洛阳市委党校教师，研究方向为城市社会学。

1月3日 2019年度全国十大考古新发现评选初评启动，洛阳伊川徐阳墓地、西工区纱厂路西汉墓顺利入围初评。

1月3日 新安县仓头镇文学艺术界联合会成立暨第一次代表大会胜利召开，标志着洛阳市首个乡镇文联正式成立。

1月4日 意大利西西里爱乐乐团音乐演奏会在洛阳歌剧院精彩上演。

1月4日 第14届中国传媒大会在重庆召开，《洛阳日报》荣获"2019中国传媒融合发展十大地市党报"称号，《洛阳晚报》荣获"2019中国传媒融合发展十大地市晚报"称号，洛阳日报报业集团党委书记、社长张留东荣获"2019中国传媒融合发展年度杰出人物"称号，洛阳洛报传媒发展有限公司总经理武逸民荣获"2019中国广告杰出人物"称号。

1月8日 洛阳市第五届硬笔书法优秀作品展在洛龙一实小龙康校区开展，本届硬笔书法大赛以"书写我心中的祖国"为主题。

1月9日 2019年重点民生实事完成情况文化体育工作专场新闻发布会召开，会议公布，全市2019年度文化体育民生实事全部完成。2019年，市少年儿童图书馆新馆建成投用，截至目前已接待读者15.9万余人次。新建城市书房55座，其中城市区30座、县（市）25座，全市已建成投用165座城市书房，总建筑面积2.5万余平方米，藏书86.6万余册。全市所有城市书房共接待读者904万余人次，举办各类阅读推广活动3600余场次，参与活动13.9万余人次。全市放映公益电影3.5万场，举办"河洛欢歌·文化惠民演出"活动356场。全市共举办460场文化惠民演出，其中，洛阳市百场公益性文化演出400场，河洛百姓大舞台60场。

1月9日 河南省第十八届中国画艺术展暨第五届河南省中国画学会学术展在洛阳举行。

1月10日 二里头夏都遗址博物馆与河南科技大学签署教学实习战略合作协议并举行授牌仪式。

1月13日 中国竹产业协会授予洛阳市洛宁县"中国特色竹乡"称号。

1月17日 第四届"河南省民间文艺金鼎奖"颁奖仪式在开封朱仙镇举行，洛阳民俗博物馆被授予第四届"河南省民间文艺金鼎奖·集体成就奖"。

1月19日 "智慧导览系统"在二里头夏都遗址博物馆正式上线并投入使用。

1月20日 河南省政府新闻办召开新闻发布会,发布《河南省大运河文化保护传承利用实施规划》,其中多处涉及洛阳,提出加快打造通济渠洛阳片区,打造运河示范城市。

1月20日 2020年洛阳市春节联欢晚会在洛阳广播电视台一号演播厅举行。

1月22日 2020年洛阳新春戏曲晚会在市会议中心精彩上演。

1月22日 经国家新闻出版广电总局批复,洛阳广播电视台文旅频道、音乐广播正式开播。

1月 河南省委宣传部下发《关于确定第三批"河南省青年理论宣讲专家"的通知》,洛阳理工学院马克思主义学院副院长、副教授侯丙孬等4人成功入选第三批"河南省青年理论宣讲专家"。

1月 "真迹杯·峥嵘七十载 与祖国同梦"中国油画名家邀请展在广州举行,洛阳油画家祝全喜荣获铜奖。

1月 荷兰大型综艺栏目《谁是鼹鼠》在洛阳取景拍摄的节目播出,创下该栏目开播20年来最高收视纪录。

1月 入围全国十大考古新发现的西工区保利大都会西汉大墓实验室考古又有新发现:墓主人身边发现了多个精美的"梳妆盒"——漆奁,再现西汉人的精致生活。

1月 中宣部"学习强国"学习平台"我爱我的祖国"微视频作品大奖赛评选结果揭晓,偃师市委宣传部、市融媒体中心选送的微视频作品《遇见陶化店》,从全国8万多件参赛作品中脱颖而出荣获三等奖,这是洛阳市唯一的获奖作品。

2月

2月1日 由洛阳网抖音号推出的短视频《抗击疫情,女护士剪去及腰长发，穿着尿不湿进病房，你愿意为她点个赞吗?》，从 1 月 30 日播出后，短短一天播放量超 2 亿人次、近 30 万人次评论，两次排名抖音"今日最热视频"全国第一。

2 月 6 日 国家文物局对各地制作的网上博物馆展览进行汇总，公布了第三批共 50 个相关链接，其中，洛阳博物馆"从地中海到中国——平山郁夫藏丝绸之路文物展"、二里头夏都遗址博物馆"鼎盛中华——中国鼎文化特展"成功入选。

2 月 7 日 洛阳广电台推出时长约一小时的全媒体直播节目《抗击疫情 洛阳在行动》，该档直播节目共分为"发布""现场""先锋""连线""科普""心声"六个部分。

2 月 13 日 人民日报客户端以《剃发上"战场"! 洛阳姑娘，我给 100 分》为题，借助洛阳籍歌手田华创作的《洛阳姑娘》歌曲，为洛阳支援湖北医疗队的 4 名 90 后女护士剃发上"战场"的举动点赞。

2 月 15 日 中央广播电视总台第一季《中国地名大会》总决赛播出，34 岁的洛阳青年李科夺得冠军。

2 月 26 日 河南省委组织部印发《关于对新冠肺炎疫情防控工作中表现突出的共产党员进行表扬的通报》，对在疫情防控中表现突出的第一批 30 名共产党员进行通报表扬，洛阳市中心医院感染疾病科主任、市新冠肺炎救治专家组副组长张国强榜上有名。

2 月 28 日 河南省委组织部印发《关于对新冠肺炎疫情防控工作中表现突出的基层党组织进行表扬的通报》，首批通报表扬全省 33 个基层党组织，其中，洛阳首批支援湖北医疗队临时党支部榜上有名。

3月

3 月 2 日 市委书记李亚深入一线，调研指导市文化旅游重点项目建设和疫情防控工作，市领导王飞、魏险峰参加调研。

3 月 5 日 全市文物工作会议召开。

3月6日 洛阳市"五一巾帼奖"正式出炉,158名在平凡岗位做出突出贡献的优秀女职工和69个优秀集体受到表彰。

3月9日 2019年度河南省乡村好媳妇候选名单公示,全省共10人入选,洛阳市宜阳县韩城镇冯庄村村民艾淑娜名列其中。

3月12日 全市文化广电和旅游工作会议召开。

3月30日 河南省文旅厅黄河国家文化公园建设第三调研组到汉魏洛阳故城国家考古遗址公园进行实地调研。

3月31日 洛阳联合抖音开展"洛阳牡丹甲天下"宣传活动,充分运用抖音短视频宣传优势,进一步宣传中国洛阳牡丹文化节,提升洛阳网上知名度、美誉度和影响力。

3月 河南省第十二届报纸综合质量检测结果揭晓,洛阳日报报业集团旗下的《洛阳日报》《洛阳晚报》双双荣获"省一级报纸"称号。

3月 河南省委组织部通报表扬第二批在疫情防控中表现突出的基层党组织、共产党员,洛阳援鄂医疗队第二临时党支部和援鄂医疗队第一临时党支部书记郭帮卫榜上有名。

3月 洛阳市首届中小学生作文大赛暨河洛校园小作家选拔赛正式启动。

3月 河南省委组织部下发《关于对新冠肺炎疫情防控工作中表现突出的基层党组织进行第三批表扬的通报》,对32个基层党组织予以通报表扬,洛阳市轨道交通集团有限责任公司党委名列其中。

3月 国家林业和草原局公布"国家森林乡村"名单,洛阳市47个村庄荣获"国家森林乡村"称号,可按照统一标识制作和使用"国家森林乡村"牌匾。

4月

4月2日 第38届中国洛阳牡丹文化节新闻发布会在郑州举行,省政府副秘书长黄东升致发布词,市长刘宛康介绍了洛阳市情和本届牡丹文化节重点活动，省委宣传部副部长方启雄主持发布会，省文化和旅游厅副厅长周耀霞，市委常委、宣传部部长王飞，副市长魏险峰等参加新闻发布会，并回答中央、省主流新闻单位记者提问。

4月2日 河南省档案馆馆长李修建一行到洛阳民俗博物馆、洛阳契约文书博物馆进行调研考察。

4月6日 由河南省人民政府主办、河南省文化和旅游厅与洛阳市人民政府共同承办的第38届中国洛阳牡丹文化节以线上直播的方式隆重开幕，本届中国洛阳牡丹文化节的主题是"牡丹情、黄河魂"。

4月10日 第38届中国洛阳牡丹文化节五大项活动之一——"享游洛阳"文旅消费平台发布暨第四届河洛文化大集启动仪式在洛阳大数据产业园举行。

4月10日 河南省文物局下发通知，在全省开展2019年度河南省优秀陈列展览推介活动，本次推介的优秀陈列展览共10个，其中洛阳占2个，分别为：洛阳博物馆"梦回布哈拉——唐定远将军安菩夫妇墓出土文物展"，二里头夏都遗址博物馆"华夏第一王都——二里头夏都遗址博物馆基本陈列展"。

4月13日 洛阳市市长刘宛康到回洛仓遗址调研。

4月13日 《光明日报》第3版头条刊发《传承黄河文化 讲好黄河故事——河南洛阳着力建设黄河流域生态保护和高质量发展先行区》一文。

4月14日 截至14日18时，"洛阳牡丹甲天下"话题参与用户达6.1万，相关视频播放量突破1.4亿次。

4月15日 长沙市博物馆副馆长李历松一行3人到二里头夏都遗址博物馆进行参观交流。

4月16日 洛阳市政协主席杨炳旭带领文物、卫健等部门有关负责同志和专家赴栾川县，就伏牛山中医药博物馆项目规划设计工作进行督导调研。

4月16日 洛阳市首次正式发布《洛阳传统名吃烹饪技艺 牛肉汤》《洛阳传统名吃烹饪技艺 羊肉汤》《洛阳传统名吃烹饪技艺 新安烫面角》

3 项传统名吃洛阳市地方标准。

4 月 19 日　由中国殷商文化学会主办、老城区文化和旅游局等承办的"庚子岁（2020）首届华夏文字节"洛阳分会场活动在老城区洛邑古城举行。

4 月 22 日　中国工程院院士彭寿参观二里头夏都遗址博物馆。

4 月 22 日　《光明日报》刊发介绍洛阳开展爱国卫生运动、统筹推进疫情防控与提高全民卫生健康水平的文章《河南洛阳：倡导卫生文明新风》。

4 月 23 日　河南省文物考古研究院副院长陈家昌到洛阳民俗博物馆就文物保护工作进行调研指导。

4 月 23 日　"史话·石说——南阳市汉画馆藏汉画像石拓片精品展"在洛阳博物馆开展。

4 月 23 日　"最美武则天扮演者"网络评选活动正式启动。

4 月 23 日　洛阳市老城区政府与北京天天润泽文化传媒有限公司、洛阳双杰智能科技有限公司签约，依托老城区历史文化资源合作打造影视基地，拍摄《光武中兴》等影视剧。

4 月 25 日　"2019 河南考古新发现论坛"在郑州市通过远程视频会议形式举行，会上评选出"2019 年度河南省五大考古新发现"，洛阳纱厂西路上的西汉墓榜上有名。

4 月 26 日　2020 年河南省文化旅游重大项目集中开工仪式举行，此次集中开工仪式的主会场位于洛阳市隋唐大运河国家文化公园项目工地，郑州、开封等 5 个省辖市设分会场。全省共有总投资 168 亿元的 22 个项目集中开工，其中洛阳 9 个，数量居全省首位。

4 月 26 日　"郑汴洛"黄河文化国际旅游目的地调研组到汉魏故城遗址公园调研，实地考察汉魏故城国家遗址公园的建设保护情况。

4 月 28 日　"魏唐佛光——龙门石窟精品文物展"在广东省博物馆开幕，这是中华人民共和国成立以来，龙门石窟在国内举办的最大规模展览。

4 月 28 日　2020 年全国、全省"向上向善好青年"评选结果出炉，洛阳市中国空空导弹研究院十一分厂加工中心二级操作师林春泷获评 2020 年

"全国向上向善好青年",并登上《新闻联播》;一拖(洛阳)柴油机有限公司产品工程部部长肖小赛、洛阳灵睿网络技术有限公司 CEO 岳崇霄获评 2020 年"新时代河南向上向善好青年"。

4 月 28 日 "学习强国"洛阳学习平台在洛阳日报社"中央厨房"正式开通上线,成为全省首批上线的市级学习平台之一。

4 月 29 日 洛阳市文化市场综合行政执法支队举行挂牌仪式。

4 月 河南省委组织部通报表扬第五批 36 名在疫情防控工作中表现突出的共产党员,洛阳市马永亮、肖斌两名党员榜上有名。

4 月 《诗路花语——洛阳七十年诗歌选》由四川民族出版社出版,该诗选由洛阳市文联原副主席陈昌华担任主编,花城出版社原社长兼总编辑、洛阳籍著名作家范若丁先生作序。

5月

5 月 1～5 日 洛阳共接待游客 196.75 万人次,实现旅游收入 10.78 亿元。

5 月 5 日 洛阳市委书记李亚深入孟津县、龙门园区等地检查指导常态化疫情防控下景区开放管理工作。

5 月 5 日 "牡丹寄语 祝福中国"手机赏牡丹微网站自 4 月 5 日上线以来,已吸引了 110 多万人次参与,共 60 多万人次在微网站上与牡丹"云合影"。

5 月 7 日 河南省文明办公示 185 名全省疫情防控中的"身边好人"名单,来自洛阳的任忠信等 11 人获此荣誉。

5 月 8 日 "洛阳牡丹甲天下"抖音宣传活动圆满落幕,截至 8 日,抖音 App "洛阳牡丹甲天下"话题发布视频总数 6.9 万余条,总播放量超过 2.5 亿次,点赞数 580 万余次,评论数 60 万余条,视频分享量 17 万余次。

5 月 11 日 全省文化旅游大会召开,会上通报表扬了一批全域旅游示范区、文化和旅游消费示范区、文化旅游先进企业,洛阳市栾川县、嵩县、老城区、栾川县乡村文化旅游区、洛阳龙门旅游集团有限公司榜上有名。

5月12日 河南省文物局世界文化遗产处处长王琴带领专家组一行5人到新安函谷关，对函谷关遗址本体抢险加固项目进行了中期检查。

5月15日 河南省文化和旅游厅公布2019～2021年度"河南省民间文化艺术之乡"评审命名结果，全省共计20个县（市、区）和乡镇入选，洛阳市孟津县白鹤镇榜上有名。

5月15日 全国妇联举办"最美我的家 抗疫'家'力量"全国抗疫最美家庭云发布活动，揭晓660户全国抗疫最美家庭，洛阳市丁华盈家庭、王可家庭光荣上榜。

5月18日 由中国博物馆协会、中国文物报社主办的"第十七届（2019年度）全国博物馆十大陈列展览精品推介活动"终评结果在南京揭晓，二里头夏都遗址博物馆申报的"华夏第一王都——二里头夏都遗址基本陈列"被评为全国十大精品陈列之一。

5月18日 由中国文物交流中心指导、文物交流智库编制的《全国博物馆（展览）2019年度海外影响力评估报告》正式发布，洛阳博物馆在2019年度综合类博物馆综合影响力排名中进入前十。

5月18日 在国际博物馆日，洛阳纱厂西路西汉大墓考古成果展在二里头夏都遗址博物馆正式开展，这是西汉大墓考古成果首次面向公众展示。

5月18日 "粟特人在大唐——洛阳博物馆藏唐代文物特展"在长沙博物馆开展。

5月19日 "5·19"中国旅游日"传承发展 文旅融合"系列活动在栾川县重渡沟景区成功举行。

5月20日 洛阳市作家协会第六次会员代表大会召开，大会选举产生了洛阳市作家协会第六届理事会和主席团，赵克红当选为作家协会主席。

5月21日 洛阳市委副书记赵会生带队到郑州，考察和学习建业集团"只有河南·戏剧幻城"项目、建业·华谊兄弟电影小镇等文旅项目建设运营情况。

5月22日 偃师市举行"建设副中心 青年勇担当"第十五届偃师市

十大杰出（优秀）青年颁奖仪式，偃师市中医院外四科护士长韩小艳等 10 位同志被授予"十大杰出青年"荣誉称号，偃师市扶贫办公室主任张晓斐等 10 位同志被授予"十大优秀青年"荣誉称号。

5 月 25 日　洛阳市委书记李亚专题调研隋唐洛阳城国家遗址公园建设工作。

5 月 25 日　客家之源纪念馆及大谷关客家小镇项目在洛阳市伊滨区寇店镇开工建设。

5 月 27 日　《洛阳市加强文物保护利用改革实施方案》出台。

5 月 27 日　濮阳民俗博物馆馆长王志豪一行到洛阳民俗博物馆参观交流。

5 月 28 日　全省现代公共文化服务体系建设绩效考核组对洛阳市 2019 年度现代公共文化服务体系建设进行为期两天半的现场考核。

5 月 31 日　"出彩好少年奋进新时代"——2020 年河南省"新时代好少年"先进事迹发布活动在河南日报报业集团举行，全省共 10 人被推选为 2020 年河南省"新时代好少年"，来自洛阳外国语学校的黄籽恬榜上有名。

5 月　河南省文化和旅游厅表彰了"2019 年全民阅读"系列活动先进单位和获奖个人，洛阳市图书馆被评为"古籍保护传承与展示"先进单位。至此，该馆已连续 3 年获此殊荣。

6月

6 月 1 日　洛阳市委书记李亚会见来洛考察的携程集团联合创始人、董事局主席梁建章一行，双方就加强智慧旅游合作等进行了深入交流。

6 月 1 日　"最美武则天扮演者"网络大赛十强选拔赛在隋唐洛阳城明堂景区影视厅举行，共 10 位选手入选"最美武则天扮演者"网络大赛十强。

6 月 2 日　2020 全国城市传播热度排名发布会在人民日报社举办，分别发布地级市和县级市传播热度指数百强名单，洛阳在地级市中排第 5 名。

6月3日 文化和旅游部批复同意洛阳设立国家级河洛文化生态保护实验区。

6月3日 昆明市委副秘书长一行到定鼎门遗址博物馆考察。

6月5日 "2019牡丹奖·全球文化创意设计大赛"（洛阳）颁奖典礼在洛阳举行。河南省文旅厅厅长姜继鼎、副厅长朱建伟，洛阳市领导刘宛康、王飞、魏险峰参加相关活动。

6月7日 《光明日报》头版刊发《守护历史文脉 增强文化自信》一稿，报道洛阳坚持保护为先，加快建设国际文化旅游名城、国际人文交往中心，走出文物保护和惠及民生相结合的洛阳特色之路的经验和成效。

6月9日 新华社河南分社社长王丁一行到洛阳古代艺术博物馆进行调研。

6月9日 洛阳市中小学生作文大赛正式开启，本次作文大赛的主题是"2020，洛阳一天"。

6月12日 三门峡虢国博物馆副馆长刘社刚一行到二里头夏都遗址博物馆进行参观交流。

6月13日 河南省文化和旅游厅公布《河南省非物质文化遗产保护优秀实践案例名单》，全省16个项目正式入选，其中，洛阳市河洛文化生态保护实验区、玄奘传说、杜康酿酒工艺和烟云涧青铜器制作技艺等4个项目入选，项目数量居全省首位。

6月13日 全省"文化和自然遗产日"主场活动在二里头夏都遗址博物馆启动。

6月13日 央视播出的《焦点访谈》栏目全程聚焦二里头夏都遗址博物馆、二里头考古遗址公园，以"二里头遗址 探秘华夏之光"为题，讲述二里头遗址发现、发掘历程及其对中华文明的意义。

6月13日 由河南省文化旅游厅、河南省文物局、洛阳市人民政府共同举办的"文物赋彩全面小康"活动在洛阳市博物馆举办。

6月15日 著名考古学家李伯谦、赵辉、栾丰实、孙英民一行赴二里头夏都遗址博物馆参观指导。

6月15～16日 央视纪录片频道《特别呈现》栏目播出《如果国宝会说话——回洛仓刻铭砖》，讲述洛阳回洛仓和含嘉仓作为代表隋唐时期大型国家粮仓的故事。

6月16日 首期"中国博物馆热搜榜"5个榜单正式发布，在"十大热搜展览"榜单中，来自洛阳"魏唐佛光——龙门石窟精品文物展""粟特人在大唐——洛阳博物馆藏唐代文物特展""草长莺飞——北方草原汉墓壁画珍品展"等3个展览榜上有名，分别列第3位、第8位、第9位。

6月18日 河南省省长尹弘深入洛阳市，就文物保护利用和脱贫攻坚工作开展调研，洛阳市委书记李亚参加调研。

6月19日 2020年丝绸之路周主场活动发布2019年度"丝绸之路文化遗产十大专题展览"，由洛阳博物馆与乌兹别克斯坦国家历史博物馆共同主办的"梦回布哈拉——唐定远将军安菩夫妇墓出土文物特展"入选十大榜单。

6月19日 河南省文化和旅游厅印发《河南省文化和旅游厅关于支持洛阳推进文旅融合加快中原城市群副中心城市建设的意见》，明确表示支持洛阳建设国际人文交往中心并全力支持洛阳加快副中心城市建设。

6月19日 焦作市文化广电和旅游局党组成员、副局长刘立东，焦作市博物馆馆长郭继斌和焦作市考古研究所所长韩长松一行到二里头夏都遗址博物馆考察建设工作。

6月19日 "最美武则天"扮演者网络大赛总决赛在隋唐洛阳城明堂天堂景区举行，48号选手刘梦瑶获得本次大赛冠军。

6月20日 第17届会盟银滩荷花节在孟津开幕。

6月23日 河南电视台新农村频道副总监潘伟一行5人到洛阳博物馆参观展览，并就拍摄《国宝的黄河老家》事项开展研讨会。

6月24日 2020首届洛阳乡村文化旅游节在全市11个县（市）区同步启动。

6月25日 嵩山少林寺方丈释永信大师一行到二里头夏都遗址博物馆参观。

6月25~27日　洛阳市共接待游客 72.64 万人次，实现旅游收入 3.8 亿元。

6月　端午期间，多家主流媒体聚焦洛阳，全面展现洛阳文旅融合、文化惠民、旅游转型等工作成效。中央电视台综合频道在《新闻联播》中聚焦洛阳夜游龙门项目；中央电视台财经频道《第一时间》栏目刊播《河南洛宁：包竹粽绣香囊　特色旅游助脱贫》报道；中央电视台中文国际频道《传奇中国节·端午》直播特别节目中，隋唐洛阳城应天门遗址灯光秀、洛邑古城非遗文化展演等画面精彩亮相；中央电视台新闻频道《新闻直播间》栏目以《河南栾川　重渡沟：大山深处　别样端午》为题，直播介绍了栾川县重渡；新华网、中国经济网、央广网发布《花样庆端午》《竹筒粽飘香》等新闻；央广中国之声播出《首届洛阳乡村文化旅游节启动（连线）》；新华网发布《河南洛宁：小乡村迎来文化旅游节》；《河南日报》、河南卫视等省级媒体积极通过文字报道、图片新闻和视频栏目等形式刊播《首届洛阳乡村文化旅游节启动》《古都"新潮味"》《2020首届洛阳乡村文化旅游节启动　聚焦栏目》等报道。

7月

7月1日　河南省人大常委会副主任徐济超到二里头遗址，就文物保护利用开展调研，省人大教科文卫委员会副主任委员张遂兴、省人大常委会教科文卫工作委员会副主任高莉萍、省文物局局长田凯，以及洛阳市人大常委会副主任雷雪芹、孙延文等参加相关活动。

7月1日　河南省委农村工作领导小组公布全省第一批 50 个"美丽小镇"名单，洛阳市栾川县石庙镇、新安县石井镇、宜阳县莲庄镇等 3 个镇成功入选。

7月1日　第三十七届（2019 年度）全省优秀新闻作品最高奖——河南新闻奖评选结果公示，洛阳日报报业集团共有 14 件作品获奖。

7月1日　从这一日起，持洛阳旅游年票可畅游济源主要景区，济源市民亦可以使用济源旅游年票游览洛阳相关景区，两地旅游年票实现一体化。

7月2日　河南省委组织部下发《关于命名第一批河南省红色教育基地的通知》，20家单位成为第一批河南省红色教育基地，洛阳的"中共洛阳组"诞生地纪念馆、八路军驻洛办事处纪念馆名列其中。

7月2日　洛阳正式推出"丝绸之路　运河中心　万里茶道枢纽"之旅、"河洛文明寻根"之旅等五条文博研学线路。

7月6日　洛阳市首座"童悦书房"建成开馆。

7月6日　"唱响中国梦·洛阳更出彩"职工歌手大赛决赛结果揭晓，孙兆东、张红霞、曹德鹏分别获得民族类、美声类、通俗类一等奖。

7月6日　"大河之旅　老家河南"河南黄河文化旅游主题系列推广活动启动，发布河南黄河沿线十大主推产品，其中九大主推产品都涉及洛阳，龙门石窟、黄河小浪底大坝、孟津卫坡村、洛邑古城等诸多文旅项目被推介。

7月8日　河南省文化体制改革和发展工作领导小组副组长马正跃一行赴二里头夏都遗址博物馆考察。

7月10日　《光明日报》刊发通讯《在龙门石窟，飞天见证丝路文化交融》。

7月11日　洛阳市文化旅游大会召开，市委书记李亚出席会议并讲话，省文化和旅游厅厅长姜继鼎参加会议，对洛阳文化旅游发展提出指导意见。

7月12日　文化和旅游部、国家发展和改革委员会发布第二批全国乡村旅游重点村名单，680个乡村入选，洛阳市栾川县庙子镇庄子村、陶湾镇协心村和嵩县黄庄乡三合村3个村榜上有名，这是洛阳继去年首批入选的栾川县潭头镇重渡沟村之后，再添的"新成员"。

7月13日　二里头遗址保护和申遗专家座谈会在洛阳市文物局召开，这标志着二里头遗址申报世界文化遗产工作启动。

7月16日　国家文物局副局长宋新潮率调研组来洛，调研二里头遗址和龙门石窟保护利用工作。

7月18日　"豫见快手　嗨在洛阳"河南（洛阳）快手网红文旅大会开幕，河南省副省长何金平、省委宣传部副部长方启雄、省网信办主任郭岩松、省文旅厅厅长姜继鼎以及省财政厅、商务厅等相关负责同志出席开幕式，洛阳市领导赵会生、王飞、魏险峰，北京快手科技有限公司高级副总裁余海波等参加活动。

7月20日 "跟着诗词去洛阳——'花漫里坊·人间安乐'"首届乡村振兴诗词大赛在洛龙区安乐镇狮子桥村文化广场正式启动。

7月21日 陕西省考古研究院副院长王小蒙一行6人，到二里头夏都遗址博物馆考察博物馆的建设和文物布展。

7月23日 国家民政部副部长唐承沛一行到二里头夏都遗址博物馆考察调研。

7月26日 2020年洛阳市暑期文旅活动启动暨东方博物馆之都研学营地开营仪式在隋唐洛阳城国家历史文化公园天街举行。

7月29日 "遇见洛阳 邂逅清凉"洛阳文化旅游（郑州）推介会在郑州召开，来自新华社、人民网、《中国文化报》、《中国旅游报》、河南电视台和人民日报海外网等40余家媒体的记者和省内旅行社、自驾游俱乐部、文旅企业的代表参会。

7月31日 河南省书法家协会2020年会员审批工作结束，洛阳市75人被批准加入省书法家协会，批准人数居全省各市首位。

7月 洛阳古代艺术博物馆地下墓葬内壁画被纳入国家重点研发计划项目——"墓葬壁画原位保护关键技术研究"。

8月

8月4日 携程网发布《河南跨省安心游人气报告》，洛阳多地入选最受欢迎的目的地排名，其中洛阳位居榜首，栾川、嵩县进入前十名。

8月7日 由洛阳市文旅局主办的"感触二十四节气"少儿非遗之旅系列活动在市少年儿童图书馆启动。

8月11日 由中央广播电视总台财经节目中心主办的大型融媒体活动——《走村直播看脱贫》节目组走进栾川县重渡沟管委会重渡村，以全媒体直播的形式展现该村在乡村旅游带动下脱贫致富的成效。

8月12日 洛阳市委书记李亚会见来洛考察对接的华谊启明东方文化发展有限责任公司总裁马克一行,双方就打造世界古都论坛永久会址、提升特色论坛活动影响力、深化文化旅游领域合作等进行交流。

8月12日 洛阳市首家社区有声党建图书馆落户涧西区重庆路街道三社区党群服务中心。

8月13日 华谊启明东方董事、总裁马克一行到二里头夏都遗址博物馆参观。

8月14日 纪念中国人民抗日战争暨世界反法西斯战争胜利75周年——河南省第29届群众书法展洛阳作品展在洛阳市图书馆开展。

8月17日 联合国世界旅游组织旅游可持续发展河南观测站2020年度培训讲座在洛阳召开。

8月19日 八路军驻洛办事处纪念馆河南省红色教育基地揭牌仪式举行。

8月21日 "考古中国·夏文化研究"重大项目(2020~2024)正式启动,由国家文物局、河南省人民政府、中国社会科学院协作,系统开展河南偃师二里头遗址考古调查发掘研究工作。

8月22日 央视新闻频道《新闻直播间》栏目以《湿地生态美 白鹭翩翩飞》为题,报道洛阳二里头考古遗址公园因生态环境优美而吸引大量白鹭等水鸟栖息的景象。

8月25日 《探索发现》摄制组来到二里头夏都遗址博物馆考察采风。

8月26~27日 河南省红色故事讲解员大赛暨第四届红色故事会在郑州举行,其中,洛阳选手1人荣获二等奖、2人荣获三等奖。

8月28日 文物出版社总编辑张广然一行到洛阳民俗博物馆调研。

8月28日 全国抗击新冠肺炎疫情先进集体和先进个人拟表彰对象名单出炉,洛阳市1个集体、2名个人入选,分别是涧西区天津路街道电厂新村社区党委,河南科技大学第一附属医院常务副书记、副院长、主任医师毛毅敏,孟津县第二人民医院护士长王燕。

8月28日 洛阳市人民政府公布第五批洛阳市非物质文化遗产代表性项目（共计64项）和洛阳市非物质文化遗产代表性扩展项目（共计21项）。

8月28日 第十一届《洛阳日报》县（市）区好新闻评选会在孟津县举行，会议共评出一等奖作品9篇、二等奖作品13篇、三等奖作品21篇。

8月31日 第二届全国文明家庭河南省拟推荐名单公布，洛阳市付会斌家庭、臧莲凤家庭榜上有名。

9月

9月1日 "豫学习豫出彩"——第二届"学习强国"河南省千万学员万场答题挑战赛洛阳市预赛在市民之家举行，来自全市的21个参赛队现场进行比赛。

9月2日 伊川县首届少儿才艺大赛总决赛圆满落幕。

9月3日 由凤凰网、凤凰新闻主办的"小康路上——凤观出彩河南"主题宣传活动在洛阳启动。

9月3日 洛阳日报报业集团与凤凰网在洛签署内容合作协议，双方将利用各自优势加强合作，共同打造精品内容，服务海内外读者，加强洛阳形象宣传。

9月3日 "铭记——洛阳抗战记忆"图片展在八路军驻洛办事处纪念馆开展，展览共分为"九一八事变后的洛阳""七七事变后的洛阳""沦陷后的洛阳""创建豫西抗日根据地""伟大胜利"五部分。

9月3日 央视大型纪录片《千唐志斋》开机仪式在洛阳市新安县千唐志斋博物馆举行。

9月4日 央视中文国际频道通过微博、微信正式宣布，2020年中央广播电视总台中秋晚会落户古都洛阳，并代洛阳向世界发出邀请。

9月4日 全省全域旅游暨乡村旅游工作推进会公布2020年河南省乡村旅游特色村、休闲观光园区、特色生态旅游示范镇和创客示范基地名单，洛阳 6 个村获评乡村旅游特色村、5 个园区获评休闲观光园区、4 个镇获评特色生态旅游示范镇、1 个基地获评创客示范基地。

9 月 5 日 郑州大学历史学院（中原历史与文化研究院）文化素质教育基地揭牌仪式在二里头夏都遗址博物馆一楼影视厅举行。

9 月 7 日 由开封市自然资源和规划局梁玉林带队的国家历史文化名城调研评估组到洛阳民俗博物馆检查。

9 月 8 日 国家发改委国土开发与地区经济研究所所长高国力、区域战略研究中心区域发展战略研究室主任卢伟等一行抵洛，调研二里头夏都遗址博物馆陈展建设工作。

9 月 8 日 全国抗击新冠肺炎疫情表彰大会在北京人民大会堂隆重举行，大会对全国抗击新冠肺炎疫情先进个人、先进集体，全国优秀共产党员、全国先进基层党组织进行表彰。洛阳市 1 个集体、2 名个人受表彰，驻洛部队 1 个集体、3 名个人受表彰。

9 月 8 日 河南省教育厅公布第二届中华经典诵写讲大赛评选结果，洛阳多件作品获奖，其中，涧西区东方第二小学申报作品《声律启蒙—东》获小学生组一等奖，洛阳师范学院申报作品《可爱的中国》《抗疫家书》分获大学生组、教师组一等奖，洛阳市教育局、洛阳师范学院获优秀组织单位奖。

9 月 10 日 连云港文化旅游推介会在洛阳成功举办。

9 月 11 日 中央广播电视总台科教频道《探索·发现》栏目摄制组进驻二里头遗址，拍摄夏文化专题节目。

9 月 12 日 第三届中原国际文化旅游产业博览会暨 2020 洛阳河洛文化旅游节在洛阳会展中心隆重开幕。省人大常委会副主任、省总工会主席王保存，省政协副主席周春艳，文化和旅游部产业发展司副司长耿军，尼泊尔驻华大使马亨德拉·巴哈杜尔·潘迪等外国驻华使节，省文旅厅、省商务厅、沿黄省（区）文旅部门相关负责同志，文旅界专家学者代表等出席开幕式。洛阳市领导刘宛康、赵会生等参加开幕式。本届博览会以"文旅中原 融通世界"为主题。

9月12日 "华夏文明之源城市文化旅游推广联盟"2020年年会在洛阳举办，豫晋陕3省的11座联盟成员城市的代表参加会议。

9月12日 研学旅行商踩线大会在洛阳会展中心开幕。北京、上海、安徽、陕西、浙江等省市的近百家旅行社负责人来洛，领略洛阳"古今辉映、诗和远方"的城市魅力。

9月13日 沿黄九省（区）城市文化产业和旅游产业融合发展座谈会在洛阳召开。文化和旅游部产业发展司副司长耿军，河南省文化和旅游厅党组书记宋丽萍、副厅长朱建伟，沿黄九省（区）文旅部门相关负责同志，文旅界专家学者等出席活动。洛阳市领导刘宛康、魏险峰等参加活动。

9月13日 河南省文化和旅游厅党组书记宋丽萍一行来到定鼎门遗址博物馆对两坊一街项目、东方博物馆之都研学营地及天街项目调研考察。

9月14日 第三届中原国际文化旅游产业博览会在洛阳会展中心圆满落幕，短短3天时间，博览会共接待游客7.8万人次，现场交易总额达7160万元。

9月14日 三亚市旅游和文化广电体育局原党组书记、一级调研员关平一行6人到洛阳市开展文物保护立法调研并召开座谈会。

9月16日 河南省音乐家协会对"出彩河南"优秀原创歌曲征集活动获奖作品进行展播，洛阳词作者柳江虹作词的歌曲《仰韶陶娘》获得一等奖，岳令团（笔名芷兰）作词的歌曲《出彩河南我的家乡》获得优秀奖。

9月18日 "黄河魂·河洛情"——洛阳市中国画作品展在洛阳美术馆开展。

9月19日 中央广播电视总台《直播黄河》栏目组在央视新闻频道副主任刘若欠的带领下，到二里头夏都遗址博物馆参观调研。

9月19日 顺博之夜暨《帝国东都——唐代洛阳文物展》开幕仪式在佛山市顺德区博物馆中庭举行。

9月19~20日 "中华源·黄河魂"——2020年河洛文化研讨会在河南科技大学举行。

9月21日 2020济南文化旅游（洛阳）推介会举行，这是济南启动与沿黄兄弟城市一起"探索黄河文旅神奇密码"活动的第一站。在推介会现场，洛阳市文化广电和旅游局、济南市文化和旅游局签署洛阳市济南市文化旅游战略合作框架协议。

9月22日 第三届客家文化论坛在洛阳举办。

9月24日 在全省全域旅游暨乡村旅游工作推进会上，河南省文化和旅游厅公布首批"省级全域旅游示范区"名单，洛阳的洛宁、新安、宜阳3个县入围。

9月25日 大连市人大教科文卫委员会主任委员张涛一行，抵达二里头夏都遗址博物馆，参观调研研学旅行相关事宜。

9月25日 2020洛阳关林朝圣大典在关林景区开幕。

9月25日 山西晚报社的"弘扬晋商精神 重走万里茶道"采访团一行到洛阳民俗博物馆进行采访考察。

9月26日 黄河文化与二程理学高层论坛在嵩县举办，省社科联与嵩县签订传承黄河文化战略合作协议，黄河文化与二程理学研究中心揭牌。

9月26日 2019"中国书法·年展"暨首届千唐志斋唐楷高峰论坛在"中国书法之乡"新安开幕，中国书法家协会主席苏士澍，省文联党组书记、副主席王守国，省文联副主席吴行，副市长魏险峰等参加相关活动。

9月27日 国家文物局、文化和旅游部、国家发展和改革委员会联合印发《大运河文化遗产保护传承专项规划》，洛阳回洛仓遗址、含嘉仓遗址等多个大运河文化保护传承利用重大项目名列其中。

9月28日 "丝路之约·致敬'最美逆行人'"——洛阳战"疫"文艺作品征集评选活动颁奖典礼在洛阳上阳宫文化园观风殿举行，《致敬你我 祝福祖国》（作者：陈胜展）、《钟南山 大写的人》（作者：赵克红）等60余件作品脱颖而出，斩获奖项。

9月28日 "鎏金铜蚕·黑石号——汉唐丝路文物特展"在湖南省长沙市铜官窑博物馆开幕，洛阳博物馆藏的三彩载丝绢骆驼精彩亮相。

9月29日 中国洛阳第七届龙门诗会·豫见新安——"团圆新安，喜迎国庆，我在新安等你"主题诗会在新安县融媒体中心演播大厅隆重举行。

9 月　第四届"中国青年好网民"优秀故事征集活动落下帷幕，100 个优秀故事入选，其中，以洛阳市青年网络作家"会说话的肘子"为主人公的故事入选。

10月

10 月 1 日　中央广播电视总台的特别节目《传奇中国节·中秋》由央视综合频道和中文国际频道并机直播，长达 4 个小时，在节目中，龙门石窟、白马寺、牡丹花、水席等诸多洛阳元素精彩亮相。

10 月 1 日　20 时，在洛阳录制的中央广播电视总台 2020 年中秋晚会通过 CCTV－1、CCTV－3、CCTV－4 并机播出，并在央视频、央视网及各类新媒体平台同步呈现。

10 月 1 日　全省首家体育类专题博物馆——洛阳体育博物馆，正式建成开放。

10 月 2 日　微博、今日头条有多个热门话题与央视中秋晚会相关，央视中秋晚会相关话题总阅读量超 60 亿次；抖音热门话题"央视中秋晚会""中秋晚会在洛阳""2020 央视中秋晚会落户洛阳"等总播放量超 6 亿次。

10 月 3 日　CCTV－4《中国新闻》、CCTV－13《新闻直播间》播出《中央广播电视总台中秋晚会播出广受好评》。

10 月 4 日　CCTV－13《新闻直播间》节目中聚焦隋唐洛阳城应天门，称央视秋晚播出后，隋唐洛阳城应天门已成为人们关注的焦点和热门旅游打卡地。

10 月 5 日　《光明日报》刊发通讯《"东方博物馆之都"成洛阳新名片》，报道洛阳塑造"东方博物馆之都"文化新地标的做法和成效。稿件刊发后，"学习强国"平台予以转发。

10 月 1～8 日　洛阳共接待游客 702.35 万人次，同比增长 2.16%；实现旅游综合收入 63.59 亿元，同比增长 6.49%。

10 月 8～10 日　中国社会科学院副院长，中国历史研究院院长、党委书记高翔带领有关专家调研指导洛阳考古工作。

10 月 10 日 洛阳考古博物馆举行开馆仪式，这是中国首家面世的遗址型考古博物馆。

10 月 12 日 第二届邵雍思想文化对话会在洛阳市伊川县举办。

10 月 13 日 "黄河明珠——龙门石窟国际书法名家邀请展"暨"千年绝响——龙门书风学术讨论会"在龙门石窟举行。

10 月 13 日 《人民日报》刊发文章《探访洛阳博物馆 翻开古都千年华章（你所不知道的一级馆）》。

10 月 14 日 洛阳市委书记李亚专题调研博物馆建设工作，强调要在保护传承中让文物"活"起来，擦亮"东方博物馆之都"靓丽名片。

10 月 15 日 刘少奇故里管理局一行到洛八办参观交流。

10 月 17 日 第十二届中国舞蹈"荷花奖"古典舞评奖在洛阳市会议中心开幕并举行终评演出，17 个作品角逐 3 个"古典舞奖"。

10 月 18 日 "梵音华光——敦煌云冈龙门石窟艺术联展"在洛阳博物馆举行开幕仪式。

10 月 18 日 由国家文物局、省政府主办的第三届世界古都论坛暨夏文化国际学术研讨会媒体吹风会在洛阳召开。

10 月 19 日 第三届世界古都论坛暨夏文化国际学术研讨会在二里头夏都遗址博物馆开幕。

10 月 19 日 龙门石窟保护研究成果发布暨龙门石窟列入《世界遗产名录》20 周年学术交流大会开幕。

10 月 20 日 电影《马海明》在洛阳市栾川县重渡沟风景区开机。

10 月 20 日 洛阳职业技术学院文物保护考古学院在该校大学生活动中心揭牌，洛阳市第一期考古探掘技术培训班同日开班。

10 月 21 日 洛阳博物馆、杭州海康威视数字技术股份有限公司战略合作签署暨"数智博物馆创新研究中心"揭牌仪式在洛阳博物馆举行。

10 月 21 日 河南省抗击新冠肺炎疫情表彰大会在郑州隆重举行，全省948 名先进个人、300 个先进集体和 150 名优秀共产党员、100 个先进基层党组织受到表彰。洛阳市共有 48 名个人、15 个集体荣获河南省抗击新冠肺炎疫情先进个人、先进集体称号。

10 月 24 日 由洛阳与北京快手科技有限公司联合举办的"豫见快手·点赞洛阳"快手网红音乐会在隋唐洛阳城应天门北广场举行。

10 月 25 日 外交部原部长、"诗人外交家"李肇星同志一行参观八路军驻洛办事处纪念馆。

10 月 25 日 宜阳县第八届清风甘棠召伯文化节活动在宜阳县香鹿山镇甘棠村启幕。

10 月 29 日 "跟着诗词去洛阳——'花漫里坊·人间安乐'首届乡村振兴诗词大赛"在安乐镇狮子桥村文化广场落下帷幕。

10 月 31 日 《光明日报》刊发文章《走进二里头 听文物讲夏文化故事》。

10 月 31 日 2020 年全市文物安全工作会议召开。

11月

11 月 2 日 电影《我的父亲焦裕禄》开拍仪式在中信重工（原洛阳矿山机器厂）焦裕禄大道焦裕禄铜像前举行。

11 月 4 日 由洛阳杜康控股承办的"兰考行·杜康文化推介研讨会"在兰考举行。

11 月 5 日 关于奉先寺流散佛首"数字回归"的专题片《龙门造像复位记》在中央电视台科教频道（CCTV－10）播出。

11 月 5 日 "水韵江苏 有你会更美"2020 江苏旅游（河南）推介交流会在洛阳举行，这是江苏省文化和旅游厅组团赴河南开展文旅系列推广活动的第二站。

11 月 6 日 第十二届中国舞蹈"荷花奖"古典舞评奖结果揭晓，洛阳市参赛的原创舞蹈作品《大河三彩》不负众望捧回奖杯。这是洛阳舞蹈界在历届中国舞蹈"荷花奖"评奖中获得的最好成绩。

11月8日 汝阳县首届稻田音乐节在汝阳县三屯镇东保村举办。

11月8日 洛阳河洛文化研究会第二届会员代表大会举行，河南科技大学人文学院原院长薛瑞泽教授当选新任会长。

11月10日 2020"山水暖你、壮乡等你——冬游广西"旅游推介交流会在洛阳举行。这是广西壮族自治区文化和旅游厅组团赴河南开展文旅系列推广活动的第一站。

11月10日 "际会河洛——2020第三届全国省市中国画学会会长作品展""河南省第十九届中国画艺术展暨河南省中国画学会第六届学术展"在洛阳开展。

11月12日 洛阳网官方快手账号迎来第100万名粉丝，迈入"百万大号"行列，这是洛阳网继微信公众号、抖音号之后第三个迈进百万级平台的新媒体账号。

11月12日 桂林市人大常委会副主任李滨一行参观考察回洛仓遗址。

11月12日 2020年河南省中小学"书香校园、书香班级"评选结果公布，洛阳的嵩县第一实验小学、孟津县第一实验小学、瀍河区第二实验小学等3所学校被认定为"书香校园"，洛阳市第五十五中学五（1）班、洛阳市第一中学高三（10）班等2个班级被认定为"书香班级"。

11月13日 全国石窟寺保护与考古工作座谈会在洛阳召开，中共中央政治局委员、国务院副总理孙春兰出席会议并讲话。

11月13日 国家文物局革命文物司司长刘洋一行来到八路军驻洛办事处纪念馆调研，河南省文物局副局长贾连敏、革命文物处处长张永俊陪同。

11月13日 "2020世界旅游联盟·湘湖对话"在杭州开幕，在此次活动中洛阳成功加入世界旅游联盟，成为全省首个加入该联盟的城市。

11月14日 由凤凰网、凤凰新闻客户端主办的"'华夏文脉 千古洛阳'——凤凰全媒体河南行"采风团来洛阳开展采风活动。

11月16日 第十六届中国（深圳）国际文化产业博览交易会在"云上"开幕，10余家洛阳企业精彩亮相，集中展示洛阳文化产业高质量发展的生动实践。

11 月 16 日　由爱奇艺、留白影视出品，改编自知名作家马伯庸作品《洛阳》的古装悬疑剧《风起洛阳》在横店正式开机。

11 月 18 日　舟山文旅推介会在洛阳市洛邑古城举行。

11 月 20 日　洛阳市政协主席杨炳旭带领市直相关部门负责同志，深入新安县调研指导联系分包的汉关文化城项目推进情况。

11 月 20 日　全国精神文明建设表彰大会在北京举行。洛阳继续保留文明城市荣誉称号，这是洛阳市连续四届荣膺该称号。同时，新安县荣获第六届"全国文明城市"称号，也成为目前洛阳市唯一获得全国文明城市的县级市。

11 月 24 日　全国劳动模范和先进工作者表彰大会在北京人民大会堂举行。洛阳共有 9 名全国劳动模范和先进工作者受到表彰。

11 月 25 日　国家文物局在北京召开"考古中国"重大项目重要进展工作会，通报了洛阳偃师二里头遗址等 5 项重要考古发现，聚焦夏文化及新石器晚期重要考古发现。

11 月 27 日　河南省关注森林活动组委会全体会议暨省级森林城市授牌仪式在郑州举行，省林业局授予 12 个县（市）省级森林城市称号，洛阳市洛宁县、新安县名列其中。至此，洛阳市获此荣誉的县达到 3 个。

11 月 27 日　《黄河明珠洛阳城》连环画系列丛书读者见面会在洛阳新华书店举行。

11 月 28 日　洛阳市博物馆协会第二届会员大会召开，会议透露，目前洛阳市博物馆总数已达 90 家，在建续建的博物馆有 10 余家，年底将实现建成 100 家博物馆的目标。

11 月　中国侨联确认第八批"中国华侨国际文化交流基地"，洛阳有两家单位上榜，分别为龙门石窟世界文化遗产园区和炎黄科技园。

11 月　龙门石窟研究院与武汉大学历史学院签署合作协议，双方将共建武汉大学—龙门石窟文化遗产协同创新研究中心，确定龙门石窟为武汉大学教学实践基地。

12月

12月2～4日　洛阳市人大常委会主任吴中阳带领部分驻洛省人大代表到商丘开展异地视察，实地察看了解商丘市在保护传承弘扬历史文化方面的具体举措。

12月4日　国家文物局中国文物交流中心与新安县人民政府签订框架合作协议，这是中国文物交流中心首次与县级人民政府进行合作。

12月5日　"鹰城杯"——河南省第八届讲解员讲解大赛在平顶山市圆满落幕，洛阳代表队一等奖、二等奖获奖人数均居全省第一，同时还获得了团体奖和组织奖。来自八路军驻洛办事处纪念馆的栾少鹏、隋唐洛阳城国家历史文化公园的杨珂馨获一等奖；来自洛阳仓窖博物馆的马国哲，洛阳博物馆的张裕宁，龙门石窟景区的于超、张鹏，洛阳民俗博物馆的贾丹阳，二里头夏都遗址博物馆的韩金菊获二等奖。

12月9日　新华社"2020探寻黄河之美"采访团一行36人，走进二里头夏都遗址博物馆，领略"华夏第一王都"的风采。

12月9日　栾川县海拔1850米的抱犊寨景区5G基站开通，至此，洛阳全市30家4A级以上景区实现了移动5G网络全覆盖，为加速洛阳文旅产业转型升级提供了有利条件。

12月9～11日　河南省电影工作暨电影市场监管执法培训会在洛阳召开，研讨部署新形势下河南省电影工作。

12月11日　国家文物局公布2020年度全国文物行政处罚案卷评查结果。由洛阳市文物执法大队报送的《河南省洛阳热力有限公司擅自在全国重点文物保护单位汉魏洛阳故城保护范围内进行建设工程案》荣获优秀案卷。

12月11日　沿黄九省（区）暨第四届晋冀鲁豫传统戏剧展演活动在洛阳开幕。河南省文旅厅厅长姜继鼎，市领导雷雪芹、魏险峰参加开幕仪式。

12月11日　央视中文国际频道《美食中国》栏目播出《喝汤了没》，

以洛阳特色美食"汤"为题材，宣传展示洛阳饮食文化。

12月12日 "中华优秀传统文化洛阳行《百城百景·典藏洛阳》首发式暨'我爱洛阳城——亲子公益行'"活动在洛阳市规划馆举行。

12月13日 由北京师范大学、西北大学、洛阳师范学院、龙门石窟研究院联合主办的"龙门石窟数字化保护与修复"学术论坛，在洛阳市龙门石窟研究院举行。

12月15日 第九届联合国世界旅游组织旅游可持续发展中国观测点年会在西双版纳傣族自治州勐海县举行，洛阳摘得"最佳文物活化和智慧旅游案例奖"。

12月16日 洛阳范仲淹研究会2020年年会暨忧乐思想座谈会在洛阳市伊川县召开。

12月18日 世界文化遗产点——洛阳仓窖博物馆完成提质升级恢复开放。

12月19日 第一届"考古人和他们眼中的世界"摄影大赛颁奖仪式在杭州开幕，洛阳市文物考古研究院副研究员刘斌的参赛作品《2018年度塔吉克斯坦贝希肯特谷地考古调查》和《朝阳下的桑加尚遗址》分获二等奖、三等奖。

12月21日 中国博物馆协会发布《关于第四批国家一、二、三级博物馆名单的公告》，洛阳2家博物馆上榜，八路军驻洛办事处纪念馆被定级为二级博物馆，洛阳三彩艺术博物馆被定级为三级博物馆。目前，洛阳市一、二、三级博物馆总数达到12家，数量仍居全省第一。

12月25日 文化和旅游部、国家发改委、财政部公布第一批"国家文化和旅游消费示范城市"名单，共有15个城市上榜，洛阳是河南省唯一上榜城市。

12月25日 中国动漫集团党委委员、董事、副总经理陈学会一行至二里头夏都遗址博物馆考察。

12月26日 "定鼎中原——河南古代都城文明展"在河南省郑州博物馆新馆正式开幕，洛阳的国宝"绿松石龙形器"和"乳钉纹铜爵"代表二里头夏都遗址博物馆参加了展出。

12月26日 中华医学会副会长饶克勤、河南省医学会副会长兼秘书长王伟一行赴二里头夏都遗址博物馆参观交流。

12月27日 第八届中国旅游产业发展年会成功举行，本届年会发布了2020年中国旅游产业影响力风云榜，洛阳共有三个项目上榜：洛阳市获评"2020年度中国夜游名城"，河南（洛阳）快手网红文旅大会系列营销活动获评"2020年度中国旅游影响力营销案例"，栾川县获评"2020年度中国乡村旅游发展名县"。此外，年会还发布了《2020中国旅游产业影响力报告》，其中2020年度中国夜游名城案例影响力指数洛阳位居全国第三。

12月28日 洛阳国际人文交往研究中心在洛阳职业技术学院成立，同时，第一届洛阳国际人文交往中心建设高端论坛召开。

12月29日 二里头夏都遗址博物馆受邀参加第五届吉林国际冰雪产业博览会。"最早的中国"系列文创产品在以"国风·国韵·国潮"为主题的冬季文博资源博览会惊艳亮相，喜摘大会"最佳展示"奖。

12月30日 "星凫奕奕翠微边——洛阳龙门石窟魏唐造像艺术展"在深圳博物馆开幕，这是继2020年4月28日，在广东博物馆举行的"魏唐佛光——龙门石窟精品文物展"之后，龙门石窟举行的第二次大规模外展。

12月31日 三门峡市市长安伟一行赴二里头夏都遗址博物馆考察调研。

12月31日 2021洛阳新年音乐会在洛阳歌剧院举行。

12月 《2019年度中国古都城市国际化水平评估报告》正式发布，洛阳的城市美誉度位列全国第四，城市文化传播度位列全国第五，城市品牌知名度位列全国第七，城市国际化水平位列全国第八。

Abstract

Since the reform and opening-up, Luoyang City has successively carried out the following projects: the construction of International Cultural and Historical City and of Innovation Zone for the Inheritance of Chinese Historical Civilization; the opening-up of international channels and ports; and improvement of international humanities exchanges ability. All these steps have laid a solid foundation for Luoyang to establish itself as an international humanistic exchange center. After the meeting of Accelerating the Construction of Luoyang's Sub-center was held, the Luoyang Municipal Party Committee, Luoyang Municipal People's Government and various governmental departments of all levels have taken several actions, including to compile and issue various cultural development action plans to provide policy support for the construction of international humanistic exchange center; publicizing the results of construction of international humanistic exchange center with the help of governmental and social organizations, newspapers and media platforms; actively carrying out various international and domestic cultural exchange activities to enhance the international influence of Luoyang culture. All these works have brought speedy progress for establishing Luoyang as an international humanistic exchange center in just one year. Although there are still shortcomings such as comprehensive strength gaps, weak industrial support, low degree of opening-up, weak urban attraction, insufficient international functions, lack of carrier platforms, lack of top-level design and imperfect promotion mechanisms, we will keep working hard in the following nine aspects to make sure the establishment of Luoyang as an international humanistic exchange center achieve faster development: to complete the top-level design as soon as possible; to strengthen the guidance of the Party and government for the construction of international humanistic exchange center; to further explore cultural resources; to consolidate the spiritual core of the international humanistic exchange center; to improve the carrier platform and broaden the channels of activities for the international humanistic exchange center; to clarify international communication objects and improve the pertinence of international humanistic exchange; to highlight distinctive advantages and strengthen industrial support; to deepen the opening-up and build an extensive cooperation system; to improve infrastructure and enhance international functions; to fully utilize modern publicity methods to expand Luoyang's international influence; to implement the strategy of industrial cultural projects drive and expand cultural exchanges and cultural tourism competitiveness.

Looking forward to 2021, Luoyang City will closely unite around the CPC Central Committee with Comrade Xi Jinping as the core; adhere to the guidance of Xi Jinping's Thought on Socialism with Chinese Characteristics for a New Era; actively integrate into the construction of the Yellow River Cultural Belt and the Grand Canal Cultural Belt; deepen cultural inheritance and innovation system; speed up the construction of a culturally strong city; depict a new picture of "the ancient and modern glory, the poetic and distant places"; improve the protection and utilization of cultural relics; vigorously protect and carry forward the Yellow River culture; tell the "Yellow River Story" of Luoyang in the new era; enhance the brand and influence of "Oriental Capital of Museum"; promote the high-quality integrated development of cultural tourism; vigorously promote the core values of socialism; improve public cultural service system; strive to write a more brilliant chapter of Luoyang's history in the new era, and use these excellent results to celebrate the centennial of the founding of the Communist Party of China.

Contents

Ⅰ General Report

Abstract: The positioning of Luoyang as an international humanistic exchange center set by the Henan Provincial Party Committee and Provincial People's Government is a full affirmation of the achievements made by Luoyang's cultural tourism cause and cultural tourism industry. It is also a strategic plan for Luoyang's future internationalization development. Since the reform and opening-up, Luoyang City has successively carried out the following projects: the construction of International Cultural and Historical City and of Innovation Zone for the Inheritance of Chinese Historical Civilization; the opening-up of international channels and ports; and improvement of international humanities exchanges ability. All these steps have laid a solid foundation for Luoyang to establish itself as an international humanistic exchange center. After the meeting of Accelerating the Construction of Luoyang's Sub-center was held, the Luoyang Municipal Party Committee, Luoyang Municipal People's Government and various governmental departments of all levels have taken several actions, including to compile and issue various cultural development action plans to provide policy support for the construction of international humanistic exchange center; publicizing the results of construction of international humanistic exchange center with the help of governmental and social organizations, newspapers and media platforms; actively carrying out various international and domestic cultural exchange activities to enhance the international influence of Luoyang culture. All these works have brought speedy progress for establishing Luoyang as an international humanistic exchange center in just one year. Although there are still shortcomings such as comprehensive strength gaps, weak industrial support, low degree of opening-up, weak urban attraction, insufficient international functions, lack of carrier platforms, lack of top-level design and imperfect promotion mechanisms, we will keep working hard in the following nine aspects to make sure the establishment of Luoyang as an international humanistic exchange center achieve faster development: to complete the top-level design as soon as possible; to strengthen the guidance of the Party and government for the construction of international humanistic exchange center; to further explore cultural resources; to consolidate the spiritual core of the international humanistic exchange center; to improve the carrier platform and broaden the channels of activities for the international humanistic exchange center; to clarify international communication objects and improve the pertinence of international humanistic exchange; to highlight distinctive advantages and strengthen industrial support; to deepen the opening-up and build an extensive cooperation system; to improve infrastructure and enhance international functions; to improve the comprehensive transportation facility system; to fully utilize modern publicity methods to expand Luoyang's international influence; to implement the strategy of industrial cultural projects drive and expand cultural exchanges and cultural tourism competitiveness.

Keywords: International Humanistic Exchange Center; Top-level Design; Cultural Construction

II Reports on Culture

Abstract: The culture of Socialism with Chinese Characteristics mainly includes three parts: excellent Chinese traditional culture, revolutionary culture and advanced socialist culture. Among them, revolutionary culture and advanced socialist culture together constitute the most valuable red culture. It is a precious spiritual wealth nurtured and accumulated in the process of CPC leading the people across the country from standing up to becoming rich and then to becoming strong. Based on a detailed summary of the composition of Luoyang's revolutionary cultural resources and the basic conditions of overseas Chinese and Taiwanese, socialist countries and research institutions, and foreign student groups, this article analyzes Luoyang's current outstanding problems in this field, and discusses the countermeasures from aspects including ideological understanding, carrier construction, main body construction, publicity and internal and external linkages.

Keywords: Revolutionary Culture; Humanistic Attraction; Value of Eras

Abstract: In the development of Luoyang's industrial construction, the combination of large-scale industrial construction and strong ancient capital heritage has made Luoyang's industrial culture full of both the flavor of modern times and the characteristics of an ancient capital. The construction of Luoyang's industrial culture has gone through four development stages: incubation, exploration, all-round development, and sublimation in the new era. The existence status of

Luoyang's industrial culture includes external material attractions, internal industrial context, and cultural attractions such as industrial cultural spirit. Over the past ten years, Luoyang has continuously enriched its industrial cultural business format, exerted its cultural agglomeration effect, deeply explored the spirit of industrial entrepreneurship and innovation. It has created a new business card for Luoyang's culture, which can continuously enhance Luoyang's international appeal. But at the same time, Luoyang's industrial culture also faces problems in areas such as development of industrial product design, brand culture, industrial experience culture, and industrial communication culture lagging behind international level, and the degree of integration between cultural and creative industries and manufacturing relatively low. Therefore, this article explores ways to enhance the international attraction of Luoyang's industrial culture from three aspects: build an advanced manufacturing base at the national level; enhance comprehensive economic strength; implement new development concepts and strategies of industrial cultural projects drive; expand cultural exchanges and cultural trade competition; build an industrial cultural brand of international influence; and optimize the external environment for the development of industrial culture.

Keywords: Industrial Culture; National Attraction; International Humanistic Exchange Center

B.4 Research on Strengthening the Supporting Capacity of Traditional Culture to International Humanistic Exchange

Sun Ruoyu / 073

Abstract: Luoyang, with 5,000 years of civilization, 4,000 years of city establishment, and 1529 years of being the capital, is a city of rich traditional cultural resources. The establishment of Luoyang as an international humanistic exchange center requires traditional culture to provide Luoyang with the best materials and support. However, in actual work, the embodiment of traditional culture in Luoyang's urban landscape is not outstanding and unique. The historical and cultural resources are not fully developed. The city's international attraction is low. The number of relevant professionals is small. The all-round quality needs to be improved. In the future, we should further clarify the urban context; create a unique international city brand of Luoyang; dig deep into the cultural heritage; build the image of the city; improve the attraction of the city and accelerate the construction of a professional talent team to adapt to the need of construction of international humanistic exchange center.

Keywords: Traditional Culture; City Style; City Image; Professional Talent Team

Ⅲ   Reports on Cities

B. 5   Research on Strengthening Luoyang's International Humanistic Exchange Ability through Open Channels Construction

Wu Tingting / 089

Abstract: The construction of the international humanistic exchange center is the toughest test to Luoyang's comprehensive strength. It not only requires Luoyang to promote the transformative development of the city through high-level opening-up in the economic field and enhance the overall strength of the city, but also requires Luoyang to make a difference in inheriting and innovating Chinese historical civilization through high-level opening-up in the cultural field. However, the current level of construction and utilization of open channels in Luoyang does not have the ability to promote the construction of international humanistic exchange center. We need to actively learn from the advanced experience nationwide and provincewide. We also need to make positive improvements in our software and hardware.

Keywords: Luoyang; Open Channels; Cultural Opening-up

B.6 Research on Building an Image and Brand of International
Humanistic City through Ecological Civilization Construction

Chen Qi, Qin Hua / 111

Abstract: The international humanistic exchange center is an advanced form of the international development of a cultural city. It requires the city has a great ability to integrate various kind of cultural resources and to allocate cultural elements in a certain region or the whole world. It also requires the city to be the development center to participate and manage cultural affairs, to promote cultural and academic exchanges and to integrate cultural industries. In consideration of Luoyang's inheritance and innovation of cultural undertakings and cultural industries in recent years, its contribution to social and economic development, as well as the collection of international cultural resources and various cultural production factors, Luoyang's positioning as an international humanistic exchange center is very clear. Its ultimate goal is to continue to promote the sustainable development of Luoyang. In view of the important role played by ecological environmental factors in the construction of the city's image and brand, if Luoyang is to become an international humanistic exchange center and achieve sustainable development in the future, it is necessary to deal with various environmental pollution problems existing at this stage directly, to build a green brand of exemplary zone of ecological civilization construction and to continuously improve the city's influence in the aspects of habitability, tourism and culture. The initial goal is to focus on improving the ecological environment, to coordinate the relationship between the ecological environment and the construction of an international humanistic exchange center. We also need to continuously improve the urban environment through urban planning, concept guidance, ecological publicity, project operation and other means, so we can enhance the environmental value of the image and brand of an international humanistic exchange center.

Keywords: International Humanistic Exchange Center; Image and Brand; Ecological City; Environmental Value

B.7 Research on Building International Exchange Channels for Luoyang's Education
Ren Chengyuan, Liu Wei / 131

Abstract: The internationalization of education is an important carrier and channel for international humanistic exchanges. The training of international talents is the inner drive for economic, social and national development, as well as the necessary path for Luoyang to be integrated into international development. Luoyang should work hard to deepen the educational cooperation and cultural exchanges with the "Belt and Road" countries and other developing countries. It should also carry out multilevel exchanges and cooperation, promote high-quality development of Luoyang's education, improve the level of internationalization of Luoyang's education, and provide important intellectual support and talents for the construction of Luoyang's metropolitan area. By aligning itself with international standards and international vision, Luoyang should strive to build itself into an international tourist and cultural city, and a destination for research and study. Luoyang should also improve the quality of international education and teaching level; build an international curriculum system with Heluo cultural characteristics; establish a regional international education center and enhance the international influence and attraction of Luoyang's education.

Keywords: Internationalization of Education; Humanistic Exchange; Education Cooperation

B.8 Research on Branding of Party School Training Promotes Luoyang's Regional Exchange
Gao Pingping / 151

Abstract: Party school is different from ordinary schools. It is mainly a school that trains and educates Party members and cadres. The training can improve the political ideological concepts and scientific and humanistic knowledge of Party members and cadres. As for the Party School of Luoyang Municipal Committee, the goal of brand building and continuous improvement of the Party school's training level can improve the school's own popularity and influence, provide a field carrier for establishing Luoyang as an international humanistic exchange center and promote the regional development of Luoyang as an international humanistic exchange center. This article compares five education and training school for cadres of different levels, and summarizes and analyzes the achievements and gaps of the Luoyang Municipal Party School in promoting the establishment of Luoyang as an international humanistic exchange center. This article also puts forward suggestions for the brand building of the Party school with the goals of establishing a national first-class Party school of certain international influence.

Keywords: Luoyang Party School; Branding of Training School; Education for Cadres

B.9 Research on Landmarks Enhances the Recognizability of Luoyang as an International Humanistic Exchange Center

Liu Fanjin / 170

Abstract: Luoyang, located in the center of the world, the belly of home of Han Nationality, being the ancient capital of 13 dynasties and one of the four holy cities in the world, has the cultural, historical and geographical advantages to be established as an international humanistic exchange center. There are many landmarks that people should be proud of. When we are building landmarks, we should be cautious of making it too strange, too grotesque, and too similar with each other. In the process of building landmarks and enhancing the recognizability of Luoyang as an international humanistic exchange center, Luoyang should give full play to the advantages of an historical and cultural city, highlight Luoyang's historical and cultural elements, and create landmarks of Yellow River culture, Heluo culture, Silk Road culture, Sui and Tang Grand Canal culture and peony culture. Luoyang should also highlight its international style by establishing itself as an international health and recreation center, build high-end education platform, improve international channels, and so on. These measures will give Luoyang international influence and let the world focus on Luoyang, China.

Keywords: Landmarks; Humanistic Exchange; Strange Looking

Ⅳ Reports on Culture and Tourism

B. 10　Report on the Development of Luoyang's Sports Events Exhibition Industry　　　　　　　　　　*Li Yan, Liu Junyue* / 190

Abstract: The prerequisite for establishing Luoyang as an international humanistic exchange center is the longing of people's "hearts", among which the sports events exhibition industry plays a pivotal role. In recent years, Luoyang's sports events exhibition industry has achieved great results, but at the same time, it must be made very clear that due to the late start of the said industry in Luoyang, the city is far from an international humanistic exchange center, and is not qualified to enter the list of China's famous exhibition and event city in near future. If Luoyang's sports events exhibition industry is to make considerable development, governmental departments of all levels must make full use of the city's unique cultural tourism resources, characteristic industries and location advantages, actively introduce and cultivate high-end sports events exhibitions, and strive to build a famous sports events exhibition city in the Central Plains. The construction of an international humanistic exchange center is a long process of historical accumulation. It is necessary to create a service model featuring "one-stop, professional and people-friendly" in the core and "for the enterprises, for the industries, and for the cities" by extension, so to host sports events exhibitions could be more convenient. The ultimate goal is to make Luoyang a world-famous city of "the ancient and modern glory, the poetic and distant places".

Keywords: Sports Events; Exhibition Industry; International Radiation; International Humanistic Exchange Center

B.11 Research on the Role of Luoyang's Cultural Industry as a

Medium of International Exchange   *Zhang Pingli* / 211

Abstract: Luoyang is uniquely endowed with cultural resources to be established as an international humanistic exchange center. In recent years, Luoyang City has taken the cultural inheritance innovation system as its starting point to "protect the substance, inherit the spirit, and develop business format". By strengthening policy guidance, building cultural brands and creating a platform to integrate industrial resources, Luoyang has gradually transformed its unique cultural resource advantages into the advantage of the cultural industry. During the period of "13th Five-Year Plan", the city's cultural industry has been transformed and upgraded. The industry's quality and efficiency has been improved. The city's role as an international humanistic exchange center has become increasingly prominent. At the same time, the development of Luoyang's cultural industry was facing problems such as to further strengthen the ability of transforming cultural resources and the efficiency of integration of historical and cultural resources. In the future, in order to develop Luoyang's cultural industry, it is necessary to do a good job in the top-level design and functional integration of cultural management; to seize major opportunities brought by the Belt and Road Initiative; to intensify the efforts of cultural and tourism exchanges, publicity and marketing; and to promote industrial integration and innovation.

Keywords: Cultural Industry; International Humanistic Exchange Center; Function of Medium

B.12 Research on the International Influence of Luoyang as an

"Oriental Capital of Museum"   *Li Wenchu, Shang Tao* / 228

Abstract: Museum is an important hall for the protection and inheritance of human civilization. It is a bridge connecting the past, present and future. It plays a special role in promoting the exchange and mutual learning between world civilizations. Luoyang City proposed to build itself as a "Capital of Museum" in 2017, then as an "Oriental Capital of Museum" in 2020. Till now, there are 102 museums (memorials) of various types have been built. This is a remarkable result for the city's museum industry. What more important is that through measures such as continuous training of internal skills, actively building platforms, holding international exhibitions and strengthening exchanges and cooperation, the international influence of Luoyang as an "Oriental Capital of Museum" has been effectively promoted, and the development of Luoyang as an international humanistic exchange center has been effectively promoted as well. At the same time, there are still problems in the areas of quality branding, mechanism policies, external publicity, IP management and the application of new technologies and so on. Therefore, the next step should be to build brands, innovate mechanisms, increase external publicity and make use of new technologies to expand the international influence of Luoyang as an "Oriental Capital of Museum". We should also promote the acceleration of building Luoyang as an international cultural and tourist city, and strive to achieve the goal of establishing Luoyang as an international humanistic exchange center.

Keywords: Museum; Luoyang; International Influence

B.13　Research on Peony Characteristic Industry Facilitates Establishing Luoyang as an International Humanistic Exchange Center

Research Group of Luoyang Peony Development Center / 242

Abstract: In July 2020, the Luoyang Municipal Party Committee and the Municipal Government issued the "Action Plan on Accelerating the Construction of Sub-Center Cities Agglomeration in the Central Plains under the Guidance of Opening-up", which clearly proposed that Luoyang will be established as an international cultural tourist city and an international humanistic exchange center by

2025. Luoyang's peony culture is an important part of Heluo culture and an important element of Chinese culture. The city is often called "Capital of a Millennium, City of Peony". This is Luoyang's brand in international humanistic exchanges. Using peony as a carrier, improving the level of peony appreciation, exploring peony culture, promoting the development of the peony industry, and telling the story of peony in world languages is an important way to establish Luoyang as an international humanistic exchange center.

Keywords: Peony; Cultural Industry; Humanistic Exchange Center

V Case Studies

B.14 Research on the Indicator System of Luoyang's Construction of International Humanistic Exchange Center

Zhang Ti, Su Shanying / 255

Abstract: The construction of an international humanistic exchange center is a long-term, comprehensive and complex project. It has to be carried out under the guidance of scientific top-level design. A reasonable strategic plan must be put forward and applied to specific indicator system. At present, research on the indicator system of international humanistic exchange center is mainly concentrated in the areas of urban internationalization indicator system and urban cultural indicator system. In terms of practice, Kunming City has proposed quantitative indicators in the process of building an international humanistic exchange center. To construct the indicator system of Luoyang as an international humanistic exchange center, it is necessary to start from the connotation, characteristics and standards of an international humanistic exchange center, to summarize relevant research results and successful experiences at home and abroad, to consider Kunming City's experiences of building an international humanistic exchange center based on the reality of Luoyang City. We should also adhere to the principle of scientificity, systematics, characteristic, representative, data accessibility and comparability, and sustainability. The set-up of indicators should be operable and quantifiable. This article has selected four first-level indicators, namely, level of international exchange infrastructure, degree of city's internationalization and habitability, ability to attract international elements, and international influence of human resources to examine the status of construction of international humanistic exchange center. This article has also selected 31 second-level indicators to explain and support the four first-level indicators. Among them, the level of international exchange infrastructure and city's internationalization and habitability degree are the basic indicators for building an international humanistic exchange center, while ability to attract international elements, and international influence of human resources are indicators for fully measuring the apparent effect of the construction of international humanistic exchange center. In order to make full use of the established indicator system to promote the construction of international humanistic exchange center, this article analyzes the existing foundation of Luoyang City's construction of international humanistic exchange center according to the selected 31 core indicators of four categories, and proposed specific suggestions in accordance with the implementation principles of a strategic plan.

Keywords: International Humanistic Exchange Center; Indicator System; Luoyang

B.15 Research on the Promotion Function of Festival Culture on
Luoyang's Internationalization   *Du Yufang* / 280

Abstract: Many urban development experiences have shown that holding major festivals is of great significance to the improvement of the internationalization level of cities. Whether it is a foreign metropolis such as Los Angeles, Sydney, and Athens, or a domestic metropolis such as Beijing, Shanghai, Guangzhou, etc., the international connection of urban functions can be realized through major international festivals. From this perspective, Luoyang has organized many activities in recent years, such as Luoyang Peony Cultural Festival of China, Heluo Cultural Tourism Festival, Central Plains International Cultural Tourism Industry Expo,

International Ancient Capitals Forum, as well as the "Two Festivals, One Conference and One Forum" and so on. These activities have provided an important platform for Luoyang and even the entire Central Plains region. They are also good for expanding exchanges and cooperation with countries around the world. Major festivals have driven Luoyang's all-round high-quality development, promoted the internationalization of Luoyang, and laid the foundation for Luoyang to establish itself as an international humanistic exchange center.

Keywords: Festival Celebration Activity; Cultural Exchange; International Brand

Ⅵ Memorabilia

权威报告·一手数据·特色资源

皮书数据库
ANNUAL REPORT(YEARBOOK)
DATABASE

分析解读当下中国发展变迁的高端智库平台

所获荣誉

- 2019年，入围国家新闻出版署数字出版精品遴选推荐计划项目
- 2016年，入选"'十三五'国家重点电子出版物出版规划骨干工程"
- 2015年，荣获"搜索中国正能量 点赞2015""创新中国科技创新奖"
- 2013年，荣获"中国出版政府奖·网络出版物奖"提名奖
- 连续多年荣获中国数字出版博览会"数字出版·优秀品牌"奖

成为会员

　　通过网址www.pishu.com.cn访问皮书数据库网站或下载皮书数据库APP，进行手机号码验证或邮箱验证即可成为皮书数据库会员。

会员福利

- 已注册用户购书后可免费获赠100元皮书数据库充值卡。刮开充值卡涂层获取充值密码，登录并进入"会员中心"—"在线充值"—"充值卡充值"，充值成功即可购买和查看数据库内容。
- 会员福利最终解释权归社会科学文献出版社所有。

数据库服务热线：400-008-6695
数据库服务QQ：2475522410
数据库服务邮箱：database@ssap.cn
图书销售热线：010-59367070/7028
图书服务QQ：1265056568
图书服务邮箱：duzhe@ssap.cn

S 基本子库
SUB DATABASE

中国社会发展数据库（下设 12 个子库）

整合国内外中国社会发展研究成果，汇聚独家统计数据、深度分析报告，涉及社会、人口、政治、教育、法律等 12 个领域，为了解中国社会发展动态、跟踪社会核心热点、分析社会发展趋势提供一站式资源搜索和数据服务。

中国经济发展数据库（下设 12 个子库）

围绕国内外中国经济发展主题研究报告、学术资讯、基础数据等资料构建，内容涵盖宏观经济、农业经济、工业经济、产业经济等 12 个重点经济领域，为实时掌控经济运行态势、把握经济发展规律、洞察经济形势、进行经济决策提供参考和依据。

中国行业发展数据库（下设 17 个子库）

以中国国民经济行业分类为依据，覆盖金融业、旅游、医疗卫生、交通运输、能源矿产等 100 多个行业，跟踪分析国民经济相关行业市场运行状况和政策导向，汇集行业发展前沿资讯，为投资、从业及各种经济决策提供理论基础和实践指导。

中国区域发展数据库（下设 6 个子库）

对中国特定区域内的经济、社会、文化等领域现状与发展情况进行深度分析和预测，研究层级至县及县以下行政区，涉及省份、区域经济体、城市、农村等不同维度，为地方经济社会宏观态势研究、发展经验研究、案例分析提供数据服务。

中国文化传媒数据库（下设 18 个子库）

汇聚文化传媒领域专家观点、热点资讯，梳理国内外中国文化发展相关学术研究成果、一手统计数据，涵盖文化产业、新闻传播、电影娱乐、文学艺术、群众文化等 18 个重点研究领域。为文化传媒研究提供相关数据、研究报告和综合分析服务。

世界经济与国际关系数据库（下设 6 个子库）

立足"皮书系列"世界经济、国际关系相关学术资源，整合世界经济、国际政治、世界文化与科技、全球性问题、国际组织与国际法、区域研究 6 大领域研究成果，为世界经济与国际关系研究提供全方位数据分析，为决策和形势研判提供参考。

法律声明

"皮书系列"（含蓝皮书、绿皮书、黄皮书）之品牌由社会科学文献出版社最早使用并持续至今，现已被中国图书市场所熟知。"皮书系列"的相关商标已在中华人民共和国国家工商行政管理总局商标局注册，如LOGO（ ）、皮书、Pishu、经济蓝皮书、社会蓝皮书等。"皮书系列"图书的注册商标专用权及封面设计、版式设计的著作权均为社会科学文献出版社所有。未经社会科学文献出版社书面授权许可，任何使用与"皮书系列"图书注册商标、封面设计、版式设计相同或者近似的文字、图形或其组合的行为均系侵权行为。

经作者授权，本书的专有出版权及信息网络传播权等为社会科学文献出版社享有。未经社会科学文献出版社书面授权许可，任何就本书内容的复制、发行或以数字形式进行网络传播的行为均系侵权行为。

社会科学文献出版社将通过法律途径追究上述侵权行为的法律责任，维护自身合法权益。

欢迎社会各界人士对侵犯社会科学文献出版社上述权利的侵权行为进行举报。电话：010-59367121，电子邮箱：fawubu@ssap.cn。

社会科学文献出版社

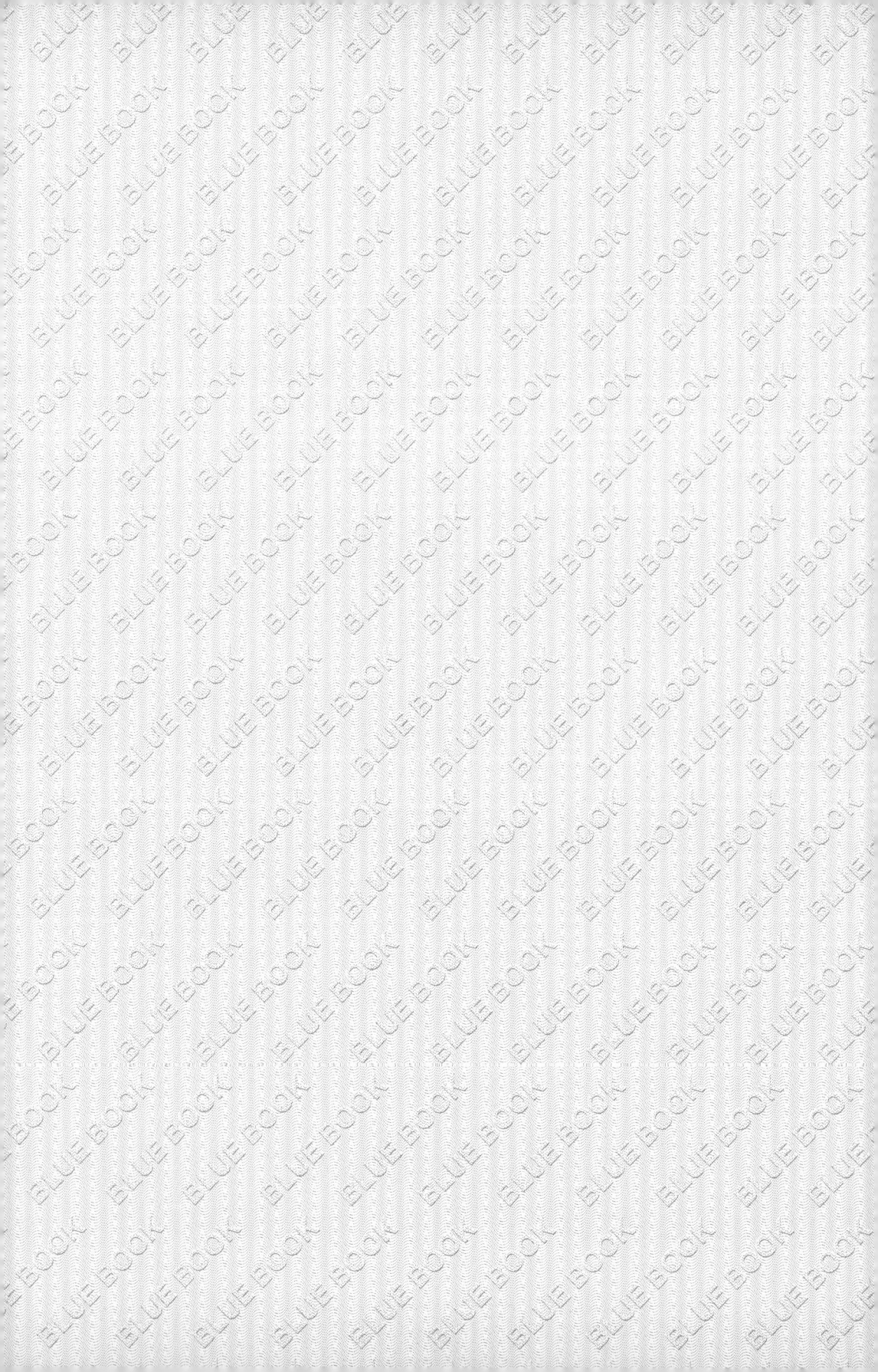